吉林外国语大学学术著作出版基金资助出版

2022年吉林省教育厅科学研究项目《吉林省石油天然气资源开发利用中的政府扶持政策研究》项目编号：JJKH20221223SK

| 光明学术文库 | 经济与管理书系 |

日本海外资源开发战略的推进措施研究

李燕玉 | 著

光明日报出版社

图书在版编目（CIP）数据

日本海外资源开发战略的推进措施研究 / 李燕玉著
. --北京：光明日报出版社，2023.1
ISBN 978-7-5194-7038-8

Ⅰ.①日… Ⅱ.①李… Ⅲ.①资源开发—海外投资—研究—日本 Ⅳ.①F753.13

中国版本图书馆 CIP 数据核字（2022）第 251463 号

日本海外资源开发战略的推进措施研究
RIBEN HAIWAI ZIYUAN KAIFA ZHANLÜE DE TUIJIN CUOSHI YANJIU

著　　者：李燕玉

责任编辑：石建峰　　　　责任校对：茹爱秀
封面设计：中联华文　　　　责任印制：曹　净

出版发行：光明日报出版社
地　　址：北京市西城区永安路 106 号，100050
电　　话：010-63169890（咨询），010-63131930（邮购）
传　　真：010-63131930
网　　址：http://book.gmw.cn
E - mail：gmrbcbs@gmw.cn
法律顾问：北京市兰台律师事务所龚柳方律师

印　　刷：三河市华东印刷有限公司
装　　订：三河市华东印刷有限公司
本书如有破损、缺页、装订错误，请与本社联系调换，电话：010-63131930

开　　本：170mm×240mm
字　　数：254 千字　　　　印　　张：16
版　　次：2023 年 1 月第 1 版　　　　印　　次：2023 年 1 月第 1 次印刷
书　　号：ISBN 978-7-5194-7038-8

定　　价：95.00 元

版权所有　　翻印必究

前　言

随着全球资源形势的不断变化，世界各国围绕着全球资源控制权进行着激烈博弈，部分国家制定实施了相应的海外资源开发战略。战后，日本为适应经济的快速发展及国际资源供求形势的变化，形成了较为完整的海外资源开发战略及配套措施体系，在高效开发利用海外资源的过程中成效显著。在政府、独立行政法人机构、企业三方组成的良性互动机制下，日本政府主导的海外资源开发支援体系发挥着对内稳定资源供给、保证资源安全，对外增强日本资源开发企业国际竞争力的积极影响，这对于中国海外资源开发战略的制定及实施具有重要的启示和借鉴意义。近年来，中国资源开发国际合作范围不断扩大，从最初以石油、天然气为主，逐步扩展到了煤炭、电力、风能、生物质燃料、核能、能源科技等领域，合作水平也在不断提升。但同时，也面临着西方国家恶意狙击、资源民族主义影响以及国际资源市场剧烈波动的诸多挑战。在此背景下，本书选取了特点鲜明、成效显著的日本海外资源开发战略的推进措施作为研究对象，以国际投资理论、可持续发展理论、资源外交理论、国际地缘政治理论为支撑，全面系统地分析了日本海外资源开发战略的背景、特征、实施过程及体系构成，重点研究了日本实施海外资源开发战略的组织、经济、外交、技术等措施，并通过评价日本海外资源开发战略措施的成效，总结其经验，对我国海外资源开发战略的制定和实施提出了相应的政策建议。主要研究内容及结论如下：（1）采用史论结合的方法，简要回顾了日本海外资源开发战略的形成历程，系统梳理了日本海外资源开发现状及战略体系实施现状，分析得出，日本获取海外资源的形式从单纯购买逐渐转变为融资开发、合作开发及自主开发，且自主开发比率在不断上升，在战略布局上通过几十年的海外资源开发战略的推动和政策演变，已经实现了全球范围内的海外资源布局，其海外资源的开发和并购遍布世界各大洲。日本海外资源开发战略体系经过形成、确立、完善阶段，目前已形成扶持领域全面无缝隙、扶持力度强；政府引领、行政法人协调、企业组织实施，三驾马车齐头并进；资源外交全方位的战略体系特点。（2）重点探讨了日本实施海外资源开发战略的推进措施，分析得出，作为组织措施，具体包括建立完善的组织体系、加强各参与机构的内部协作；作为经济措施，具体包括实施海外资源基地补贴政策、建立海外资源风险勘查补助金制度等财政援助措施，投融资、债务担保等金融援助措施，实施备用金制度、税费特别扣减制度、税收抵免制度、资源开发亏损准备金制度等税收援助措施，以及设立资源能源综合保险、海外投资保险等保险援助措施；作为外交措施，包括推行综合性、多层次性资源外交策略，实施发挥技术、产业优势的资源外交策略，以及积极参与各类国际组织，加强与国际组织之间的合作；作为技术措施，包括针对不同资源改良和提高开发技术，对资源开发作业现场进行技术援助，实施技术支持与咨询及技术人才培养，向资源国提供技术援助，以及大力支持环保技术的开发和应用。（3）采用定量分析方法，理性评估了日本海外资源开发战略推进措施的成效，研究证明，推进措施的有效实施拓宽了海外资源开发范围、提升了资源自主开发比率、增加了企业参与海外资源开发项目与权益。在提高资源开发效率方面，基于DEA 数据包络分析法，得出的结果是，在总效率分析上，1995 年、2005 年、2012 年这三个年份效率最高，此外，从 2013—2018 年也体现出规模报酬递增的趋势，说明资源产出的增加比例大于政府的投入增加比例，即政府的政策措施达到了提高资源开发效率的效果，从技术效率和规模效率中也可以发现除了 2016 年之外，其他年份都表现出较高水平。（4）借鉴日本海外资源战略推进措施的经验教训，结合中国海外资源开发中存在的问题，从政府层面、行业层面、企业层面提出适合中国国情的海外资源开发战略的推进措施建议。建立一套包括政府、独立行政法人机构、企业三方有效联动的海外资源开发国际化战略体系，政府牵头做好开发前期合作关系的确立，做好人力资本、技术安全、基础设施服务等方面的政策保障；鼓励民间资本积极参与海外资源开发活动，出台积极的财政政策、货币政策，消除产业链上的行政垄断现象，加速市场化改革进程；提高资源开发企业的公关能力建设，加强与资源国的深度合作，加大对技术创新的投资，做好长期、绿色、可持续发展战略规划。

本书的主要内容是本人吉林大学博士学位论文，在此对博士论文的指导教师陈志恒教授表示衷心的感谢。此外，本书系吉林外国语大学学术成果，非常感谢学校在资金方面的支持。最后，本书能够顺利出版，离不开出版社编辑的宝贵意见和耐心修改，在此表示最诚挚的谢意。

目　录

CONTENTS

第一章

导　论

第一节　选题背景与意义

一、选题背景

随着两次石油危机的爆发与资源民族主义的扩张，资源已经成为左右各国经济发展的重要因素。特别是进入21世纪以来，能源需求的快速增长与现有资源的有限性及分布不均的矛盾，使得全球范围内资源的争夺日趋激烈。在这一大背景下，海外资源开发作为一种高风险、高收益性事业，尤其是作为事关国家资源安全与稳定的跨国投资事业，日益受到了世界各国的高度重视。《资源战争》[①] 的作者迈克尔·克莱尔认为："20世纪初，数十年的战争并不是因为意识形态差异，而是因为资源主导权爆发的。"目前，许多国家的对外政策和对外关系也都是以资源为中心制定和开展的，尤其是对于那些资源匮乏的国家来说，海外资源开发战略已经成为左右其内政外交的重要战略。

（一）海外开发已经成为资源匮乏国家获取资源的主要方式

从海外获取资源的方式一般有直接购买、参股投资、合作开发等多种形式，当前，在资源自给不足的情况下，海外资源开发无疑是增强资源供

① 赵宏图．新能源观［M］．北京：中信出版社，2016：8.

给安全的一条较佳途径，日、韩等国纷纷推出相关政策，将海外资源开发纳入国家发展战略并给予重点支持。韩国政府通过制定《海外资源开发基本计划》，将提高海外资源开发比率①作为保障国家资源安全的重要支点，在财政、金融、保险、税收等方面对海外资源开发项目予以支持。日本则通过制定《资源保障指南》《能源基本计划》等，规定政府及相关机构要切实支援日本企业的海外资源勘探开发，并力争到2030年海外资源开发比率达到石油天然气资源40%、煤炭资源60%、铜等金属矿物资源80%的战略目标。

（二）中国海外资源开发仍有待进一步发展

中国自加入WTO以来，经济发展迅速，经济总量保持高速增长，2017年GDP首次突破80万亿元，但同时资源的消耗量也是十分巨大的。并且我国正处在现代化建设的战略机遇期，多数矿产资源消费需求仍保持高位运行，国内矿产资源生产速度跟不上消费增长速度。根据统计，2001年我国煤炭、原油、铁矿石（成品矿）、铜矿（金属）等战略矿产产量分别为11.6亿吨、1.65亿吨、1.07亿吨、58.7万吨，2019年产量分别为38.5亿吨、1.91亿吨、2.4亿吨、163万吨，相比2001年分别增长232%、16%、124%、178%，而上述战略性矿产资源的消费量均增长了200～600%②，消费增长速度基本是产量增长速度的2倍以上，国内资源供应压力巨大。诸多种类的资源已经从出口变为进口，特别是自1993年成为石油纯进口国以来，国内能源的供需矛盾愈加突出。虽然近年来在政府的支持和推动下，中国的海外资源开发取得了一些进展，但来自国际国内的挑战及困难也在增加。在国际方面，面临着西方国家恶意狙击、资源民族主义扩张以及国际资源市场剧烈变动的诸多挑战；在国内方面，政府推进海外资源开发的总体规划滞后、开发措施乏力、成效较差。而资源行业缺乏统

---

① 具体目标设为原油、天然气资源开发率从2009年的9%提高到2019年的30%；六大战略矿产资源从2009年的25%提高到2019年的42%；新战略矿产资源从2009年的7.3%提升到2019年的26%。

② 陈甲斌，冯丹丹．战略性矿产资源：不可忽视的安全保障［N］．中国自然资源报，2020-09-02（7）．

筹规划的专门机构、相关企业风险防控能力低等问题，也导致相关企业的海外资源开发与投资困难重重。

（三）日本海外资源开发成效显著

作为典型的资源匮乏国家，日本早在20世纪六七十年代就认识到了海外资源开发的重要性，政府主导出台了一系列政策措施，引领并帮助企业成为海外资源开发的主体。政府引领，行政法人协调，企业组织实施，三驾马车齐头并进，成为对外增强日本资源开发企业国际竞争力、对内稳定资源供给保证资源安全的主要推动因素。官民协同高效开发利用海外资源，成效显著。2015年日本的一次能源自给率只有7%①，95%以上的煤炭、石油、天然气以及铜、铁等矿石资源都是通过海外获取的。通过建立较为完整的海外资源开发战略及配套政策体系，日本不仅获取了满足经济发展所需的资源，而且目前仍保持着世界第三经济大国的地位。其海外资源开发战略及推进措施的成功经验，已经成为国内外研究和借鉴的重点，为此，我们有必要全面、深入地分析日本的海外资源开发战略，研究其举措得失并予以借鉴。

二、选题意义

在人类社会发展的历史过程中，开发和利用自然资源一直至关重要，因为它是人们生存和发展的物质基础。自然资源在支撑经济和社会发展的同时，也会对经济的发展速度以及社会发展的进程和方式产生约束。在当今社会，水资源短缺，能源不足和耕地面积减少一直都是限制经济社会发展的重要因素，因此自然资源的开发和高效利用刻不容缓。日本作为极度依赖资源进口的发达国家，在海外资源开发利用方面走出了一条既有特色又行之有效的战略之路，值得中国学习和借鉴。

目前，国际上有关海外资源开发方面的理论研究较多，但多数研究成果停留在个别资源海外开发和利用的案例研究层面上，对包括海外资源开

---

① 根据日本经济产业省资源能源厅统计，日本的一次能源自给率为2010年约20%、2011年11%、2015年继续下降为7%。

发对本国资源供给、经济发展方面的促进作用和积极意义，对如何构建海外资源开发战略规划体系、实施有效的推进措施等系统化方面的研究较少，并缺乏可操作的具体方法。同时，以日本海外资源整体开发战略为主的研究内容也很少。因此，深入分析日本的海外资源开发战略，总结其有效经验和推进措施，全面评估其成效和影响，具有重要的研究价值，同时对推进中国海外资源的开发，也具有重要的借鉴意义。

第二节　国内外研究文献综述

一、国内研究文献综述

伴随着中国资源问题的日益严峻，国内学者开始关注日本海外资源开发战略及措施等议题，他们从不同视角研究和分析了日本海外资源开发战略、政策、措施及其效果。

（一）日本的矿产资源开发利用战略和政策

王冰（2005 年）① 详细介绍了日本在资源进口方面的相关政策和措施，其中有进口渠道多元化战略、开发性进口战略、反客为主战略等，认为日本全球资源战略的主要内容之一就是长期、大量进口，并有计划地储备；黄频捷（2006 年）② 介绍了日本全球矿产资源战略以及日本在全球矿产资源配置格局中的地位和作用。

姜雅（2010 年）③ 全面介绍了日本政府不断开发海外矿产资源的具体事项。政府为了推进本国企业的海外矿产资源开发，制定了多部相关法律法规，规范了相关的海外活动，还提供相关的税收优惠，甚至提供保险、

① 王冰．日本的资源进口战略［J］．中国外资，2005（8）：24-26.
② 黄频捷．日本的全球矿产资源战略［J］．世界有色金属，2006（2）：39-42.
③ 姜雅．日本如何推进其海外矿产资源勘查［J］．国土资源情报，2010（5）：17-20.

财政、金融等方面的支持，帮助建设相关基础设施。同时，姜雅（2010年）[①] 指出，日本建设海外矿产资源基地的整个过程主要分为四个阶段：首先是进行资源外交，然后通过政策上的引导，从而建立开发体系，最后是将获取模式多元化。姜雅（2009年）[②] 详细介绍了设立石油天然气金属矿产资源机构（以下简称：JOGMEC）的原因、运作模式以及该机构在保障日本矿业资源的供给方面发挥的重要作用。

彭颖等（2010年）[③] 简单介绍了日本在历史上获取海外资源的情况，详细介绍了其特有的运行机制。该机制主要分为三个方面：首先从宏观角度出发，由政府制定相关计划；其次是从中观角度出发，建立相关机构；最后从微观角度出发，详细计划企业要怎样获取海外的各类资源。相关专家认为：这一过程的关键在于日本政府和企业以及相关机构相互合作，三者之间密切联系，相关机构和日本政府创建了大量的海外资源获取基地，保证资源长期供应，以此帮助企业走向世界；简要介绍了日本经济产业省（METI）、JOGMEC、日本国际协力银行在日本海外获取资源事业中的职能。

（二）日本的能源战略和政策

王伟军（2006年）[④] 指出，日本采用资源外交政策，改变获取能源方式的单一性，将获取方式多样化，同时还在多个地区创建能源安全保障机制，以此保证石油进口的稳定。

尹晓亮（2007年）[⑤] 预测了日本的能源政策会带来怎样的影响。认为日本的新国家能源战略中指出的要尽可能节约能源，会引起产业转移，同时，日本和资源提供国之间越来越紧密的联系，会让中国的外交面临很大

---

① 姜雅．日本海外矿产资源开发：14个部门联成的无缝体制［J］．资源与人居环境，2010（5）：28-29.

② 姜雅．日本石油天然气金属矿产资源机构的运作模式及其对我国的启示［J］．国土资源情报，2009（4）：24-29.

③ 彭颖，邓军，王安建，陈其慎，张晓佳．日本海外矿产资源获取机制分析［J］．地球学报，2010（10）：711-719.

④ 王伟军．试析日本的国际能源战略［J］．世界经济研究，2006（3）：84-89.

⑤ 尹晓亮．世界能源形势与日本新国家能源战略［J］．东北亚论坛，2007（9）：104-109.

的考验。还指出，日本的海外能源自主开发率提升的目标，可能会让中国和日本的竞争加剧。王锐等（2007 年）① 详细解释了日本在新时期的能源安全方面的战略部署，包括世界范围内要与产油国建立外交关系，以此保证能源供给的稳定；在国内不能让能源供应过于单一，还要有一定的储备以备不时之需，同时还要增强本国的国际能源资本。张浩川（2009 年）② 对中日两国的能源战略决策机制进行了比较研究，指出中国和日本之间的对口机构已经比较明确，两个国家在这方面的交流和联系的针对性也变得更强，比如，实际操作过程中的沟通能力更强，两者之间也更加理解对方，这都要归功于决策过程中的机构设置及其职能安排相近，未来两国将有更好的合作前景。

还有一些人认为，日本在实施与国家能源有关的政策和战略的过程中，十分重视立法。罗丽（2007 年）③、吴志忠（2013 年）④ 等概括性地介绍了日本与能源有关的法规，如石油立法、煤炭立法、天然气立法、能源基本法等。张剑虹（2009 年）⑤ 和文一舒（2010 年）⑥ 把其相关法律法规和美国以及一些欧盟国家的相关法规相比较，并提出了我国应借鉴的政策建议。何一鸣（2004 年）⑦、陈其慎等（2010 年）⑧ 介绍了日本能源战略体系，包括能源储备、能源进口渠道多元化和能源开发等内容。

（三）日本的资源外交

日本为了获得海外资源的开发权益和合作项目，其国家层面的重大外交活动常常与资源或能源相关联，一些学者就此着眼开展了相关研究。

吴寄南（2007 年）⑨ 详细介绍了日本为了让能源供给更加安全稳定，

① 王锐，刘霞．21 世纪日本能源安全战略及其启示［J］．经济经纬，2007（6）：41-44.
② 张浩川．中日能源战略决策机制比较研究［J］．日本研究，2009（3）：62-66.
③ 罗丽．日本能源政策动向及能源法研究［J］．法学论坛，2007（1）：136-144.
④ 吴志忠．日本新能源政策与法律及其对我国的借鉴［J］．法学杂志，2013（1）：100-107.
⑤ 张剑虹．美国、日本和中国能源法律体系比较研究［J］．中国矿业，2009（11）：11-14，28.
⑥ 文一舒．欧盟与日本能源领域的法律与政策及其对我国的启示［J］．商品与质量，2010（7）：94-95.
⑦ 何一鸣．日本的能源战略体系［J］．现代日本经济，2004（1）：50-54.
⑧ 陈其慎，王高尚，王安建．日本能源安全保障分析［J］．改革与战略，2010（2）：174-177.
⑨ 吴寄南．日本新一轮能源外交剖析［J］．现代国际经济，2007（10）：31-36.

自从第一次石油危机发生以后，日本每一届的首相都主动参加能源外交活动，强化与中亚地区以及俄罗斯等国的关系，以此增加资源进口的渠道。同时还指出日本为了稳定和中东各国的关系，主动提供经济上的援助，积极开展技术合作，进一步增加资源进口的渠道。

李秀石（2007 年）① 认为日本的“资源外交”主要由三部分组成，也就是日本和资源需求国、供给国以及与地区及全球性框架组织间的外交，并提出资源外交政策可以很好地利用技术、资金上的有利条件，加强企业和政府之间的相互合作，以及建立好与资源供给国之间的经济互补关系。

王海燕（2010 年）② 介绍了近年来日本的能源外交开始“以中东为中心”转向亚洲、非洲、南美洲等地区，并提出中国应重视文化外交，加强宣传工作，鼓励更多民间资本参与“走出去”战略并与国有企业组成财团共同开发境外项目。

徐梅（2013 年）③ 对“能源外交”的狭义与广义概念进行了区分，认为“能源外交”所蕴含的意义不仅限于能源方面，也可以拓展至军事、政治层面，能源供需缺口越大，则“能源外交”越紧迫，更应纳入国家总体战略中。

二、国外研究文献综述

（一）日本学者先行研究

日本经济产业省资源能源厅（2013 年）④ 在分析和总结本国资源现状的基础上，提出了全面的资源确保战略。包括针对资源国各个不同发展阶段实施的资源外交战略、针对主要产油国和新兴资源国家采取的具体对策等内容。同时，对中东地区和其他地区分别开展综合的多层次的资源外交，对典型国家进行详细分析，并制定出了相应的战略对策。另外，还对

① 李秀石．解析日本“资源外交”［J］．世界经济研究，2007（11）：56-60.
② 王海燕．日本在中亚俄罗斯的能源外交［J］．国际石油经济，2010（3）：52-55.
③ 徐梅．日本的海外能源开发与投资及其启示［J］．日本学刊，2015（3）：100-119.
④ 経済産業省資源エネルギー庁．資源確保戦略［R］．日本海外展開関係大臣会合，2013（6）.

石油天然气资源的探矿开发、金属矿产资源的探矿开发以及资源储备进行系统的分析和研究。

日本贸易会（2004年）① 就资源贸易的现状及面临的问题进行了详细的介绍，并提出随着新兴国家资源需求量的增加，综合商社获得更多海外资源投资项目的需求更加迫切。国际资源开发检讨会（2012年）② 的中期报告中专门针对资源开发人才培养方面的政策举措进行了详细的介绍和分析。报告从分析资源研究型大学的现状入手，介绍了资源开发产业界的变化、海外资源开发状况，并提出日本国内大学未来资源教育的方向，其中特别强调了产业界的协助及国家的介入和引导。

日本资源能源经济研究所中东研究中心外部研究员中岛猪久夫（2015年）③ 在《石油和日本：苦难和挫折的资源外交史》中，详细介绍了二战后到第二次石油危机期间日本政府的资源外交政策以及成果，重点分析了日本为了获得阿拉伯国家的“友好国”待遇，不顾美国的反对艰难推进与阿拉伯国家之间的资源外交活动。北海道大学院法学研究科附属高等法政教育研究中心合作研究员白鸟润一郎（2015年）④ 在《经济大国日本的外交：资源能源外交的形成1967—1974年》一书中，详细介绍了日本资源外交的由来以及能源资源外交的构成，强调资源外交的构成：第一，海外资源开发方面的援助措施；第二，参与资源消费国之间的协调过程的举措；第三，应对资源产出国的手段。

资源能源厅重化学工业出版社出版的《日本的海外资源开发》（1976年）⑤ 一书中，主要介绍了战后到第二次石油危机期间日本主要战略资源的国内外开发现状及所面临的问题，强调在新形势下日本政府要不断调整

---

① 松川良夫. 原油・天然ガスエネルギー資源開発［N］. 日本貿易会月報，2004年10月号. 山田光彦. わが国の銅原料の輸入の歩みと商社の役割［N］. 日本貿易会月報，2004年10月号. 垂水裕之. 石炭資源開発［N］. 日本貿易会月報，2004年10月号.

② 国際資源開発検討会. 国際資源開発人材育成検討会中間まとまり［R/OL］. 资源能源厅网站，2012-08-31.

③ 中岛猪久夫. 石油と日本—苦難と挫折の資源外交史［M］. 东京：株式会社新潮社，2015.

④ 白鸟润一郎. 経済大国日本の外交エネルギー資源外交の形成1967—1974年［M］. 东京：千倉書房，2015.

⑤ 重化学工業通信社. 日本の海外資源開発［M］. 东京：重化学工業出版社，1976.

国家的资源战略来应对不同国家的需求，以便满足本国资源获取及开发需求。

（二）韩国学者先行研究

韩国的部分学者注意到了综合商社在日本海外资源开发利用战略中的特殊作用。申张哲（2013 年）① 在研究中详细介绍了日本的大型综合商社在日本海外资源开发战略中的重要职能和作用。作为日本最大的综合商社三井物产投资开发智利、印度、巴西、中国、美国等国的铜资源矿产，且将工厂建在马来西亚、中国，意欲垄断全世界的铜出口贸易。作者通过分析日本经济构成，发现日本的很多商社除了可以提供常见的企业功能服务外，还拥有着类似于政府机构功能的隐藏外交、收集情报、次级政府等功能，此外，一些商社还会创办大学，用于为自己的集团输入人才等。作者认为日本的综合商社将商业资本、产业资本和金融资本联系起来，是政府与民间的联系桥梁。

李秀元（2016 年）② 在研究中主要介绍了低油价环境下，主要资源进口国的海外资源开发动向，提出日本政府即使在油价低迷状态下也没有减少对海外资源开发的支援力度，反而呈现出支援总额年年增加的趋势。全京连（2015 年）③ 对中日韩海外资源开发进行比较分析，并对日本政府持续加大海外资源开发的投资力度以及坚持支援政策的一贯性方面给予了高度评价。

宋振浩（2017 年）④ 通过分析韩国和日本海外资源开发战略的相似点，介绍了日本海外资源开发的两个推进主体 JOGMEC 和核心企业日本国际帝石（INPEX），明确指出日本政策性金融职能与资产管理职能的分开、保证海外资源开发方向性的组织体系是日本海外资源开发的成功之处。

---

① 신장철. 일본의 해외자원개발과 소고쇼샤（總合商社）의 역할기능에 관한 연구［R/OL］. 한국무역학회，2017-04-30.

② 이수원. 저유가 下 해외자원개발전략［J］. KBS 산업은행경제연구소，2016（3）：65-80.

③ 전경련. 한중일 해외자원개발 비교［J］. 전국경제인연합회，2015（12）：66-68.

④ 송진호. 일본의 해외자원개발 전략분석 시사점［J］. KBS 산업은행경제연구소，2017（5）：188-194.

韩国的商务经济报刊（2015年）[①] 也针对日本海外石油天然气自主开发进行了详细的介绍，主要分析了日本在亚洲、非洲，欧盟、美国等国家和地区自主开发石油天然气资源的阶段性举措。

三、简要评述

日本海外资源开发战略的一系列推进措施，对内稳定了资源供给、保证了资源安全，对外增强了资源开发企业的国际竞争力。纵观国内外相关文献，相关研究的范围和内容还有进一步拓展的空间。

（一）海外资源开发战略体系的研究不足

从现有关于日本海外资源开发战略的研究中可以发现，研究范围主要涉及具体资源如矿产资源、石油天然气等能源资源的开发战略，关于海外资源开发的整体战略体系的形成确立及完善的过程研究较少。

（二）海外资源开发战略推进措施的研究不全面

对日本海外资源开发战略推进措施方面，现有的研究多数比较分散，大多涉及财政、金融、保险、技术、外交等方面，对于推进措施的全面系统性总结较少。

（三）关于海外资源开发事业中参与机构的研究不够充分

日本的海外资源开发战略的顺利实施除了政府与资源企业的参与之外，作为协同服务机构的 JOGMEC、国际协力银行、贸易保险公司、国际协力机构等独立行政法人机构也发挥着非常重要的推进及协调作用。而现有的研究多数集中在 JOGMEC 的推进作用，对于其他协同服务机构的研究较少。

综上所述，本书在现有研究基础上，总结日本海外资源开发战略体系的形成过程以及特点，全面分析实施海外资源开发战略的具体推进措施以及各参与机构的具体分工任务，评价其成效、吸取其经验教训，探索出一

---

① 일본의해외석유가스탐사개발［N/OL］. 비지네스-경제，2015-02-05.

条符合中国国情的海外资源开发之路，从而保证国内资源的稳定供给并提高资源企业的国际竞争力，这即本书研究的落脚点。

第三节 研究目的与方法

一、研究目的

随着中国国民经济持续快速发展，2017 年中国 GDP 总量远远超过日本，位居第二，仅次于美国，但这也预示着我国的各种资源正在被慢慢耗费。虽然从现存资源量上来看，我国资源现状还算乐观，但未来经济大幅增长的同时也会迅速消耗大量资源，使得中国在许多资源方面已经从出口国转变为进口国。当下，我国人均重要矿产资源和能源持有量不到世界平均持有量的 67%。况且，我国矿产资源的分布形势并不如看起来那么乐观：无用矿多、优质矿少，小矿多、大矿少，合作开发矿多、自主开发矿少，且大部分不宜开采或矿床较难开采，造成了我国在开发资源上成本高、收益低的局面①。而对于能源的消费量而言，2016 年中国的能源消费总量为 43.6 亿吨标准煤（折合 30.5 亿吨油当量），约占全球总消耗量的 1/4，消耗石油能源排在全球第二，石油进口量排全球第二，原油对外依存度超过 65%，天然气的对外依存度是 24%②。而我国能源开发利用率很低，浪费严重；供需矛盾日益突出；石油消费增长过于迅速，石油安全堪忧；后备能源开发不足；环境污染严重等问题影响了经济的持续发展。究其原因，主要由于中国经济发展水平和技术水平相对落后，除此之外，全球资源供给情况总体趋势较差；我国的大型企业不够高瞻远瞩，缺少投资勇气；政府不能给予大型企业足够的保障和支持等也都对此造成了一定的影响。如何能够高效、安全地开发和利用资源这一难题的解决已经刻不

① 任忠宝，吴庆云 . 21 世纪我国矿产资源形势研判［J］. 中国矿业，2011（2）：56

② BP 世界能源统计年鉴发布会. 世界能源统计年鉴（2017 年中文版）［R/OL］. 新能源网，2017-06-13.

容缓。

相比之下，同样作为能源消耗大国和资源进口大国的日本，通过完善的资源保障战略体系在海外资源开发利用方面取得了显著的成效。例如通过一站式支援机制、政府—机构—企业多层次参与等政策加强内部协作；通过贸易、投资等措施挑起资源供应端竞争；通过设定谈判规则和定价机制、掌握供应方信息、善用贸易合同、尽可能获得高附加值等手段主导谈判；通过政府、官僚等高层要员积极参与资源外交，官民一体发挥技术和产业优势，加强与资源供给国以及消费国之间的合作等。

因此，本书的研究目的是通过深入分析日本海外资源开发现状、战略体系以及推进措施，总结日本进行海外资源开发过程中的有效举措及典型案例，对如何构建完整有效的海外资源开发战略体系进行理论及实证分析，并从中获得启示，提出适合中国国情的海外资源开发战略推进措施。

二、研究方法

（一）历史和逻辑相统一的方法

日本海外资源开发战略的发展有一个历史过程，在不同的历史阶段都有其不同的战略目标、战略实施手段和措施，这是日本海外资源开发战略体系的特点。本书从20世纪60年代日本的海外资源战略到当前日本海外资源开发的现状及战略贯彻特点入手，总结日本海外资源开发战略体系的形成过程以及战略推进措施，归纳整理日本海外资源开发战略的成功经验。

（二）文献分析法

本书搜集、鉴别、整理了国内外关于日本海外资源开发战略的文献，并通过对文献进行研究形成对事实的科学认识。本书收集总结了大量我国学者和机构的研究成果，以及韩国和日本的相关机构和学者的研究成果，对不同国家和不同机构不同学者分析的日本海外资源开发战略内容进行系统的总结和归纳。

（三）比较研究法

经济全球化使海外资源开发不再是单个经济体独立的经济活动，而是资源供给国和资源消费国友好交流与合作、矛盾与冲突不断的经济活动。只有与其他国家或经济体进行对比分析，才能更全面地了解彼此在海外资源开发战略实施中的得失。本书重点研究日本的海外资源开发战略推进措施，并以此为借鉴，提出促进我国海外资源开发事业发展的对策建议。

（四）理论与实证相结合

海外资源开发战略研究不仅需要理论分析，更需要与具体案例相结合进行实证分析。本书基于国际地缘政治学、可持续发展经济学中的相关理论，对日本海外资源开发战略体系的形成与战略举措进行系统阐述的同时，利用资源开发效率评价模型对日本海外资源开发战略的推进措施进行定量分析，考量其成效。

第四节 基本内容和框架

本书在梳理海外资源开发相关理论和日本海外资源开发战略研究的基础上，运用大量的实际数据和图表分析了日本实施海外资源开发战略的组织、经济、外交、技术等方面的推进措施，并根据分析结果对制定和实施我国海外资源开发战略提出了相关建议（参见图 1-1）。

本书共有五部分，包括十章内容，具体如下：

第一部分为第一章导论，主要介绍选题的背景及意义、研究方法与目的、国内外研究综述、研究内容与结构、创新点和不足。

第二部分为第二章，重点对海外资源开发战略进行一般分析以及对理论基础的梳理，主要对资源及资源开发进行了概念界定和基本分类，总结分析了海外资源开发战略的相关理论，即可持续发展战略理论、国际地缘政治理论、国际投资理论等。此外，还分析了资源开发战略在可持续发展

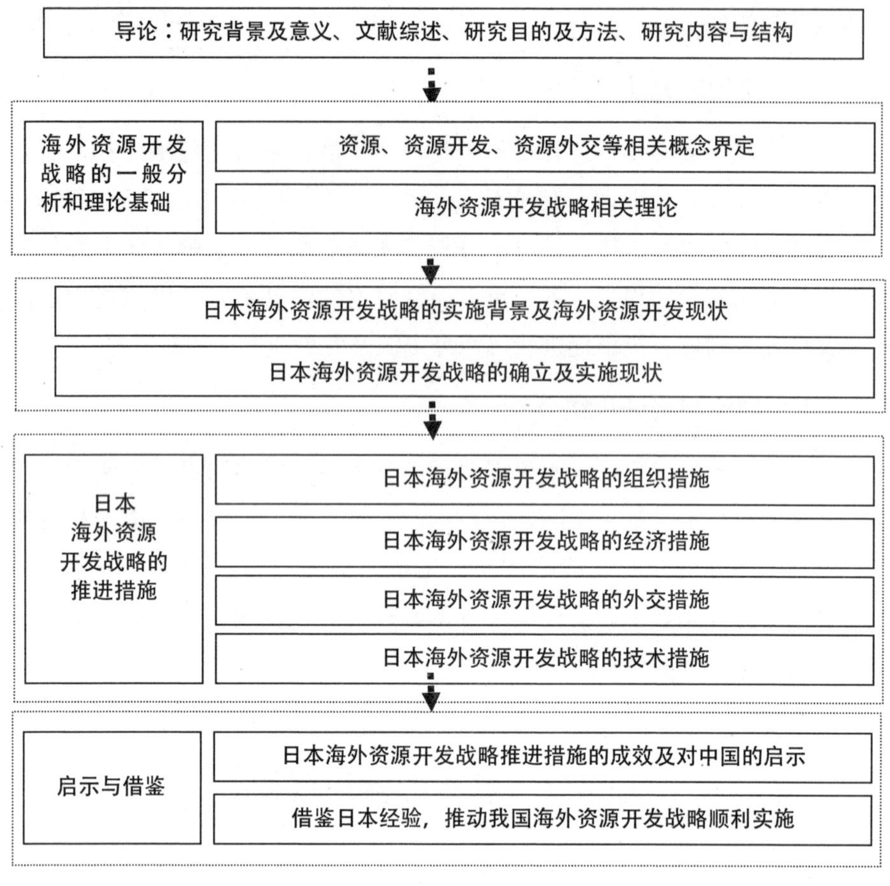

图 1-1　本书的研究框架图

中的地位和作用。

第三部分包括第三章、第四章，主要介绍日本实施海外资源开发战略的背景以及战略体系的形成过程。其中，第三章介绍了日本海外资源开发战略的实施背景及海外资源开发现状，分析了日本海外资源开发战略布局状况。第四章阐述了日本海外资源开发战略的确立及实施现状，分析了日本海外资源开发战略体系形成过程及战略体系的特点。

第四部分包括第五至第八章，是本书的核心部分。其中，第五章为日本海外资源开发战略的组织机构运行措施研究，介绍了日本开发海外资源的组织体系和运行机制，通过对领导机构、服务机构、推进机构、执行机构等四个机构的分析，总结了各机构的职能及运作方式，为中国海外资源开发组织机构的设立提供参考。第六章为日本海外资源开发战略的经济措施研究，介绍了日本政府以及相关服务机构在金融、财政、税收和保险等方面的具体支援措施及效果。第七章为日本海外资源开发战略的外交措施研究，在阐述了日本综合性、多层次性资源外交策略的基础上，结合日本对中东地区的全方位资源外交案例分析，强调日本实施海外资源开发战略的外交措施的重要性。第八章为日本海外资源开发战略的技术措施研究，从各类资源的开发技术、作业现场技术支援、环保技术开发、技术人才培养等方面阐述了日本政府在资源开发技术措施方面的投入和成果。

最后，在前述分析的基础上，总结日本海外资源开发战略推进措施的成效及经验教训，结合中国海外资源开发中存在的问题从政府层面、行业层面、企业层面提出适合中国国情的海外资源开发战略的推进措施建议。

第五节 创新与不足

一、本书可能的创新之处

第一，研究观点的创新。本书基于战后日本海外资源获取及开发战略体系的成功展开了针对性的研究，对日本海外资源开发战略的形成及特征进行了系统、综合的梳理和分析，并提炼了日本实施海外资源开发战略的一系列推进措施，即组织措施、经济措施、外交措施和技术措施。

第二，研究方法的创新。本书采用史论结合的方式对日本实施海外资源开发战略的组织措施、经济措施、外交措施和技术措施展开了详细的论述，并用定量分析方法论证所取得的成效，对中国海外资源开发存在的问题进行系统的分析，为中国推进海外资源开发战略、资源型企业“走出去”的实践活动提供有益参考。

二、主要不足

首先，相关研究出版物不多，很难收集到大量有用的文献，收集其他国家的刊物更加不易，这对分析研究造成了阻碍。

其次，对日本的经济政策分析尚不到位，同时考虑到中国的经济政策实施背景与日本存在一定差异，因此所提建议存在一定的局限性，还有待今后进一步深入研究。

第二章

海外资源开发战略的一般分析和理论基础

资源是确保一国经济正常运行和持续发展的基石，在全球资源分布极端不平衡的情况下，资源匮乏的国家自然向外寻求资源供应。海外资源开发涉及跨国开发，旨在提供满足本国经济稳定持续发展所需资源，因此，可持续发展战略理论、国际投资理论、国际地缘政治理论、资源外交理论构成了海外资源开发战略的理论基础。

第一节　海外资源开发战略的一般分析

一、资源的概念界定及分类

（一）资源的概念界定

资源具有狭义与广义的区别。狭义上的资源是指：经过时日的沉淀、特殊的地形地貌作用下生成的可利用的自然资源；而广义上的资源一般是指：可用来供给生存的所有东西。本书里所指的资源就是指前者——狭义的资源范畴即自然资源。

一般来讲，自然资源包括金属矿产资源，还包括能源资源。能源资源是指为人类提供能量的天然物质，是一种综合的自然资源。它具体指水资源、煤矿、天然气等，也可指风能、核能、太阳能等可利用的新型资源。因此，本书中的资源既包括金属矿产资源等自然资源又包含石油、天然气、煤炭等能源资源。

（二）资源的基本分类

资源有很多种分类方法，本书根据研究的需要重点介绍矿产资源和能源资源的类别及特点。

矿产资源指在特殊地形地貌环境中经过大自然的孕育和演变而产生的可利用的气、液、固态的自然资源。矿产资源可分为以下几类（参见表 2-1）：

表 2-1　矿产资源的分类及特点

属性和用途分类	具体内容	共同特性
能源矿产	煤、石油、天然气、地热等	具有耗竭性、隐蔽性、分布不均衡性和可变化性特点
金属矿产	金、银、铜、铁等	
非金属矿产	石灰岩、白云岩、花岗岩、大理岩、黏土等	
水气矿产	矿泉水、地下水、二氧化碳气等	

资料来源：朱连奇，赵秉栋．自然资源开发利用的理论与实践［M］．北京：科学出版社，2004.

矿产资源种类众多，虽然不同矿种化学组成、开采技术条件、用途等各不相同，但都具有以下共同特性：（1）有效性，矿产资源具有使用价值，能够产生社会效益和经济效益。（2）有限性，即不可再生，矿产资源稀少是因为其是经过数亿年甚至更久的时间才演变形成的，完成开发挖掘后，在人类存在的历史时间内不会再次形成。为保证矿产可持续发展，必须“开源与节流”① 同行，贯彻节约理念，走资源节约型可持续发展之路。（3）时空分布不均匀性，矿产资源分布的不均衡性是地质成矿规律造成的，某一地区可能富产某一种或几种矿产，但其他矿产相对缺乏，甚至缺

① “开源”即扩大矿物原料来源，包括加大边远地区的勘探力度；提高资源开发技术水平，开发低品位的矿产；寻找替代等。“节流”即千方百计地改善利用矿产资源的技术水平，使有限的矿产资源得到充分合理的利用。包括改进、改革采矿方法、提高选矿、冶炼的工艺技术水平、努力探索综合回收、综合利用的新方法、新工艺、新技术、搞好尾矿的综合利用，变废为宝等物尽其用的各种途径，使矿产资源非正常人为损失减少至最低限度，以适应现代化建设对矿产品日益增长的需求。

失。例如，29 种金属矿产中，有 19 种矿产的 75%储量集中在 5 个国家；石油主要集中在海湾地区；煤炭储量大国主要是中国、美国和俄罗斯；中国的钨、锑储量占世界总储量的一半以上，而稀土资源占世界总储量的 90%以上。（4）投资高风险性，由于地质环境的多样性和复杂性，造成了矿产资源投融资活动高风险的特殊性质，同时也赋予了矿产资源投融资活动高收益的可能性。

能源资源根据不同的分类依据有以下几种分类方法：

表 2-2 能源资源的各种分类

分类依据	具体依据	具体内容
按其形成和来源分类	来自太阳辐射的能量	太阳能、煤、石油、天然气、水能、风能、生物能
	来自地球内部的能量	核能、地热能
	天体引力能	潮汐能
按开发利用状况分类	常规能源	煤、石油、天然气、水能、生物能
	新能源	核能、地热、海洋能、太阳能、沼气、风能
按属性分类	可再生能源	太阳能、地热、水能、风能、生物能、海洋能
	非可再生能源	煤、石油、天然气、核能
按转换传递过程分类	一次能源：直接来自自然界的能源	煤、石油、天然气、水能、风能、海洋能、生物
	二次能源：经过人类加工或改造的能源	沼气、汽油、柴油、焦炭、煤气、蒸汽、火电、水电、核电、太阳能发电、波浪发电

资料来源：张生玲．能源资源开发利用与中国能源安全研究［M］．北京：经济科学出版社，2011 年.

本书主要分析的能源资源是属于非可再生能源的石油、天然气、煤炭资源。

二、海外资源开发的概念界定及形式

（一）资源开发的概念界定

资源开发指开发水、矿物、旅游、土地等资源并通过规划和物化劳动以达到利用或提高其利用价值的经济活动，后者也称资源再开发或二次开发。这些资源的开发给我们供给更多可利用的物质，并且不会由于开发不完全而浪费；二次开发能够更加高效地将资源转化为能够供人类使用的物质，且能够使废弃物的排放量减小；能够替换一些不可再生资源，使我们的子孙也有可以使用的资源。开发资源的原则为：合理开发非再生资源，努力开发可再生资源。

本书所涉及的资源开发主要是指石油、天然气等能源资源开发以及铜、锌等金属矿物资源开发。

（二）海外资源开发的概念界定

海外资源开发涉及跨国开发，是指单独、合作开发，提供技术劳务以及开发资金融资等方式开发石油、天然气以及 6 大战略矿物①等海外资源，其面临的风险巨大，如国别风险、资源风险、经营风险、技术风险、外部风险、环境风险、汇率风险等。海外资源开发一般分为基础调查、勘探、开发、生产、恢复等五个阶段。如表 2-3 所示，海外资源开发是一项长期投资（一般从勘探到生产需要 10 年以上），勘探成功率较低，政治社会性风险巨大；一般需要数十亿美元的前期投资，一旦成功可长期获得高利润的高风险性、高收益性投资。另外，海外资源开发是一项既需要地球物理、海洋造船等传统产业的融合，又需要 ICT 等尖端科学领域的技术集约型产业。

---

① 6 大战略矿物：煤炭、铀、铁、铜、锌镍合金、准战略矿物（锂、稀土类）

表 2-3 海外资源开发的各阶段特点

阶段		详细内容	决定因素	期间①（年）	费用②（亿美元/年）
基础调查		资源收集和分析 选定目标区域，确定勘探方向	勘探的价值	1~2	-
上游部门	勘探	化学、物理勘探 采掘权合同 钻探作业	钻探的价值	2~3	1~2
	开发	详细钻探及计算储藏量 完成可行性报告书及环境影响评价报告 获得许可以及许可证 资金筹措及矿山建设	收益性与否	开发：2~5 建设：1~3	开发：3~5 建设：10
	生产	生产及加工 环境监控	周边开发采矿时期	5~50	-
恢复③		分解及解体 环境复原	-	1~10	10~15

资料来源：임용생. 해외광산개발이것만은알고시작하자［EB/OL］. 한울아카데미，2010-01-20.

（三）海外资源开发事业的形式

参与海外资源开发事业的方式主要有两种：一是，通过国际投标获得新矿区；二是，通过直接协商购买已有矿区或者收购拥有矿区的企业而获得勘探、开发等权利。签订的合同方式如表 2-4 所示，根据所有权以及开发主导权可分为让渡合同、生产产品分配合同和服务合同。而近年来随着资源保有国资源民族主义思想的激起，一般采取生产产品分配合同和服务合同。

① 期间：根据矿山规模或者条件变动较大，仅供参考。

② 费用：根据矿山规模或者条件变动较大，仅供参考。

③ 石油天然气业把后期的运输、精制、销售部分作为下游部门，与勘探、开发和生产的上游部分相对应。

表 2-4 海外资源开发合同种类

合同种类		让渡合同	生产产品分配合同	服务合同
概念		一定期间内将开发事业的一部分或者全部委托给具有资本和技术实力的开发企业	开发企业承担勘探及开发所需资金，生产出来的产品由开发企业与当地政府按照一定比例进行分配	开发企业提供与生产相关的服务而获得相应比例的收益
所有权	资产	开发企业	开发企业（回收投资费用为止）	资源保有国
	生产产品	开发企业	开发企业、资源保有国	资源保有国
控制运营		开发企业	开发企业（需要当地政府的认可）	资源保有国
资源国收益		奖金、租金、专利费	奖金、生产品的一部分	奖金、生产品

资料来源：감사원. 해외자원개발사업성과분석［N/OL］. 투데이에너지，2015-07-15.

三、资源外交的概念界定

资源作为经济的重要组成部分，与其相关的资源外交可以说是经济外交的重中之重。不同的是，经济外交属于随国与国交往而演变出的“主动产物”，但资源外交是二战之后才被提出的，具体是在第一次石油危机之后才渐渐演变出的“被动产物”。一般来讲，资源外交主要是指围绕资源问题制定的外交政策和展开的外交活动，资源外交出现的原因与资源在不同国家不同地域的分布不均匀以及资源的重要性有很大的关系。

第二节 海外资源开发战略理论基础

一、可持续发展战略理论

可持续发展理论于 1987 年世界环境与发展委员会（时任主席为布

伦特兰夫人)[①] 首次提出，其主要思想为：经济发展、保护环境、保护资源应统一进行，让我们的子孙在科技发展的未来也能拥有优良的生活环境、享有足够的自然资源。可持续发展涵盖生态可持续、社会环境可持续以及在群众积极向上的基础上健康地发展经济；其最终目的不只是充足的资源和良好的环境，更要人类在保证前者的基础上为我们的子孙后代留下可生存的空间，且人类个体能够得到良好发展；其还强调了应该推行有益于环境和资源可持续利用的投资，否则应拒绝此类投资。

可持续发展战略，即为推行可持续发展的计划与内容，也是一个国家在不同范围推行可持续发展的总称。它的目的是实现经济、环境、资源等相互协调统一的可持续性。1992 年 6 月，联合国环境与发展大会在巴西里约召开，会议提出并通过全球的可持续发展战略——《21 世纪议程》，要求各国根据本国的情况，制定各自的可持续发展战略、计划和对策。1994 年 7 月 4 日，国务院批准了我国第一个国家级可持续发展战略——《中国 21 世纪人口、环境与发展白皮书》。

可持续发展战略是要人与自然能够和谐相处，人类能够意识到自己和自然是密不可分的，我们应该对自己的后人负责。中国是世界上人口最多的国家，且近年来国家开放了“三胎政策”，人口数量有可能持续上涨，那就预示着我们对资源的需求量会更多，保护生态环境将面临更大的困难。我国应将合理开发自然资源，守护生态环境，了解并遵守资源管理和保护的法律，坚持资源开发和节约并举，提高资源利用效率等措施作为可持续发展战略的核心政策措施。

二、国际投资理论

国际投资理论包括垄断优势理论、内部化理论、产品生命周期理论、

① 世界环境与发展委员会（WCED）通称联合国环境特别委员会或布伦特兰委员会（Brundtland Commission）。在 1982 年于内罗毕召开的联合国环境管理理事会上，前日本环境厅长原文兵卫代表日本政府首次建议设立此机构，之后在 1983 年的第 38 届联合国大会通过成立该独立机构的决议。由联合国秘书长提名挪威工党时任领袖布伦特兰夫人（Brundtland）任委员会主席，1984 年 5 月本机构正式成立。委员会由主任、委员等 22 名世界著名学者、政治活动家组成。委员会的主要任务是：审查世界环境和发展的关键问题，创造性地提出解决这些问题的现实行动建议，提高个人、团体、企业界、研究机构和各国政府对环境与发展的认识水平。

国际生产折衷理论、比较优势理论、国际直接投资发展阶段理论、投资诱发要素组合理论、补充性的对外直接投资理论等相关理论。其中比较优势理论、国际生产折衷理论以及投资诱发要素组合理论对海外资源开发具有一定的指导意义。

（一）比较优势理论

20 世纪 70 年代中期，日本一桥大学小岛清提出，分析国家直接投资产生的原因应从宏观经济因素，尤其是国际分工原则的角度来进行的观点，进一步发展了比较优势理论，又称其为边际产业扩张论。这一理论的核心是对外直接投资应该从投资国已经处于或即将陷于比较劣势的产业部门依次进行，而这些产业又是东道国具有明显或潜在比较优势的部门，但如果没有外来的资金、技术和管理经验，东道国这些优势又不能被有效利用。根据这一理论，在对外投资的产业选择上按照比较成本原则，以资源开发、纺织品、零部件等标准化的劳动密集型产业为主；在对外投资的主体上，根据国际分工原则，以中小企业为主；在投资国与东道国在投资产业上的技术差距方面，是从与东道国技术差距最小的产业依次进行；在对外直接投资的企业形式上，一般采取合资经营的股权参与方式和诸如产品分享等在内的非股权参与方式。因此按照边际产业依次进行对外投资，所带来的结果是东道国愿意接受外来投资，因为由中小企业转移到国外东道国的技术更适合当地的生产要素结构，为东道国创造了大量的就业机会，也为东道国的劳动力进行了有效的培训，因而有利于东道国建立新的出口工业基地。同时，投资国可以集中发展那些它具有比较优势的产业。

（二）国际生产折衷理论

国际生产折衷理论（Eclectic Theory Of International Production）是由英国经济学家约翰·邓宁（John Dunning）教授于 1977 年提出的理论。他在 20 世纪 50 年代以来的各种国际直接投资理论的基础上，提出一国的商品贸易、资源转让、国际直接投资的总和构成其国际经济活动的综合理论。邓宁综合理论的基本内容是跨国公司的国际生产是由企业拥有的所有权优势、内部化优势以及区位优势这三组变量决定，这三组变量的不同组合决定着各国跨国公司国际生产的类型、行业及地理分布。(1) 所有权优势是指一国企业拥有或能够得到别国企业没有或难以得到的生产要素禀赋（自然资源、资金、技术、劳动力）、产品的生产工艺、专利、管理技能等一切有形、无形的综合优势。跨国企业所拥有的所有权优势大小直接决定其对外直接投资的能力。(2) 内部化优势是指企业为避免不完全市场带来的影响，将企业的优势保持在企业内部，从而实现企业的全球化战略。(3) 区位优势是指跨国企业在投资区位上所具有的选择优势。区位优势取决于要素投入和市场的地理分布状况、各国的生产要素成本的质量、运输成本与基础设施、政府干预与调节措施的范围和程度、国外市场与国内市场类型的差异程度。区位优势的大小决定着跨国企业是否进行对外直接投资和对投资地区的选择。如表 2-5 所示，可根据企业对上述三类优势拥有程度的不同，来解释和区别绝大多数企业的跨国经营活动。

表 2-5　可选择的国际经济活动方式

经营方式	优势		
	所有权优势	内部化优势	区位优势
对外直接投资	有	有	有
出口贸易	有	有	无
技术转让	有	无	无

资料来源：MBA 智库。

（三）投资诱发要素组合理论

投资诱发要素组合理论是近年来西方学者提出的，理论要点是任何类型的对外投资的产生都是由投资直接诱发要素和间接诱发要素产生的。所谓直接诱发要素是对外直接投资产生的主要要素，主要是各类生产要素，包括劳动力、资本、技术、管理及信息等；间接诱发要素是指除直接诱发要素之外的其他非要素因素，包括投资国政府诱发和影响对外直接投资的因素（如鼓励性投资政策和法规、政治稳定性及政府与东道国的协议和合作关系）、东道国诱发和影响对外直接投资的因素（如投资硬环境状况、投资软环境状况、东道国政府与投资国的协议和关系）、世界性诱发要素和影响对外直接投资的因素（如经济生活国际化以及经济一体化、科技革命的发展及影响等）。对外直接投资就是建立在直接诱发要素及间接诱发要素的组合之上。发达国家的对外直接投资主要是直接诱发要素在起作用，这与它们拥有这种要素的优势有关，如资本、技术和管理知识等。而发展中国家则相反，在很大程度上是间接诱发要素在起作用，而且这种作用在当代对外直接投资中越来越重要。

三、资源外交理论

（一）资源输出国：以资源为手段的外交

以资源为外交手段是资源丰富国针对资源匮乏国所使用的，丰富的资源，尤其是稀有资源是资源输出国重要的外交资源，以资源为手段开展相关外交活动，以实现其政治和安全目标。这种外交的侧重点在于政治和外交，资源成为政治外交的牌或武器。资源外交理论提出资源为外交服务，以资源促外交。在世界舞台上，用资源作为筹码换取国家利益，保障国家安全的事例比比皆是，其中著名的就是阿拉伯在 20 世纪 70 年代禁止对西方运输石油。美苏冷战结束后的一段时间，在地缘政治领域也有以资源为手段的政治外交，例如里海的石油资源和面向境外的石油运输。不仅资源输出国会用资源进行谈判，为了保证国土安全和政局稳定，部分资源消费国也会在特殊的情境下以资源作为外交手段。为了让朝鲜停止核武器研发计划，美日韩曾经和朝鲜做出协定，若朝鲜停止核武器的研发，美日韩等国则向朝鲜供给重要能源物资，协助朝鲜清除核反应堆以维护世界和平。美国做出表态，各国将拒绝向朝鲜供应资源，除非朝鲜配合清理用于生产核武器的核反应堆。美国政府在 2002 年中断了朝鲜的燃料供应，原因是美国认为朝鲜有非公开策划铀浓缩计划的嫌疑。当朝鲜核武器问题有了解决方案时，美国按照协定，协助朝鲜清除核反应堆。美国总统布什于 2007 年 9 月 28 日，对外承诺投入 2500 万美元的资金给朝鲜，用于支付向其提供的 5 万吨重油。资源对于国家而言是具有重大意义的，国家拥有丰富的资源就能在一定程度上具有优势，但资源的战略价值和相对优势不是一成不变的。资源能产生积极的影响，也会带来消极的一面。为了摆脱石油危机，保障资源安全，阿拉伯国家将石油作为外交手段，与此同时，西方国家将目光转向世界石油市场，放下了对中东石油的执着，石油产业开始实现多元化。因此，20 世纪 80 年代中期至 90 年代后期，石油价格走低，大多数中东地区国家的经济持续萧条。与石油危机的情形相反，在白俄罗斯和乌克兰的油气争端中，俄罗斯成为胜利方后大幅度上涨天然气对外出口价格，这一行为导致了其他国家对俄罗斯信任度的下降，国际上也充斥了质疑的声音，曾经将俄罗斯作为主要资源供应方的国家开始制定应对方案，减少俄罗斯资源的进口量。以发展的眼光来看，经济全球化的推进以及国家依附资源的程度都决定了在外交中，以资源作为外交手段的方式终不是长久之计。

（二）资源消费国：以资源为目的的外交

部分国家以保护资源或谋求资源为目的进行政治外交，这种做法称为以资源为政策目标的外交，实施这种外交手段的主要目的是争取资源，维护国家的经济权益。根据国家在外交中扮演角色的差异，外交可以分为两类：一是资源输出国的外交。资源输出国的出发点是提升国家在资源市场上的形象、增大资源出口量，目的是通过外交来加速资源对外出口，提高与其他国家的竞争力。二是资源输入国的外交。这种外交的形式多种多样，但目的明确，为的是保证资源供给的不中断。一些国家，如日本、美国、欧盟国家，其与资源输出国持续保持合作，通过这种方式来协定资源方面的合作并维护国家资源的安全。石油危机后，各国在资源外交方面实施了如下方案：第一，选择多边外交的方式，抵制卡特尔的石油外交；第二，和资源供应国建立良好和谐的关系，在此过程中采用金融、贸易、申请援助等方式；第三，通过外交手段消除地区冲突隐患确保稳定供应。资源消费国实行资源外交还有另一目的，就是给能源企业的境外业务提供支持和保障。其中，日本表现最为突出，多年来，为和资源出口国建立合作关系，日本开展了政府开发援助（ODA）[①] 措施。2005 年 10 月 2 日，5 家日本企业[②]最终中标夺得利比亚的石油挖掘和开采的权力，这是日本和非洲国家成功的外交事例。为了与里海等地合作，开发海外油气资源并建立有关机构，韩国政府也做出行动，如官员访问合作国、给予军事援助等。

（三）围绕资源竞争与合作展开的外交理论

围绕资源竞争与合作展开的外交主要是组织和机构针对资源问题形成合作关系，区域国家以实现与其他国家的资源合作为目的开展外交活动，几个国家之间在资源定价及领土边界等问题上进行协定等。与其他形式的外交相比，资源外交包含的内容更多，参与的国家重视双方甚至多方的协同合作，但都有各自的政治和经济目的。由于国际范围内对资源依赖程度的不断增加，世界经济政治局面也在不断变化，如今的资源外交手段也与以往的方式不同，不再以资源作为主要手段去获取利益，而是将目标转变为促进在资源方面的合作、避免因资源产生冲突、缓解能源矛盾等。

（四）多边资源外交理论

多边资源外交主要是指围绕资源问题展开的多边外交活动，尤其是指在国际资源组织或多边资源合作机制框架下进行的能源对话与合作等。由于国家之间有关资源的政治活动增多，资源市场上供应与需求的关系不断变化，也因为全球的经济与政治局面时时变动，出现了全球多边资源外交。以保护资源利益、保障资源安全为目的的外交活动增多是由于资源价格的持续升高和对资源需求的不断加大。与此同时，资源输出国频繁开展以资源为手段的外交也激化了相关国家之间的矛盾，欧美各国因为中国与苏丹、伊朗等国建立资源合作关系而忧心忡忡，对委内瑞拉和俄罗斯等国为增强国际影响力而主动开展能源外交也持有意见。为了有效地解决这些

---

① ODA 即政府开发援助：是 Official Development Assistance 的缩写，是发达国家官方机构（包括中央、地方政府及其执行机构）为促进发展中国家的经济发展水平和福利水平的提高，向发展中国家或多边机构提供的赠款，或赠与成分不低于 25% 的优惠贷款。包括无偿援助、有偿贷款、技术援助等形式。发达国家实行 ODA 项目的根本原因在于政治拉拢、寻求产业良性转移、新市场抢占等利益的释放。

② 新日本石油公司、石油资源开发公司、帝国石油公司、国际石油开发公司、三菱商社。

问题，各国的首脑积极加入资源外交中，在相关国际活动中关于此问题展开交流和讨论。除此之外，国际上开始关注全球气候的反常变化，资源问题在国际上全面升温，环境与资源问题受到了联合国安理会、世界经济论坛等世界重要机构和组织的重视。

四、国际地缘政治理论

地缘政治理论发源于19世纪末的政治地理理论，是从空间和地理角度研究国家权力配置和大国兴衰的理论，从本质上讲具有鲜明的对抗性色彩。国家的命运与地理版图息息相关，也与国家所占有和支配的能源资源密不可分，地缘政治与资源政治的结合孕育了资源地缘政治。尼克松说过："哪里是资源的中心，哪里便是地缘政治的中心。国家扩张的无限性与资源占有的有限性之间的矛盾难以调和，资源注定是政治的一种延续。"

国际上，资源供应国与资源消费国之间的摩擦、对抗与斗争是绵延已久的客观事实，经济相互依赖的"非对称性"和"脆弱性"导致国家之间的资源冲突频现，国际资源秩序处于事实上的"失序"状态。当前全球性的资源机构并不存在，国际能源署①和欧佩克②维护的都是各自"国家集团"的既得利益，中国、印度等国家被排除在机制之外。全球治理在资源领域处于"真空"状态，当前的国际资源互动充分反映了资源博弈的"地缘政治属性"，实力原则和利己主义是大国所信奉的准则。资源政治与地缘政治的统一，是当今地缘政治的基本特征。而世界资源的稀缺程度与大

---

① 国际能源署（International Energy Agency），简称IEA，是由经济合作组织为应对能源危机于1974年11月设立的一个政府间组织，总部设于法国巴黎。国际能源署致力于预防石油供给的异动，同时提供国际石油市场及其能源领域的统计情报。国际能源署创始成员国16个，爱尔兰、奥地利、比利时、丹麦、德国、荷兰、加拿大、卢森堡、美国、日本、瑞典、瑞士、土耳其、西班牙、意大利、英国。

② 欧佩克（Organization of Petroleum Exporting Countries），也称石油输出国组织，简称OPEC，成立于1960年9月14日，1962年11月6日欧佩克在联合国秘书处备案，成为正式的国际组织。总部设在奥地利首都维也纳，欧佩克在通过消除有害的、不必要的价格波动，确保国际石油市场上石油价格的稳定，保证各成员国在任何情况下都能获得稳定的石油收入，并为石油消费国提供足够、经济、长期的石油供应。其宗旨是协调和统一成员国的石油政策，维护各自和共同的利益。现有13个成员国，分别为：沙特阿拉伯、伊拉克、伊朗、科威特、阿拉伯联合酋长国、利比亚、赤道几内亚、尼日利亚、阿尔及利亚、安哥拉、刚果共和国、委内瑞拉、加蓬。

国关系的紧张程度密切相关，则是国际政治所呈现的规律。例如，目前世界大国在北极的资源争夺战。全球变暖导致北极冰层消退，使北极成为各国争夺的“新战场”。2008 年 6 月，美国地质调查局（USGS）完成了一项北极圈内未开发常规油气资源的评估。基于地质学的概率理论分析，USGS 评估了 33 个有油气开发潜力的地质区域，据计算，北极地区常规石油储量占到全球原油储量的 13%，天然气储量占到全球的 30%[①]，极具商业价值。为获取自然资源和控制海上航线，北极地区日益成了国际竞争和冲突的焦点。在北极资源开发争夺上，北极理事会 8 个成员国[②]因为地缘优势，享有“先机之利”，但目前世界主要大国均开始制定自己的北极资源战略，参与北极资源的瓜分。

第三节　本章小结

本章首先对资源以及海外资源开发等相关概念进行阐述，明确了资源开发的形式和海外资源开发合同的种类，这也为介绍日本海外资源开发形式的变化和开发合同的转变提供了理论铺垫和支撑。

其次，介绍海外资源开发的相关理论。这部分主要涉及可持续发展理论、国际投资理论、国际地缘政治理论以及资源外交理论等相关理论。可持续发展理论给作为海外资源开发主体的企业进行跨国投资时，提供了必须遵循的原则。国际投资理论中的比较优势理论为海外资源开发企业进军海外市场时应选择的产业提供了理论依据，即对外直接投资应该从投资国已经处于或即将陷于比较劣势的产业部门依次进行。国际生产折衷理论为海外资源开发企业提供了可选择的国际经济活动方式，即当企业具备所有权、内部化、区位三种优势时，可进行对外直接投资；当企业具备所有权、内部化两种优势时，则选择出口贸易的国际活动方式；当企业只具备所有权一种优势时，则可以选择技术转让的国际经济活动方式。国际投资

① 扈大威．欧盟的能源安全与共同能源外交［J］．国际论坛，2008（3）：66.

② 冰岛、瑞典、加拿大、丹麦、芬兰、挪威、俄罗斯、美国。

理论中的投资诱发要素组合理论指明了海外资源开发战略的制定以及企业实施海外资源开发活动，不仅要考虑对外直接投资产生的劳动力、资本、技术、信息等直接诱发要素，还必须考虑如对方国家的鼓励性投资政策和法规、政治稳定性及政府与东道国的协议和合作关系等间接诱发要素的重要理论依据。国际地缘政治理论和资源外交理论为政府支持企业“走出去”战略进行外交支援时应考虑和遵循的原则提供了理论支撑。

第三章

日本海外资源开发战略的实施背景及海外资源开发现状

二战后，随着日本经济的复苏和快速发展以及国际资源形势的不断变化，单纯购买的资源获取方式已经无法满足资源需求，迫使日本开启了海外资源开发之路。在本章中，回顾了日本战后从海外获取主要资源的特点，归纳总结了日本实施海外资源开发战略的背景以及日本海外资源开发现状，以便完整地认识日本海外资源开发战略的演变过程，也为接下来分析日本海外资源开发战略体系的确立做好铺垫。

第一节　日本实施海外资源开发战略的背景

一、对海外资源依赖度不断加大

（一）获取海外资源的主要特点

战后日本为了迅速摆脱经济困境，实现经济的快速复苏，需要大量的资源来满足经济发展需求。但是对于资源极其匮乏的日本来说，只能依靠进口，使得日本对海外资源的依赖度不断加大。

第一，主要资源几乎都具有高度海外依存度。

表 3-1 显示的是 1973 年日本、美国和西德三个国家的主要资源的进口依存度，日本除了在天然气资源方面，显示进口依存度低之外，其他资

源都显示具有较高的海外依存度，其原因是当时日本对于天然气的利用规模还处于相对低的水平。在非金属资源方面，美国只对少数品种的资源具有较高依存度，而日本和西德①对于所有资源品种都有较高的依存度。在能源方面，美国的依存度较低，西德煤炭仅有 6.3%的进口依存度，而日本所有能源均具有极高的海外依存度。

表 3-1 主要资源的进口依存度（1973 年） 单位:%

主要资源	日本	美国	西德
磷矿石	x	0.0	100.0
铁矿石	98.9	34.1	94.1
铜（矿石）	89.0	16.0	93.0
铅（矿石）	72.0	28.0	89.0
锌（矿石）	63.0	46.0	97.0
铝土矿	100.0	87.9	100.0
锡（矿石）	97.8	100.0	100.0
镍（矿石）	100.0	90.0	100.0
锰	97.6	97.7	100.0
铬	99.1	100.0	100.0
钨	68.3	39.9	100.0
煤炭（含原料炭）	63.6	0.0	6.3
原油	99.7	19.2	93.5
天然气	34.9	4.0	37.5

资料来源：重化学工業通信社．日本の海外資源開発［M］．东京：重化学工業出版社，1976 年.

第二，伴随着经济高速增长资源消费量随之增加。

对 1963 年至 1973 年期间日本与主要发达国家的资源消费年均增长率

① 1990 年之前为西德，1990 年之后，东德和西德合并成为现在的德国。

进行比较可以看出，日本的资源消费增长率高于美国、西德等发达国家。其中铝资源消费增长率最高达 20. 8%，之后依次为镍 17. 3%、原油 16. 1%以及粗铜、铜等多数品种保持着 10%以上的高增长率（参见表 3-2）。

表 3-2　主要发达国家的资源消费增长率　　单位：%

	日本	美国	西德	法国	意大利
能源	10. 0	4. 6	4. 6	5. 9	1. 3
原油	16. 1	5. 1	11. 0	13. 5	6. 8
粗铜	13. 4	3. 9	4. 0	5. 2	2. 2
铜	12. 8	2. 9	5. 2	5. 4	0. 4
铅	6. 8	4. 5	1. 8	2. 3	0. 0
锌	9. 8	3. 2	4. 6	4. 8	1. 4
铝	20. 8	8. 1	10. 5	6. 4	4. 4
锡	9. 2	0. 5	3. 1	0. 3	1. 6
镍	17. 3	5. 0	10. 4	6. 5	1. 3

资料来源：重化学工業通信社．日本の海外資源開発［M］．东京：重化学工業出版社，1976 年.

第三，在世界资源市场上的消费比例居高不下。

从日本、美国、西德三个国家的主要资源的消费占比来看，世界第一经济大国的美国，1973 年在世界资源市场上的消费比重仍保持着 20%～30%的高比重，但是与 1963 年相比，多数资源品种的比重明显下降。如石油从 1963 年的 41. 9%下降到 32. 2%、天然气从 73. 1%下降为 54. 4%。而日本几乎所有资源品种在 1963 年只占 5%左右的消费比重，到了 1973 年铁、非铁金属等资源的消费比重提高到 10%～17%，其他资源品种也大幅扩大了其消费比重（参见表 3-3）。

表 3-3 主要资源的消费比重 单位：%

资源＼国名 年	日本		美国		西德	
	1963 年	1973 年	1963 年	1973 年	1963 年	1973 年
粗铜	6.4	11.0	25.5	22.1	7.8	6.4
铜	6.4	13.7	28.8	25.0	9.0	8.3
铅	4.4	5.7	24.2	25.4	8.3	6.7
锌	8.4	13.0	27.5	22.9	7.7	7.3
铝	4.4	11.6	42.8	37.4	5.8	6.3
锡	7.9	15.7	27.5	23.8	6.1	6.9
镍	6.7	16.9	33.7	28.0	6.1	8.3
煤炭	3.2	3.2	17.5	19.8	7.6	4.9
石油	3.7	7.8	41.9	32.2	4.1	5.4
天然气	0.3	0.4	73.1	54.4	0.3	2.3

资料来源：重化学工業通信社．日本の海外資源開発［M］．东京：重化学工業出版社，1976 年.

第四，资源消费对经济增长保持相对高的弹性值。

从日本、美国、西德、法国、意大利等五个主要发达国家的资源消费对经济增长的弹性值比较结果来看，日本的多数资源都具有高弹性值。究其原因是由于日本在 20 世纪 60 年代实施的产业结构工业化，提高了铁铜、非铁金属、金属制品等高资源消费型产业的比重。

表 3-4 主要发达国家的资源消费对经济增长的弹性值①

	日本	美国	西德	法国	意大利
能源	1.032	1.123	0.879	0.993	0.484
原油	1.518	1.171	2.278	2.168	2.566

① 备注：（1）资源消费对经济增长的弹性值：资源消费增长率/实际经济增长率；（2）有关能源、原油、粗钢的数据资料是 1962—1972 年，其他数据都是 1963—1973 年；（3）西德、法国、意大利的原油弹性值高是因为能源资源中的煤炭占比的急剧下降（1962 年各国分别为 70.9%、58.7%、72.3%而 1972 年下降到 35.4%、20.5%、40.4%），原油消费增长率却很高。

续表

	日本	美国	西德	法国	意大利
粗钢	1.186	0.836	0.864	0.853	0.723
铜	1.143	0.625	0.816	0.785	0.117
铅	0.620	1.001	0.405	0.483	0.156
锌	1.004	0.589	0.881	0.662	0.390
铝	1.826	1.732	1.965	1.207	1.197
锡	0.858	0.508	0.577	0.450	0.801
镍	1.712	0.752	1.711	1.356	0.370

资料来源：重化学工業通信社．日本の海外資源開発［M］．东京：重化学工業出版社，1976年．

（二）资源进口和资源保障的基本战略方向

在上述背景下，日本确定了资源进口及资源保障的基本战略方向如下：

第一，减少单纯购买，增加融资购买以及自主开发。

日本的资源进口最初是以单纯购买为主，但随着资源进口规模的扩大，日本政府意识到依靠单纯购买不符合当时国际资本市场的发展趋势，于是决定通过日本企业自主开发，或者根据资源拥有国家的国情选择比单纯购买更安全的融资购买。在与资源拥有国谋求协调合作的同时，积极参与通过资本和技术合作的海外资源开发，以及为增进合作关系推进相互资助的资源开发。

第二，资源的当地加工。

随着资源需求的增加，通过提高资源加工度，提高资源附加值的方法达到外汇收入的增加，最终实现本国的经济发展目标是发展中国家甚至加拿大、美国等发达资源拥有国的共同意图。日本一直是低加工度资源进口，且占压倒性比例，即新形势的“资源掠夺”，引起发展中国家的强烈不满。因此，日本政府调整资源进口方针，通过经济技术援助加强与资源拥有国的合作，以共同开发的方式，推进资源的当地加工，加强与资源拥有国家之间的相互依存关系。

第三，促进资源供给源的多元化。

战后，日本的资源进口对于少数特定国家的依赖度较高，例如，石油进口对沙特阿拉伯极度依赖，导致发生石油危机时供给不稳定。因此，日本政府积极寻找新的资源进口渠道。中国和俄罗斯拥有巨大的资源潜力，日本通过提供开发设备、资金援助、技术援助等手段配合对方国家的资源政策、积极采取向中国和俄罗斯提供资源开发援助等方式，寻求资源进口的多元化。

第四，通过长期合同实现资源的稳定进口。

随着资源进口规模的扩大，资源拥有国对资源进口国的出口依存也随之提高，资源进口国的经济发展，给资源拥有国带来很大的影响。因此，日本政府通过稳定的经济运营，加强了稳定的资源进口，增加了长期的进口合同。另外，日本政府还表示在继续增加长期进口合同的同时，还应根据经济景气变动、资源需求变化等及时调整长期合同计划。

第五，推进产业结构的节能化。

为了缓和资源进口的脆弱性，战后日本积极推进产业结构节能化的同时，把开发节能技术或节约资源产业作为资源开发战略的重点。尤其强调节能技术方面的开发以及提高资源综合效率的技术研究与开发。

第六，完善资源储备制度。

资源储备制度的完善不仅有助于应对国际资源价格的异常波动，还有利于应对资源供给方面的突发事件。日本政府 1975 年制定了《石油储备法》，以法律形式明确从事资源行业的企业的责任和义务；1978 年开始推进国家资源储备，确立了国家和民间两级资源储备体制。

概括起来，日本政府确保资源的经济性与安全性的基本战略方针是，除了积极参与新国际经济秩序的形成、加强对资源国的经济援助和外交交流、促进产业的节能化以及海外投资的资源开发等对策之外，还提出完善应对突发事件的应急措施、资源储备制度等方针。

二、海外资源开发面临新的挑战

战后，日本依靠本国发达的经济和先进技术，通过经济或技术援助的方式改善与资源拥有国的关系从而获得经济发展所需资源。一方面，通过建立 JOGMEC 等专门服务机构，全力支持日本相关公司跨国经营；另一方面，通过财团参股合作开发海外资源，建立多元海外资源获取渠道，保障资源长期稳定供应。

从获取海外资源的方式和过程看，日本始终都将海外资源的开发作为国家资源战略的重要内容。这既是基于资源作为一个国家“工业血脉”的特殊战略意义，更是基于日本国内资源严重匮乏的现实考虑。尤其是进入20 世纪 60 年代，随着日本经济的飞速发展，资源的制约愈显突出。21 世纪后，多变的国际形势不断冲击国际资源市场，增加了获取资源的难度和风险，给日本带来了新的压力和挑战。表现为：第一，新兴经济体，特别是中国、印度等经济迅速发展的大国资源需求激增，国际市场资源价格上涨（如矿物资源铜的价格，1998 年至 2003 年间为 1500～2000 美元/吨，2003 年之后急剧上升，到 2008 年最高达到了 8985 美元/吨①）。第二，伊拉克等中东地区国家的政治安全局势变化直接或间接影响世界石油市场。第三，资源拥有国的“资源民族主义”思想意识增强，对本国资源的保护和控制逐渐加强。第四，经历了石油危机、粮食危机之后，日本国内的资源危机意识日益增强，驱使日本政府更加重视资源安全问题。

第二节 战后日本海外资源开发现状

日本海外资源开发根据开发形式及开发体制，大致可分为五大类：第一，日本企业自身直接参与开发活动；第二，通过设在当地的子公司、合

① 数据来源：経済産業省．第 2 回燃料原料安定確保戦略会議．我が国でエネルギー・資源戦略について［R/OL］．経済産業省网站，2009-10-08.

作公司融资或出资的形式参与资源开发；第三，融资购买以及日本企业将开发（进口）资金作为预付款或者贷款的形式融资；第四，以交付延期付款信用证为条件，提供开发所需的机器设备；第五，日本的金融机构向资源拥有国直接融资的形式。日本企业在海外进行资源开发与投资时，根据资源国的国情及合作公司的需求采取不同的开发形式。

一、战后30年海外资源开发情况

战后，以进口铁矿石、原料碳、铜矿石、镍矿石、铅锌矿石以及铝合金为目的的海外开发投资金额在1951年至1973年的23年间累计达到4300亿日元，原油的海外开发投资金额甚至达到了5000亿日元，特别是1960年以后海外资源开发投资急剧增加。这一时期海外资源开发过程可以分为三个阶段，具体如下：

（一）战后至20世纪60年代前半期：以单纯购买为主的时代

从铁矿石的海外开发开始，铜矿石等非铁金属资源的海外开发也陆续增加，但规模小、且分散，生产与流通受制于国际资本巨头。从开发投资资金情况看，资源进口当事者商社、企业主导的单独项目较多，1951年至1965年的15年间海外资源开发投资累计额226亿日元（共6个项目），年均只有15亿日元。其原因在于（1）日本通过实际支配资源市场的国际资本巨头，能够顺利获得所需资源，资源供给稳定安全；（2）主要矿物资源价格低廉，并具有长期保持低价格的倾向。

这一时期日本的产业界，通过国际市场可以自由且低成本地进口所需的资源，因此把投资集中在扩大国内的制造加工设备以及现代化投资上。结果，这种以单纯购买为主流的资源获取方式，使日本的铜资源自给率从1949年的100%下降到1960年的5.5%①。

① 重化学工業通信社．日本の海外資源開発［M］．东京：重化学工業出版社，1976年．

（二）20世纪60年代后半期至20世纪70年代前半期：自主开发、融资购买的时代

进入20世纪60年代后半期，日本经济实现高速增长，经济规模GNP达到世界第二位，对基础原料的需求日益增大。加上几乎所有的资源都依赖进口，资源进口在总进口中所占的比重明显上升，日本的资源进口总量超过美国达到世界第一。因此，随着海外资源依存度的急剧上升，传统通过国际资源市场单纯进口资源的方式，不管在价格方面还是在确保资源安全供给方面，都出现诸多问题，使得日本企业亲自进军海外资源开发领域，确保所需资源的稳定供给成为共识。这种认识在石油资源领域更为显著，当然石油之外的其他矿物资源领域海外资源开发（参见表3-5）以及出资、融资、债务担保等形式参与的资源开发项目（参见表3-6）也急剧增加。具体这一时期的投资额分别为铁矿石161亿日元、煤炭77亿日元、铜矿石504亿日元、铅锌30亿日元、铝合金121亿日元，合计892亿日元，年均223亿日元（1951年至1965年期间年均只有15亿日元）的海外资源开发投资规模。

表3-5　日本企业海外铜资源开发（1955年至2002年）

作业开始	矿山	开发形态	关联企业
20世纪60年代前半期（单纯买矿的时代）			
1955年	Toredo（菲律宾）	融资买矿	三菱
1956年	Bagakai（菲律宾）	融资买矿	三井
1957年	Siparai（菲律宾）	融资买矿	三井
1962年	Beturehemu（加拿大）	资本参与	住友
1963年	Tyakaria（玻利维亚）	资本参与	同和
20世纪60年代后半期至20世纪70年代前半期（融资买矿、资本参与的时代）			
1966年	Guranairu（加拿大）	融资买矿	住友、三菱
1967年	Howaito'ho-su（加拿大）	资本参与	住友
1969年	Kenonn（菲律宾） Tyapi-（秘鲁）Konntesutabure（秘鲁）	融资买矿 资本参与	日矿 日矿

续表

作业开始	矿山	开发形态	关联企业
1970 年	Burennda（加拿大）Hokusure-ku（加拿大）Isaopiri（菲律宾）Sagasuka（智利）	融资买矿 融资买矿	日矿、三菱、三井、同和、三菱、三井
1971 年	Gannpouda-（澳大利亚） Rioburannko（智利）	资本参与 融资买矿	三菱 住友、日矿、三井
1972 年	Gurann buretania（智利）	资本参与	东邦
1973 年	Katannga（秘鲁）	开发操作	三井
1975 年	Karezari-（伊朗）	开发操作	日铁
20 世纪 70 年代后半期至 20 世纪 80 年代（单纯买矿的时代）			
1977 年	Baton buhai（菲律宾）	融资买矿	伊藤忠
1980 年	Tenanntokuri-ku（澳大利亚）	融资买矿	住友
1981 年	Tino（美国）	资本参与	三菱商社
20 世纪 90 年代（资本参与的时代）			
1986 年	Morennsi（美国）	资本参加	住友
1991 年	Eru robure（哥伦比亚）	开发操作	日矿
1994 年	Esukonnde-da（智利）	资本参与	日矿、三菱
1995 年	Ra kannderaria（智利）	资本参与	住友
1997 年	Siruba beru（美国）	资本参与	三井物产
1999 年	Batu- hizyau（印度尼西亚）	资本参与	住友、三菱
2000 年	Rosu perannburesu（智利）	资本参与	日矿、三菱
2001 年	Eru burennse（智利）	开发操作	日铁
2002 年	Ritti wei（澳大利亚）	融资买矿	日矿

资料来源：根据 JOGMEC 官方网站信息整理。

表 3-6　海外探矿资金出资、融资、债务担保实施项目一览（1960 年至 1975 年）

出资

项目名	矿种	出资期间	项目名	矿种	出资期间
Korokowaiko（秘鲁）	铜	1974～1984	Hurieda（巴布亚新几内亚）	铜	1975～
太平洋 manngann	铜、镍	1982～			

债务担保

项目名	矿种	担保期间	项目名	矿种	担保期间
Musosi（扎伊尔）	铜	1969～1982	Zyakobina（巴西）	铬	1975～1979
Sagasuka（智利）	铜	1969～1979	Riotuba（菲律宾）	镍	1975～1985
Wannsara（秘鲁）	铜、锌	1973～1979	Aku-ta（尼日尔）	铀	1978～1991
Soroako（印度尼西亚）	镍	1973～1986	Eru、robure（哥伦比亚）	铜	1987～1997
Mamu-to（马来西亚）	铜	1973～1987	Desapa（墨西哥）	铅、锌	1992～1906

融资

项目名	矿种	融资期间	项目名	矿种	融资期间
加拿大地区					
Serudonn	铜、锌	1968～1969	Kutyo-	铜、镍、锌	1981～1984
Yu-konn	铜	1968～1971	Kureare-ku	铅、锌	1991～1992
Seruko	铅、锌	1970～1973	Eriottore-ku	铀	1975～1977
Dezemu	铜、铅、锌	1974～1975	Nokkusu	铀	1977～1982
Monntoka-mu	铜、镍	1976～1979	Siga-re-ku	铀	1982～1991
美国地区					
Doressa-	锌	1975～1978	Nyu-po-to	铀	1975～1979
Pannsaunndo	铜、铅、锌	1976～1985	S、I、R	铀	1979～1981
Sinnsinadeia-ti	锌	1975～1981	Nyu-mekisiko	铀	1978～1980
澳大利亚					
Makkufa-	铜	1968～1970	Rasuhu	铅、锌	2002
Rabennso-pu	铜、镍	1969～1970	Tanamai	铀	1973
Karuguri-	镍	1969～1972	o-sutoraria	铀	1973～1974

续表

项目名	矿种	融资期间	项目名	矿种	融资期间
Vizi-	铜、镍	1971~1972	Bannge-mo-ru	铀	1979~1982
中国等其他地区					
Pirubara	铁、稀土	1985~1987	海南岛	钛	1990
Minnzyu-ru	铜	1971~1972	黑海沿岸	铜、铅、锌	1998~1999
Maruku	铜、铅、锌	1998	Garamann	铀	1974~1982

资料来源：根据 JOGMEC 官方网站信息整理。

（三）20 世纪 70 年代后半期至 20 世纪 80 年代：合作开发的时代

1970 年可称之为资源元年，因为以 1970 年为开端，国际资源形势发生了巨大变化，日本的海外资源开发投资也实现了一场大的飞跃。1970 年至 1973 年间海外资源开发投资额分别为铁矿石 833 亿日元、煤炭 665 亿日元、镍矿石 265 亿日元、铅锌 82 亿日元、铝合金 484 亿日元，合计 3205 亿日元，年均 800 亿日元（1951 年至 1965 年：年均 15 亿日元、1965 年至 1975 年：年均 223 亿日元）的海外资源开发投资规模（参见表 3-7）。如果加上石油资源海外开发投资，年均投资额可达 1200 亿日元。

表 3-7　1951 年至 1973 年日本海外资源开发投资详情

时期	投资总额详情	年均投资量
1951 年至 20 世纪 60 年代前半期	共 226 亿日元：铁矿石、煤炭、铜矿石、镍矿石、铅、锌矿石	15 亿日元
20 世纪 60 年代后半期	共 892 亿日元：铁矿石（161）、煤炭（77）、铜矿石（504）、铅锌（30）、铝合金（121）	223 亿日元
20 世纪 70 年代之后	共 3205 亿日元：铁矿石（833）、煤炭（665）、镍矿石（265）、铅锌（82）、铝合金（484）	800 亿日元（如加上石油资源可达 1200 亿日元）

资料来源：重化学工業通信社．日本の海外資源開発［M］．东京：重化学工業出版社，1976 年.

另外，开发投资的对象国从东南亚扩大到世界各地，开发项目本身也增加了很多大型项目，使得在资金筹措方面，单纯依靠个别企业单方面推进海外资源开发面临困境。因此，综合商社与资源企业之间或同行业各公司之间共同筹资等现象日益活跃，作为国家级项目要求相关产业界合作的项目也在日益增加。

二、20 世纪 90 年代之后海外资源开发现状

1987 年以后，日本政府为了确保石油产业的国际竞争力以及经营或流通的自由度，两次实施了石油规制缓和政策，推进了日本资源企业对石油生产和进口事业的发展。如表 3-8 所示，通过 1987 年至 1993 年的第一次石油规制缓和制度的实施，大大促进了石油产业的生产和销售方面的竞争；通过 1996 年至 2002 年的第二次石油规制缓和制度的实施，不仅实现了成品油价格的市场竞争机制，还完成了石油产业的自由化。

表 3-8　日本石油产业两次规制缓和及成效

	第一次规制缓和	第二次规制缓和
实施时间	1987 年至 1993 年	1996 年至 2002 年
具体内容	1987.07：二次精制设备许可的弹性化 1989.03：汽油生产配额指导（PQ）的废止 1989.09：废除灯油的库存指导 1990.02：SS 建设指导和迁移户口规制的废止 1991.09：一次精制设备许可的弹性化 1992.03：废除原油处理框架 1993.03：废止重油关税配额（TQ）制度	1996.01：废除《特石法》 1997.07：改革石油产品出口批准制度（包括引进批准制、出口的自由化） 1997.12：取消服务站（SS）供应证明制度 1998.04：开放对自助式加油站的限制 1998.06：建议废除平时的供求调整限制 2002 年：废除《石油工业法》

续表

	第一次规制缓和	第二次规制缓和
实施成效	促进了石油产业的生产和销售方面的竞争，但是关于进口的限制依然存在	日本国内各个环节上的成品油价格都是由市场竞争形成，政府不再采用行政手段来控制市场价格，完成了石油产业的自由化

资料来源：日本経済産業省資源エネルギー庁. エネルギー白書（平成 26 年）［R/OL］.（2015-07-14）. http：//www. enecho. meti. go. jp/about/whitepaper/2015pdf/：238～240.

另外，20 世纪 90 年代加大海外自主开发力度之后，日本企业在政府和相关机构的援助下，纷纷在海外投资事业中取得成功。

在海外铜资源方面，伴随着 1990 年之后的世界性矿山开发热潮，日本企业也以资本参与、自主开发形式积极参与铜矿开发。其中，以资本参与形式开发成功的有：住友金属矿山的 Rakannteraria 矿山（智利）、No-supa-kusu 矿山（澳大利亚）、三菱 Materiaru（株）的 Hakkuruberi 矿山（加拿大）等；以自主开发形式参与的有：日铁矿业的 Eruburonnse 矿山（哥伦比亚）等。2000 年开始，还资本参与了 Kozyawasi 矿山（智利），Rosuperannburesu（智利），Batubisyau 矿山（印度尼西亚），Anntamina 矿山（秘鲁）等大型矿山的开发，并自主开发了日铁矿业 Eruburonnse 矿山（智利）（参见表 3-9）。

同时，随着铜资源需求的扩大以及海外铜资源开发事业的成功推进，相继在中国安徽省、印度尼西亚爪哇岛、澳大利亚新南威尔士州设立了铜冶炼企业（参见表 3-10）。

表 3-9　海外铜资源开发资本参与项目一览

地区	项目名	所在地	开发形态	生产时间	权益比率（%）											
					三菱	三井	日矿	住友	同和	日铁	古河	三物	三商	住商	丸红	伊藤忠
亚洲	Batubisyau	印度尼西亚	资本参与	1999. 10	2. 46			5. 01			1. 51			26. 01		
奥塞尼亚	no-supa-kusu	NSW 州	探矿开发	1995. 10				13. 30						6. 70		
北美	Morennsi	美国	资本参与	1986				11. 25						3. 75		
	Tino	美国	资本参与	1981	19. 98								13. 32			
	Hakkuruberi	加拿大	资本参与	1997. 10	31. 25				6. 25		6. 25				6. 25	
南美	erurobure	哥伦比亚	探矿开发	1991. 01						44. 10						4. 90
	esukonnde-da	智利第 2 州	资本参与	1991	1		2						7			
	Rakannteraria	智利第 3 州	探矿开发	1995. 03				15						5		
	Kozyawasi	智利第 1 州	资本参与	1999. 01		1. 50	3. 60					6. 90				
	Rosuperann-buresu	智利第 4 州	资本参与	2000. 04	10		15					1. 25	5		8. 75	
	Eruburonnse	智利第 3 州	探矿开发	2003												
	Anntamina	秘鲁	探矿开发	2001						60			10			

资料来源：JOGMEC. 日本の海外銅資源開発の歴史．［EB/OL］. JOGMEC 网站，2018-02-06.

表 3-10 日本铜企业的海外铜冶炼项目概要

冶炼所名	guresikku 铜冶炼所	金隆铜冶炼所	Po-tokennbura 铜冶炼所
地区	印度尼西亚爪哇岛	中国安徽省	澳洲 NSW 州
法人	PT、sumerudeinngu 社	金隆铜业有限公司	Po-tokennbura、kapa 社
出资比例	三菱 materiaru（株）60.5% 三菱商社（株）9.5% 日矿金属（株）5.0% 印度尼西亚 PThuri-po-to（株）25.0%	住友金属矿山（株）20.0% 伊藤忠商社（株）7.5% 住友商社（株）7.5% 铜陵有色金属公司 52.0% 金光国际有限公司 13.0%	古河机械金属（株）50.0% 日铁矿业（株）20.0% 日商岩井（株）17.5% 伊藤忠商社（株）10.0% 澳洲矿山会社 2.5%
开发费	约 6 亿美元	约 200 亿日元	约 225 亿日元
建设开始	1996 年 7 月	1995 年	1997 年 9 月
操作开始	1999 年 5 月	1997 年 4 月	2000 年
生产规模	20 万吨/年 22 万吨/年扩张中 (24.5 万吨/年扩张计划)	10 万吨/年 2002 年 15 万吨/年扩张 （23 万吨/年扩张计划）	12 万吨/年
制炼方式	三菱法	自熔炉	荷兰炉/三菱 C 炉
精炼方式	Maunnto、aiza 方式	-	Maunnto、aiza 方式

资料来源：JOGMEC. 日本の海外銅資源開発の歴史．［EB/OL］. JOGMEC 网站，2018-02-06.

在石油天然气资源方面，日本企业的自主开发项目如表 3-11 所示，遍布亚洲、美洲、澳大利亚、俄罗斯等世界各大洲和主要资源拥有国。

表 3-11　石油天然气主要自主开发项目

项目	所属国	项目详情
阿布扎比海上开采项目	阿拉伯联合酋长国	石油开发（国际石油开发帝石 100%子公司）持有 12%（一部分油田是 40%）的权益，ADNOC（阿布扎比国营石油公司）、英国石油公司、道达尔、艾克森美孚参与
萨哈林Ⅰ项目	俄罗斯	萨哈林石油天然气开发（经济产业省 50%、伊藤忠商社及伊藤忠石油开发 16%、石油资源开发约 15%、丸红约 12%、国际石油开发帝石约 6%）持有该项目 30%的权益，艾克森美孚、俄罗斯石油、ONGC（印度石油天然气公司）也参与其中
萨哈林Ⅱ项目		项目主体是萨哈林能源公司（三井物产出资 12.5%，三菱商社出资 10%），俄罗斯天然气也参与其中。2013 年向日本出口了相当于日本液化天然气总进口量的 1 成
Mahakamu 矿区	印度尼西亚	国际石油开发帝石持有 50%，道达尔持有 50%的权益，日产约 13.7 亿立方米的天然气
Mabadei 项目		国际石油开发帝石拥有 65%的权益。2013 年 1 月开始采用浮体式液化天然气生产方式（FLNG），年产约 250 万吨的液化天然气
NWS 项目	澳大利亚	三菱商社及三井物产共同持有 16.7%的权益。此外，伍德赛德、英国石油公司、雪佛龙、必和必拓、壳牌公司①等参与。一年约生产 1630 万吨液化天然气，其中一年向日本出口约 1000 万吨
Ikusisu 项目		国际石油开发帝石持有 66%，道达尔持有 30%的权益。日本企业主导生产的第一个大型液化天然气项目，于 2012 年 1 月决定投资，2016 年底开始生产。年生产 840 万吨液化天然气，其中约 600 万吨（日本年液化天然气进口量的约 7%）的产量向日本输出

① 英荷壳牌公司，简称壳牌公司，其组建于 1970 年英国壳牌运输和贸易有限公司与荷兰皇家石油公司的合并，是世界主要的国际石油公司，业务遍及大约 130 个国家，是全球领先的国际油气公司。

续表

项目	所属国	项目详情
美国的LNG 项目	美国	中部电力·大阪天然气参与 Huri-po-to 液化天然气项目，住友商社参与 Ko-vipoinnto 液化天然气项目，东芝集团参与 Huripo-to（扩张）液化天然气项目，三菱商社、三井物产参与卡梅伦液化天然气项目。所有项目均获得了美国政府的液化天然气出口许可
加拿大的LNG 项目	加拿大	三菱商社参与液化天然气加拿大项目，石油资源开发参与太平洋西北液化天然气项目，出光兴产参与多林顿液化天然气项目，国际石油开发帝石参与极光液化天然气项目。2019 年以后均开始生产液化天然气
Garahu 油田开发项目	伊拉克	位于伊拉克南部的油田开发项目。2009 年 12 月石油资源开发和 Petronas 公司共同中标该油田的开发权，2010 年 1 月签署了 20 年的服务合同，2013 年 8 月底开始原油生产
卡沙甘油田项目	哈萨克斯坦	日本国际石油开发帝石、意大利埃尼石油公司、壳牌公司、美国埃克森美孚公司等公司参加，其中日本的国际石油开发帝石持有 7.56%的权益。2000 年发现石油天然气，2013 年 9 月，进行了原油生产，但由于管道泄漏而停止生产，直到 2016 年 10 月才开始恢复生产

资料来源：根据 2003 年至 2017 年日本经济产业省《能源白皮书》信息整理。

在煤炭资源方面，综合商社、煤炭用户制铁公司或电力公司、综合能源公司等超过 20 家企业从事煤炭资源开发及进口。主要以煤炭资源丰富的澳大利亚为中心，开展海外煤炭资源开发，并在海外拥有相关资产。其中综合商社拥有近半成的资产，成为日本煤炭资源开发的主要承担者。煤炭与石油都是化石燃料的一种，随着煤化程度的提高，水分减少、品质上升。如表 3-12 所示，根据煤化程度由低到高，可分为褐煤、贫煤、沥青煤和无烟煤，其中无烟煤是煤炭中品质最高、污染最少的一种，主要分布在中国、澳大利亚等国家。

表 3-12 煤炭的分类

分类	褐煤	贫煤	沥青煤	无烟煤
煤化程度	低			高
发热量	5，800~7，300	7，300~8，100	8，100 以上	-
水分（%）	60~30	30~15	15 以下	10 以下
用途	燃料等	一般炭（电力用）	原料炭、一般炭	制铁用
赋存地域	德国、澳大利亚、印度尼西亚等	美国、印度尼西亚等	澳大利亚、美国、中国、加拿大、俄罗斯等	中国、澳大利亚等

资料来源：根据 JOGMEC 官方网站信息整理。

因此，高品位煤炭的储藏量（参见表 3-13）、运输距离、基础设施建设状况和政策动向等，无论从哪一个要素来看，澳大利亚都是日本最好的煤炭供给国。日本企业在澳大利亚的煤炭资源开发与进口从 1960 年就已经开始，2000 年之后对澳大利亚的煤炭资源进口依存度保持在 60%左右，到 2015 年已超过了 65%①。

表 3-13 煤炭品种可开采储量（10 亿吨以上） 单位：百万吨

	国名	贫煤、褐煤	沥青煤、无烟煤	合计
1	美国	128，794	108，501	237，295
2	俄罗斯	107，922	49，088	157，010
3	中国	52，300	62，200	114，500
4	德国	40，500	48	405，48
5	澳大利亚	39，300	37，100	76，400
6	印度尼西亚	28，017	-	28，017
7	乌克兰	18，522	15，351	33，873
8	塞尔维亚	13，410	1	13，411

① 数据来源：望月尊弘．煤炭資源の開発と現状について－エネルギー源としての位置づけとJOGMECの取り組み［J］．Analysis 石油・天然ガスレビュー．2016（5）：72.

续表

	国名	贫煤、褐煤	沥青煤、无烟煤	合计
9	哈萨克斯坦	12，100	21，500	33，600
10	土耳其	8，380	322	8，702
11	巴西	6，630	–	6，630
12	印度	4，500	56，100	60，600
13	加拿大	3，108	3，474	6，582
14	希腊	3，020	–	3，020
15	波斯尼亚	2，369	484	2，853
16	保加利亚	2，364	2	2，366
17	巴基斯坦	2，070	–	2，070
18	乌兹别克斯坦	1，853	47	1，900
19	匈牙利	1，647	13	1，660
20	蒙古	1，350	1，170	2，520
21	波兰	1，287	4，178	5，465
22	泰国	1，239	–	1239
	其他	7，650	43，620	51，270
	世界合计	488，332	403，199	891，531

资料来源：望月尊弘. 煤炭資源の開発と現状について– エネルギー源としての位置づけとJOGMECの取り組み［J］. Analysis 石油・天然ガスレビュー，2016（5）：73.

但是，由于澳大利亚国民环保意识的增强和高成本煤矿开采活动的减少，日本政府主张以确保澳大利亚的稳定供给为基础，从供给渠道多元化的观点出发，加大力度确保来自印度尼西亚、俄罗斯、美国等国的煤炭供给。同时，通过 JOGMEC 进行地质构造调查和产煤资源供应国人才培养等措施，支持日本企业的勘探活动，保证企业在海外获得更多的煤矿。如表3–14 所示，截止到 2016 年，日本企业以三菱商社、伊藤忠商社、三井物产、住友商社等综合商社为中心，在海外取得煤矿的权益数可达 150 多个。

表 3-14 日本企业取得权益的煤矿数（截止 2016 年）

	澳洲		印度尼西亚		加拿大		其他	
	作业中煤矿	新项目	作业中煤矿	新项目	作业中煤矿	新项目	作业中煤矿	新项目
三菱商社	15	3						
三井物产	9	5					1	
伊藤忠商社	8	4	1	1		1	1	
住友商社	10	4					1	
双日	5	3	3				1	
丸红	8	3			1			
丰田通商	2							
东京贸易	1	1						
新日铁住金集团	10	3			1			1
JFE 集团	8	5						
神纲商社	1							
J-Power	2	1						
煤炭资源开发	1							
中部电力	1							
中国电力	1	1						
出光兴产	4		2					
三井松岛产业	2		1					
三菱 Materiaru	2	2						
日本 Ko-kusu 工业	1					3		
JX 日旷日石能源	1		1					
住石 Materiaruzu	1							
太平洋兴发		2						

资料来源：JOGMEC 海外炭開発等高度化調査. 煤炭メジャー・大手煤炭企業及び煤炭消費国企業を含めた炭鉱開発動向並びに事業戦略［R/OL］. JOGMEC 网，2017-07-20.

第三节　日本海外资源开发战略布局现状

日本通过几十年海外资源开发战略的推动和政策演变，已经实现了全球范围内的海外资源布局，其海外资源的开发和并购遍布世界各大洲。在开发资源选择上，日本重视其国内稀缺而又对经济发展至关重要的资源，如石油、天然气、有色金属等。在地区选择上，将资源富集国家及区域作为优先考虑对象，利用日本雄厚的资本、先进的技术和强有力的外交支持频频向资源品种丰富、储备充足的国家伸出经济技术援助之手，在海外资源开发战略布局上倾斜于这些国家和地区，保证了资源开发利用的可持续性和稳定性。

作为日本海外资源开发的重要推进机构，JOGMEC 海外分支机构的设立与日本海外资源开发战略布局大体上也是一致的，表 3-15 列示出根据 JOGMEC 官方网站信息整理的 JOGMEC 海外办事处的分布。

表 3-15　JOGMEC 海外办事处

地区	国家	城市
中东地区	阿联酋	阿布扎比
大洋洲	澳大利亚	悉尼
欧洲	英国　俄罗斯	伦敦　莫斯科
北美洲	加拿大　美国　墨西哥	温哥华　华盛顿　墨西哥城
南美洲	秘鲁　智利	利马　圣地亚哥
亚洲	中国　印度尼西亚　越南	北京　雅加达　河内
非洲	博茨瓦纳	洛巴策

资料来源：根据 JOGMEC 官方网站信息整理。

第四节 本章小结

二战后，日本经济处于崩溃的边缘，但是在短短几十年的时间经济迅速崛起走完了西方国家200多年的工业化道路，这对于本国资源极其匮乏的日本无疑是一个奇迹。因此，本章从二战后日本海外资源开发的背景以及开发状况进行阐述，也为第四章日本海外资源开发战略体系的形成提供了历史依据。

首先，战后日本为了迅速摆脱经济困境，大量进口国外资源，导致海外资源进口依赖度急剧上升，加上国际资源形势以及国际经济政治环境的变化，使得海外资源获取面临着很多新的挑战。

其次，从战后日本的海外资源开发情况来看，经历了从单纯购买为主（战后至20世纪60年代前半期）到自主开发、融资购买的时代（20世纪60年代的后半期至20世纪70年代前半期）再到合作开发的时代（20世纪70年代后半期至20世纪80年代），最后到20世纪90年代之后的加大自主开发力度的过程，根据国际资源形势的变化和本国经济发展速度，调整获取资源的方式。目前，石油天然气资源的海外资源开发集中在中东地区、煤炭资源集中在澳大利亚。

最后，从战略布局上通过几十年的海外资源开发战略的推动和政策演变，已经实现了全球范围内的海外资源布局，其海外资源的开发和并购遍布世界各大洲。

第四章

日本海外资源开发战略的确立及实施现状

日本的海外资源开发战略经历了20世纪50年代至60年代的探索阶段、70年代至80年代的初步形成阶段、90年代的确立阶段，进入21世纪后以JOGMEC的成立为标志完成了其政府、独立行政法人机构和企业三方良性互动机制下的战略体系的完善。在本章中，将归纳总结日本海外资源开发战略的演变历程，通过在具体国家和地区的实施状况，进一步明确了日本海外资源开发战略体系的特点。

第一节　日本海外资源开发战略体系的建立与完善

一、20世纪50年代至20世纪60年代：探索阶段

这一时期随着日本经济逐步恢复并走向自由化，对资源的需求量迅速增加。从市场情况来看，世界石油供应过剩，石油价格连续走低，且作为日本国产能源支柱的煤炭产业陷入低迷。因此在1962年石油超过煤炭成了日本最重要的能源来源，这与当时国际石油市场的稳定低价供应有关，为日本的经济高速恢复和发展提供了充足的动力。日本政府在这一时期战略体系的确立上优先考虑石油能源的供应问题，也在探索着海外获取战略资源以及开发战略资源的模式。1961年通过设置“能源恳谈会”的临时机构，专门探讨石油政策；1962年颁布了战后第一部石油法案《石油工业法》；1963年综合能源部提出到1985年海外自主开发的原油比例提高到

30%的目标。从这一时期开始，日本的石油企业在政府的支持下走出国门寻找石油资源。一直到20世纪60年代的前半期石油资源可以通过国际石油市场以单纯购买方式低价获得，而随着日本经济规模达到世界第二位对资源的进口依赖度急增时，这种单纯进口的方式不管从价格角度还是从供给的稳定性角度都出现很多问题，只有亲自推进海外资源开发，才能更好地满足资源需求。这种意识在石油资源领域最为显著，但石油资源以外的矿物资源领域也开始增加对海外资源开发的投资（参见前文表3-5）。

通过十多年的探索，这一时期日本政府和企业对海外资源开发的重要性认识不断增强，为日本独有的海外资源开发战略体系的形成提供了宝贵的经验。

二、20世纪70年代至20世纪80年代：初步形成阶段

20世纪70年代的两次石油危机给世界经济带来了沉重的打击，尤其给石油全部依赖进口的日本引发了严重的经济问题，石油供给不稳引起了生活物资不稳的连锁反应。由于世界经济衰退的原因，资源的需求呈现减少的倾向，但这只是短暂的，随着发达国家的经济扩张，竞争急剧扩大，资源消费增长率扩大了4~5倍。同时，发展中国家的资源民族主义势头也越来越强烈，发达国家的资源政策也随着发生变化，资源的外资规制和国有化动向越发明显，这使得无资源国日本确保资源安全供给成为极其严峻的问题。表4-1所列出的是这一时期主要资源生产国组织，可以看出发展中国家的资本参与、国有化的案件急剧增加，并且为了维护资源国家自身的利益，针对新开发投资，要求以资源拥有国拥有50%以上权益为前提。海外获得资源的竞争越发激烈，日本政府为了应对上述资源形势的变化，针对不同资源的海外开发采取了相应的援助措施。

表 4-1 主要资源生产国组织

品种	组织名	成立时间	加盟国（1975. 4. 30）	加盟国比重（%）		
				生产	出口	储藏
石油	石油输出国组织（欧佩克 OPEC）	1960. 9	沙特阿拉伯、伊拉克、伊朗、科威特、阿拉伯联合酋长国、卡塔尔、利比亚、尼日利亚、阿尔及利亚、厄瓜多尔、委内瑞拉、加蓬、印度尼西亚（13 个国家）①	54. 3	82. 0	69. 7
铜	铜出口国政府间委员会（CIPEC）	1968. 5	智利、秘鲁、赞比亚、扎伊尔（4 个国家）	28. 6	58. 3	35. 1
铝土矿	国际铝土矿协会（IBA）	1974. 3	几内亚、圭亚那、牙买加、塞拉利昂、苏里南、南斯拉夫（现已解体）、澳大利亚、海地、多米尼加、加纳（10 个国家）	69. 0	87. 3	69. 3
铁矿石	铁矿石输出国联合（AIOEC）	1975. 4	澳大利亚、瑞典、阿尔吉尼娅、智利、印度、毛里塔尼亚、秘鲁、巴西、塞拉利昂、突尼斯、委内瑞拉（11 个国家）			

资料来源：重化学工業通信社．日本の海外資源開発［M］. 东京：重化学工業出版社，1976 年.

① 目前，除去印度尼西亚被暂停 OPEC 成员资格以外，欧佩克共有 13 个成员国，加入欧佩克的时间，它们是：阿尔及利亚（1969 年）、伊朗（1960 年）、伊拉克（1960 年）、科威特（1960 年）、利比亚（1962 年）、尼日利亚（1971 年）、沙特阿拉伯（1960 年）、阿拉伯联合酋长国（1967 年）、委内瑞拉（1960 年）、安哥拉（2007 年）、刚果共和国（2018 年）、加蓬（1975 年加入，1995 年退出、2016 年再次加入）、赤道几内亚（2017 年）（注：印度尼西亚 1962 年加入，2008 年退出）。

（一）海外石油开发援助

作为海外石油开发的重点推进单位，日本政府在 1966 年成立了石油公团。自从石油公团成立以来，日本企业开始开展海外石油开发，到 1974 年年底 50 家石油开发公司对 60 个项目进行了开发。其中，石油公团融资对象为 31 家 41 个项目，融资额高达 1605 亿日元（参见表 4-2）。同时，石油公团对于民间石油开发项目的投融资额达到 2424.16 亿日元（到 1975 年 3 月为止），使得官民一体的海外原油开发取得显著成效，原油开发在原油进口中所占比重达到 10%。日本政府除了对石油公团直接投融资外，还有税收优惠、海外投资准备金制度等多方面的援助措施。

表 4-2　1967 年至 1975 年石油公团投融资实绩

地域名 / 年份	东南亚	大洋洲	中东	非洲	南美	北美	海外小计	本国大陆	合计	出资	融资
1967 年	800						800		800	800	
1968 年	2,827	52	1,200			1,046	5,125		5,125	4,147	978
1969 年	3,564	60	2,770			260	6,654		6,654	5,074	1,580
1970 年	4,298		5,520	620	200	91	10,729		10,729	8,658	2,071
1971 年	1,038	164	7,590	1,930	560		11,282	2,187	13,469	12,939	530
1972 年	1,075	293	16,915	2,170	26	30	20,509	2,449	22,958	19,113	3,845
1973 年	2,352		19,503	3,410	1230		26,495	1,544	28,039	20,285	7,754
1974 年	5,899	1,130	47,460	2,961	14,101		71,551	1,286	72,837	27,949	44,888
1975 年	7,916	1,806	57,675	3,923	9,023	1,247	81,590	215	81,805	37,647	44,158
合计	29,769	3,505	158,633	15,014	25,140	2,674	234,35	7,681	242,416	136,612	105,804
项目数	12	5	9	6	5	4	41	4	45	56.4	43.6

资料来源：重化学工業通信社．日本の海外資源開発［M］．东京：重化学工業出版社，1976 年．

（二）海外非铁金属开发援助

铜、铅、锌等非铁金属矿物资源作为基础物质是各种工业制品的原材料，日本国内各地都有生产，且生产量不小，但与经济增长所需资源量相比，差距甚远，大部分还是要依靠海外进口。依赖海外资源，就应考虑资源拥有国的经济政治等国情，针对非铁金属资源，日本采取技术协作和资源开发相结合的方式开展海外开发。东南亚和南美的一些非铁金属资源储量巨大的国家，因经济或者技术原因无法着手探矿及资源开发，期待发达国家的援助。因此，日本在1963年专门成立了准政府性质的金属矿业事业团，且在全球11个国家设立办事处，收集和分析世界各国的资源信息，与国际合作事业团（海外技术合作事业团）一起，为这些资源国的经济发展做出贡献的同时，作为融资的回报提出资源供给的条件，实现共存共荣。

主要实施的战略措施有（1）资源开发调查：对资源潜力大、且得到资源拥有国家邀请的矿物资源开发基础性调查技术合作。（2）地域开发计划调查：针对推进非铁金属资源的开发或者具有推进意愿的发展中国家，且曾有过合作申请的国家，以资源开发为中心实施社会开发计划调查相关技术的合作。（3）海外地质构造调查：对存在大规模优质矿床可能性的海外地域，一部分由日本政府以补助金形式出资，另一部分由日本企业法人缴纳一部分经费，共同进行必要的地质构造调查。（4）海外共同地质构造调查：在海外与外国法人共同进行矿物勘查活动的日本企业法人，以及在海外与外国法人共同进行地质调查等金属矿业经营相关活动的日本企业法人，日本政府通过金属矿业事业团向其提供最高可达勘查经费的50%的勘查补助金。具体援助内容及援助金额如下：

表4-3 1970年至1975年 非铁金属海外开发援助政府预算

单位：千日元

援助内容/年份	1970	1971	1972	1973	1974	1975
资源开发调查	168,179	343,369	513,354	679,306	868,631	1,213,876
地域开发计划调查	–	29,620	14,001	15,510	30,846	39,977
海外地质构造调查	271,332	349,204	374,027	408,514	461,202	512,220
海外共同地质构造调查	–	–	–	–	3,350	54,705

资料来源：根据日本财务省官网信息整理。

从这一时期开始，日本企业在海外获得矿业权或者获得有关探矿权益时，日本政府在资源开发事业的所有阶段都提供相应的政策援助。

三、20 世纪 90 年代：确立阶段

日本尝试了获取海外资源的多种方式，如单纯购买、股本参与、勘查开发等。单纯购买即直接从国际市场购买资源，易操作，但不可靠且不稳定；股本参与获得购买权即给予经济、技术支持或借贷给一部分资源生产国，用于其资源方面的建设，而这些资源生产国需要提供资源作为补偿；合作开发即在境外进行考察并发现产出能源的渠道，这种方式具有很大的风险、需要投入大量的人力及物力，优点是有安全保障并且稳定性高。不管应用哪一种形式进行海外资源的获取，具有决定权的都是资源型企业，而站在政府的角度上，勘查开发方式的安全性最佳，其次是股本参与方式，安全性相对低的是单纯购买方式。为了能够不间断地获得稳定的资源，1990 年后，日本企业在政府的干预下，从单纯购买方式逐渐向股本参与方式等多元化获取资源的方向发展，并且势头很强劲。

同时，日本政府也加大了海外资源开发方面的扶持力度，不仅借助技术和资金支持使境外资源考察的风险降低，而且还承担企业在开展活动前期的全部风险，尽可能给予海外考察项目最大的支持，同时指导相关企业预先调查参股开发。1997 至 1998 年，日本政府通过金属矿业事业团与资源国签订了 7 个海外地质调查①合同，为日本企业之后的合作开发打下了雄厚的基础。如表 4-4 签订这 7 个合同的国家分别是阿根廷、哈萨克斯坦、乌兹别克斯坦、吉尔吉斯斯坦、泰国和马里等 6 个国家。若发现矿产资源，矿业权归属于日本企业，但因此而产生的全部费用都由日本政府承担。

① 日本在海外进行的基础地质调查有两种方式：一种方式为“海外地质调查”，完全由日本金属矿业事业团用日本政府的钱去进行，另一种方式为“海外联合地质调查”，由日本金属矿业事业团与资源国联合进行，由日本政府提供资助。

表 4-4　1997 年至 1998 年签订的海外地质调查合同

合同数目	国家	金属种类	工作区面积（平方公里）	主要承担工作内容
1	阿根廷	铜、金、锌及其他金属	7，700	地质调查、物探、卫星图像分析
1	哈萨克斯坦	铜、金	6，900	地质调查、卫星图像分析
3	乌兹别克斯坦 吉尔吉斯斯坦	铜、金	-	地质调查、卫星图像分析、物探、现有地质资料的分析
1	泰国	铅、锌	800	地质调查、探矿
1	马里	金	7，000	地质调查、探矿

资料来源：송진호. 일본의 해외자원개발전략분석 및 시사점 [J]. KBS 산업은행경제연구소，2017 (5).

日本企业在政府的指导下，“加强合作谋求发展”，加入油气勘查等全球资源开发的项目中，并且不断增进同跨国企业、资源国企业以及世界金融组织的合作，寻求更多获取境外资源的途径。在海外资源获取方面，日本本土企业自主经营获利并不多，有八成以上的收益是日本企业通过与海外机构协作获得的。这是日本企业海外勘查开发的主要策略，该策略分摊风险、利益均摊，掌握跨国经营的经验、加强项目安全性等方面的优势明显。在国内日本企业之间也寻求合作经营。如 1997 年 8 月，智利的 Los Pelambres 铜项目，由日本矿业和金属公司（控股 15%）、三菱材料公司（控股 15%）、丸红公司（控股 8.75%）、三菱公司（控股 5%）、三井公司（控股 1.25%）等几家公司合作以财团的形式购置 40%的股份，该项目每年向日本供应 40 万吨铜精矿①。

这一时期基本确立了政府、相关机构（主要以石油公团和金属矿业事业团为主）、企业等三方合作推进海外资源开发的战略体系。

① 供应给日本矿业和金属公司 25 万吨、三菱材料公司 15 万吨。

四、21 世纪后：完善阶段

进入 21 世纪，随着亚洲国家的经济发展与崛起，原来出口资源的亚洲国家逐渐变成资源进口国，世界一次能源消费重心随之移向中国、印度等亚洲发展中国家（参见表 4-5），日本在海外资源开发过程中，必然会与这些资源消费国发生资源争夺战，增加了海外资源开发难度。为了更有效地应对国际资源形势的变化及进一步推进海外资源开发，日本政府在 2001 年成立日本贸易保险公司为海外资源开发企业提供保险援助，2004 年统合石油公团和金属矿业事业团成立了 JOGMEC，负责全面推进海外资源开发事业。这两家独立行政法人机构的成立实现了日本海外资源开发战略体系在金融、财政、税收、保险、技术等方面为资源开发企业提供全面的支持与援助。

表 4-5　世界一次资源消费量占比

<table>
<tr><th colspan="3">IEA 加盟国</th><th colspan="2">新兴国(中、印)</th><th rowspan="2">国际潮流</th></tr>
<tr><th>年份</th><th>加盟国</th><th>比重</th><th>国家</th><th>比重</th></tr>
<tr><td rowspan="2">1974</td><td rowspan="2">16 个国家：
奥地利、比利时、加拿大、丹麦、德国、爱尔兰、日本、意大利、卢森堡、荷兰、西班牙、瑞典、瑞士、土耳其、英国、美国</td><td rowspan="2">58.1%</td><td>中国</td><td>4.9%</td><td rowspan="2">第一次石油危机（1973 年）→设立 IEA，构筑储备制度；国际大资本独占→先进消费国 VS OPEC（至 2008 年）</td></tr>
<tr><td>印度</td><td>1.1%</td></tr>
<tr><td rowspan="2">2013</td><td rowspan="2">29 个国家：
上面 16 个国家的基础上，挪威（1974）、希腊（1977）、新西兰（1977）、澳大利亚（1979）、葡萄牙（1981）、法国（1992）、芬兰（1992）、匈牙利（1997）、捷克（2001）、韩国（2002）、斯洛伐克（2007）、波兰（2008）、爱沙尼亚（2014）</td><td rowspan="2">41.3%</td><td>中国</td><td>23.2%</td><td rowspan="2">从石油到天然气的更替（美国的页岩油革命 2008 年）资源消费的重心移向亚洲</td></tr>
<tr><td>印度</td><td>4.8%</td></tr>
</table>

续表

IEA 加盟国			新兴国(中、印)		国际潮流
年份	加盟国	比重	国家	比重	
2040（预测）		28.8%（包括 IEA 非加盟国在内的 OECD① 加盟国所占的比重）	中国	22.4%	资源消费新兴国（中、印）→先进消费国
			印度	10.6%	

资料来源：日本経済産業省資源エネルギー庁. エネルギー白書（平成 27 年）［R/OL］. 资源能源厅网站，2016-05-17.

日本経済産業省資源エネルギー庁. エネルギー白書（平成 28 年）［R/OL］. 资源能源厅网站，2017-06-02.

日本通过建立和实施充分发挥政府、独立行政法人机构、企业三者之间的良性互动的战略体系，在降低海外资源开发难度、成功取得开发权益以及优先购买权方面取得了较为显著的成果。政府层面，由经济产业省代表政府承担了全国经济的宏观调控工作，主要负责资源战略体系的确立和完善、资源政策的制定；参与机构层面，JOGMEC 作为推进机构根据政府提出的政策要求，负责全面推进海外资源开发事业，为日本企业提供资源海外投资方面的咨询和援助，探索多元化获取海外资源的出路。日本政府通过 JOGMEC 将政府和企业联系起来的组织形式，大大提高了日本海外资源开发能力，成功地巩固了日本资源需求供应链。其他服务机构有日本国际协力银行：日本对外实施政府开发援助的主要执行机构；日本贸易保险

① OECD，经济合作与发展组织，简称经合组织，是由 36 个市场经济国家组成的政府间国际经济组织，旨在共同应对全球化带来的经济、社会和政府治理等方面的挑战，并把握全球化带来的机遇，成立于 1961 年，目前成员国总数 36 个，分别是：澳大利亚、奥地利、比利时、加拿大、智利、捷克、丹麦、爱沙尼亚、芬兰、法国、德国、希腊、匈牙利、冰岛、爱尔兰、以色列、意大利、日本、韩国、拉脱维亚、卢森堡、墨西哥、荷兰、新西兰、挪威、波兰、葡萄牙、斯洛伐克、斯洛文尼亚、西班牙、瑞典、瑞士、土耳其、英国、美国、立陶宛。

公司（NEXI）：主要负责提供贸易和投资保险服务，以促进和提高日本企业的国际业务能力；日本国际协力机构（JICA）：主要负责在人才培养、推进国际交流等方面协助日本企业增强与资源国的友好关系；产业技术综合研究所地质调查综合研究中心（GSJ）：主要负责各种地质信息的提供和普及，再以这些地质信息为基础，研究与开发有关地球环境保护、资源开发、减少地质灾害等方面的技术。作为执行机构的海外资源开发企业在政府和相关机构的大力支持下，积极投身于海外资源开发，在降低本国资源的进口依赖度的同时，提高本国经济发展所需资源的稳定性。

21 世纪之后，日本海外资源开发战略体系的总体结构并没有发生根本性的变化，不过在原有基础上进行了改进和完善。

第二节　日本海外资源开发战略体系的特点

一、强有力的政策扶持体系

（一）扶持领域全面

日本海外资源开发的援助措施不仅涉及财政、金融和税收，还有保险、技术等领域，扶持领域全面。以海外开矿为例：

1. 财政支援：实施用财政手段规范企业行为的准备金制度，即企业在海外进行矿产资源开发时，必须提前一个月向政府缴纳一定比例的探矿准备金和风险准备金，一是用于规避企业的投机行为，二是为了企业在海外资源开发中实际遇到损失或者风险时用于帮助企业渡过难关。

2. 金融支援：海外资源开发是投资金额大而周期长、收益性高、风险性强的一项工作，每个环节都需要巨额资金的投入，因此每个环节流动资金的保障是至关重要的。日本政府通过直接出资、债务担保等形式参与海外开矿活动的各个环节，帮助海外资源开发企业。主要包括勘查阶段出现的勘查融资、矿业权购买阶段出现的股权并购融资、改善周边矿山基础建设阶段出现的矿山建设融资、通过国际协力银行对矿业项目进行的直接出资、为日本长期供货的外国矿业公司融资、为鼓励民间企业参与海外资源开发并打通民间融资渠道而开展的民营企业债务担保等。

3. 税收支援：对海外矿产资源开发的所得税有一定额度的特别扣减优惠。

4. 保险支援：主要通过两种形式的保险，一是债权人为日本企业的贷款项目提供的贷款保险，二是为日本企业海外矿业开发提供保险的投资保险，帮助企业分担风险，提高企业从事海外资源开发的积极性。

5. 技术支援：日本企业在海外资源投资方面的优势主要来自技术，这与日本政府对技术研发方面的全力支持是分不开的。包括冶炼及回收技术支持、矿山现场技术支持、海外开发技术调查等。

（二）根据不同阶段实施不同的战略扶持

1. 与资源国构筑友好关系阶段：这一阶段日本政府通过自身的技术优势和资金优势积极开展资源外交，首先获得资源国无偿援助许可；然后对资源国进行地质调查和勘探活动，并对资源国的法律法规进行调研；最后日本还向资源国派遣专家和组织研修班，对当地工作人员进行培训。主要参与机构有经济产业省、国际协力银行、国际协力机构、产业技术综合研究所地质调查综合研究中心、JOGMEC。

2. 草根勘查阶段：得到资源国的认可后，开始进行大范围的地质调查工作，主要由政府出资通过 JOGMEC 推进具体事宜，主要支援方式为前面所介绍的探矿支援和金融支援。主要参与机构有 JOGMEC。

3. 详细调查阶段：这一阶段日本企业掌握了某海外矿区的采矿权或者与矿区签订了长期的供货合同，日本政府首先亲自委托有资质的部门对矿山周边的交通、港口、电路等基础性设施的完善程度进行详细调查；同时通过直接出资或者债务担保的形式进行金融支援以及保险支援。主要参与机构有 JOGMEC、产业技术综合研究所地质调查综合研究中心。

4. 开发阶段：通过财政手段（准备金制度）规范海外资源开发企业的同时，积极为本国企业以及向日本提供矿产品的外国企业提供融资。主要参与机构有国际协力银行、JOGMEC。

5. 与资源国的产业及其他事业合作阶段：这一阶段日本政府没有具体的扶持工作，主要通过经济产业省制造产业局下面的各个室，寻找与资源国一切可能的合作项目。其目的是为了扩大日本在资源国的影响力，将日本的高科技推广到资源国的资源开发中，搞活日本的海外资源开发。主要参与机构有经济产业省、JOGMEC。

二、政府、独立行政法人机构和企业三者良性互动体系

日本海外资源开发战略体系中政府通过经济产业省发挥着引导作用，主要负责海外开发战略的制定及明确战略体系中的各个职能机构的职责；制定海外资源开发的财政补贴、税收优惠等扶持政策，积极开展资源外交，为日本企业海外资源开发铺路。经济产业省按照《能源基本计划》的相关内容发行了《资源保障指南》，随后，日本贸易保险公司、国际协力银行、JOGMEC 等独立行政法人机构响应经济产业省的号召，各司其职地对日本企业施以援手，并严格遵守《资源保障指南》。日本开发海外资源的项目，机构间有明确的分工，JOGMEC 在日本海外资源开发与投资过程中负责全面支援和推进的职能。主要负责承担前期所有风险，首先允许企业参与到国际投标项目中，用于争取境外资源开发权，接下来根据与企业协定好的内容，让该企业接手海外资源的勘探任务。除此之外，为了更好地提供经济援助，同时在其他领域形成同资源国的友好关系，日本国际协力机构也采取了多种行动，比如培训技术人员、加大技术研发的投入、增派专家等；有关海外投资的风险保障由日本贸易保险公司负责；而日本国际协力银行的重要工作是进行债务担保、协助融资等。

从事海外资源开发与投资的相关日本企业受到了各界的重视，既获得了日本政府在各方面提供的便利，又得到了其他企业提供的技术、经济上的援助，形成了一个环环相扣的、高效率的海外资源战略体系。因此，在勘查及获取海外资源时，相关企业之间合作开发的积极性有了很大的提升。根据相关调查结果，日本企业的海外矿产资源开发项目中参股合作形式占比超过 80%。举例来说，表 4-6 所列出的是 2010 年至 2013 年间，日

本住友金属矿山株式会社海外矿山开发项目的简要情况，其中，只有在澳大利亚的 Mutooroo 铁矿勘探项目中，该株式会社参股比例最高，以 59%的股份成为控股方，在其余两个项目中都仅仅是入股方。加上 3 个项目都和资源国美国和澳大利亚的企业合作开发，且日本企业参股比例都不高，占有较高比例的都是资源国当地的企业。

表 4-6　日本住友金属株式会社 2010 年至 2013 年部分海外矿山开发项目

年份	项目名称	参股公司及比例
2013	美国 Morenci 铜矿扩建工程	美国弗里波特—麦克莫兰铜业 85%；住友金属矿山 12%；住友商社 3%
2011	澳大利亚 North Park 矿山扩建工程	澳大利亚必和必拓 80%；住友金属矿山 13.3%；住友商社 6.7%
2010	澳大利亚 Mutooroo 铁矿勘探项目	住友金属矿山 59%；澳大利亚 Minotaur 勘探公司 41%

资料来源：邵学峰、李翔宇．矿产资源开发利用国际化战略：日本的经验与启示［J］．现代日本经济，2015（4）：93.

三、全方位资源外交体系

日本的资源外交包括与资源供给国之间、与资源需求国之间、与地区及全球性框架组织之间的资源外交。其中，与资源供给国进行资源外交合作时，日本企业将目光主要投向了中亚、中东等资源丰富的地区，主要以经济和技术方面的援助来提高企业资源获取的收益。对于资源需求国则按照合作国家需求的差异，实施不同的资源外交方案。如对美国，日本配合美国的资源战略方针，加速与资源消费国和资源进口国之间的合作；对新兴资源消费大国中国、印度等则争取在资源合作方面达成共识，稳定住其资源市场；对于俄罗斯，日本认为资源丰富的俄罗斯可以促进两国之间的能源合作，并积极开展资源外交，加强两国间的能源对话；对地区及全球框架组织之间的外交，则通过双边及多边合作伙伴关系，开展节能和稳定能源市场等方面的合作，协调和改善国际资源市场的宏观环境。

为完善海外资源外交政策，从而保证资源的持续供应，日本政府设法在微观和宏观两个层面降低资源保障的风险。

第三节　日本海外资源开发战略的实施现状

一、在中东地区的实施现状

中东地区的石油天然气资源市场对日本极其重要，究其原因：第一，日本石油天然气资源进口对中东地区的依赖度长年高达80%以上，虽然近年来有所下降（从2000年的87%下降到2015年的82%①），增加了对中南美以及俄罗斯等地区的进口比例，但是依旧保持着较高的进口依存度（参见表4-7）；第二，中东地区的石油天然气资源的储藏量占全世界石油天然气资源储藏量的约50%。根据日本资源能源厅的统计，世界石油储量在2018年末共1兆7297亿桶，按照2018年的石油生产量计算，可采年限为50.5年，其中中东地区占世界石油总储备的约一半（参见表4-8）；世界天然气储量在2018年末共196.9兆立方米，可采年限为50.9年，其中中东地区占比38.4%（参见表4-9）。因此，中东地区始终成为日本重点开拓的资源供给地。

① 根据《表4-7 国别（地区）原油进口量（2000年至2015年）》计算对中东地区的石油进口依存度可得：2000年：221854/254604＝87.14%；2010年：185697/214357＝86.63%；2015年：160399/194515＝82.46%。

表 4-7 国别（地区）原油进口量（2000 年至 2015 年）

国家（地区）	2000 年	2010 年	2015 年
合计	254, 604	214, 357	194, 515
中东地区	221, 852	185, 697	160, 399
阿拉伯联合酋长国	65, 112	44, 767	49, 172
伊拉克	3, 586	6, 986	3, 119
伊朗	29, 229	20, 944	9, 660
阿曼	11, 470	5, 771	972
卡塔尔	24, 546	24, 877	16, 404
科威特	18, 839	14, 938	15, 127
沙特阿拉伯	54, 898	62, 562	65, 732
中立地带	13, 843	4, 118	213
东南亚地区	19, 120	7, 413	7, 079
印度尼西亚	12, 255	5, 155	4, 253
文莱	2, 038	712	270
越南	2, 765	360	1, 410
马来西亚	1, 941	1, 130	1, 146
东亚、中亚地区	5, 488	402	1, 531
哈萨克斯坦	–	–	1, 531
中国	5, 488	123	–
中南美	2, 245	600	6, 387
欧洲	160	15, 303	15, 672
俄罗斯	–	15, 171	15, 672
北美	273	–	205
美国	273	–	205
非洲	1, 777	2, 986	1, 700
安哥拉	–	–	595
加蓬	–	–	313
苏丹	898	2535	280
大洋洲	3, 690	1, 956	1, 542
澳大利亚	3, 682	1, 852	1, 024

资料来源：日本統計局．第六十五回日本統計年鑑 平成 28 年［EB/OL］．日本統計局网站，2018-04-16.

表 4-8 世界石油储量（2018 年）

<table>
<tr><th colspan="2">中东（48.3%）</th><th colspan="2">美洲（32.5%）</th><th colspan="2">CIS（8.4%）</th><th colspan="2">非洲（7.2%）</th><th colspan="2">亚太（2.8%）</th><th>欧洲（0.8%）</th></tr>
<tr><td>沙特阿拉伯
伊朗</td><td>17.2</td><td>委内瑞拉</td><td>17.5</td><td>俄罗斯</td><td>6.1</td><td>利比亚</td><td>2.8</td><td>中国</td><td>1.5</td><td rowspan="6"></td></tr>
<tr><td>伊拉克</td><td>9.0</td><td>加拿大</td><td>9.7</td><td rowspan="5">其他 CIS</td><td rowspan="5">2.3</td><td rowspan="3">尼日利亚</td><td rowspan="3">2.2</td><td rowspan="5">其他</td><td rowspan="5">1.3</td></tr>
<tr><td>科威特</td><td>8.5</td><td>美国</td><td>3.5</td></tr>
<tr><td>阿拉伯联合
酋长国</td><td>5.8</td><td rowspan="3">其他</td><td rowspan="3">1.7</td></tr>
<tr><td>其他</td><td>5.7</td><td rowspan="2">其他</td><td rowspan="2">2.2</td></tr>
<tr><td></td><td>2.1</td></tr>
</table>

资料来源：日本経済産業省資源エネルギー庁. エネルギー白書（2019 年）［R/OL］. 资源能源厅网站，2020-06-01.

表 4-9 世界天然气储量（2018 年）

地域	中东	欧洲及欧亚大陆	亚太	非洲	北美	中南美
储量占比（%）①	38.4	33.9	9.2	7.3	7.1	4.2
总储量	196.9 兆立方米					
可采年限	50.9 年					

资料来源：日本経済産業省資源エネルギー庁. エネルギー白書（2019 年）［R/OL］. 资源能源厅网站，2020-06-01.

日本对中东地区的资源外交策略始于第一次石油危机，三木武夫作为日本的副首相，在资源情况最紧迫的 1973 年 12 月，开始了对中东 8 个国家的访问，并表示将对阿拉伯国家施以援手，给予技术以及经济上的支持。外交努力打通了解决石油危机的通道，同时也获得了阿拉伯石油输出国的好感。接着，1974 年 1 月田中首相出访沙特阿拉伯等 8 国，1978 年 9 月福田赳夫首相开展对阿联酋、沙特阿拉伯、卡塔尔及伊朗的外交访问，

① 由于尾数处理的关系，有时合计不到 100%。

站在阿拉伯国家一方，要求以色列撤退，增进了与中东产油国之间的友好关系，为顺利度过第二次石油危机奠定了基础。综上所述，在两次石油危机期间日本不顾美国的反对，成为阿拉伯联合酋长国（UEA）的友好国，为之后获得阿布扎比海上油田的石油权益打好了外交基础。该油田占日本自主开发石油的约40%，在2018年3月合作到期时，日本政府再一次通过一系列外交活动，成功签署了延长40年权益的合约①。具体的外交努力有：2016年5月和11月高木经济产业副大臣访问阿拉伯联合酋长国，与阿布扎比皇太子府长官、阿拉伯联合酋长国国务大臣兼阿布扎比国营石油公司（ADNOC）CEO等王族及政府要员进行会谈，积极争取日本企业在阿布扎比海上油田拥有的石油权益的延长；2017年1月，世耕经济产业大臣趁出席世界未来能源峰会（WFES）② 的机会访问阿布扎比，再一次推进石油权益的延长。其结果关于延长国际石油开发帝石拥有的Sata油田以及Umuadaruku油田（合计生产量：日产量约3.5万桶）的权益期限方面，与阿布扎比国营石油公司达成了日方拥有的权益比例为40%，权益期限为25年的基本合意。

此外，中东地区的沙特阿拉伯是名副其实的“石油王国”，对于日本来说更是第一大原油供给国。近年来，随着能源消费的急剧增加，两国间节能技术及经验方面的合作变得极为重要。为此，2007年专门成立《日沙产业合作专责小组》以促进投资、人才培养、支持中小企业，官民一体推进能源领域更为广泛的合作，加强两国之间的友好关系。另外，2017年两国间就合作措施达成了协议文件《日本与沙特愿景2030》，协议涉及的合作领域广泛，从基础设施建设到健康医疗及文化体育教育，众多政府机构和企业参与。基础设施领域，为支持沙特的电力发展，建设变电所等基础设施，日立制作所作为代表协助沙特；技术领域，东洋纺支援沙特海水淡

① 据日本共同社2018年2月26日报道，日本国际石油开发帝石控股公司26日宣布，关于在阿拉伯联合酋长国拥有的海上油田权益，该公司已与阿布扎比国家石油公司等签署了延长40年权益的合约，权益比率从12%降至10%。

② 世界未来能源峰会—World Future Energy Summit（简称WFES）是由Masdar发起，由展览业巨头ReedExhibitions和领先的科学信息出版商Elsevier主办。WFES每年一届，定期在阿联酋首都阿布扎比举办。

化技术开发；金融领域，东京证券交易所支持沙特的企业快速发展，给其提供各种机会，如允许阿美石油公司在东京上市；医药卫生领域，日本和沙特促进双方教授与专家的学术交流，提供互相学习和合作的机会；文教领域，有关部门将在旅游和文化展出方面提供支持，如旅游业带动其他产业的发展、国家博物馆的运营等，充分展示了官民一体的决心。

卡塔尔是日本第三大液化天然气供应国，为强化两国能源领域方面的经济关系，2006 年设置了“日卡塔尔协议经济委员会”，每年定期召开会议。2016 年 11 月第 10 次会议在东京召开，日本世耕经济产业大臣、圜浦外务副大臣与卡塔尔能源工业大臣，就两国之间液化天然气市场的合作以及针对第三国的两国之间的合作的重要性达成共识。

综上，在以中东地区为对象的资源开发战略中，出于中东局势的不稳定和开发环境的考虑，日本政府和民间企业进行分工合作。日本政府主要通过各种手段积极开展与中东各国的资源外交，时刻关注中东局势，及时向企业提供信息，为企业降低投资风险；日本民间企业则通过自己的技术优势，向当地企业提供技术援助，了解当地风土人情、生活环境等，用改善当地人民生活条件来换取当地政府和居民的认可和信任，最终获取更多的合作和投资机会。

二、在非洲地区的实施现状

非洲作为具有开发潜力的资源供给国早已被世界资源进口国关注，日本当然也不例外。日本通过向非洲实施增援减债，为其本国石油公司进军非洲开辟道路。2008 年，日本外相宣布向非洲提供总额 2.6 亿美元的援助，并为非洲提供防旱项目。2008 年 5 月，日本在横滨举行了第四次非洲开发会议，邀请了 52 个非洲国家参与会议。福田康夫首相在会议上表示，对非洲国家的科技研发、设施建设、医疗卫生、农业生产等各方面，日本政府将增大人力物力的投入，经济上投入 40 亿美元作为低利息、长期的贷款，同时建立基金会，鼓励日本本土企业援助非洲国家。医疗卫生方面，日本派出逾 10 万名医疗工作者帮助非洲预防传染病。日本将积极开展与非洲国家的经济和科学技术等方面的交流和协作，用资金和技术援助拉拢非洲国家，树立其在非洲的良好形象，从而获得非洲的油气资源。

南非在白金和铬资源的供给方面有优势，矿业部门也是其国内重要的部门。虽然，由于低迷的经济、执政党的丑闻、矿业法律法规制度动向的不透明等原因，有关投资环境的消极消息不断，但是，南非在保持积极的经济增长、民主化等方面存在成长的空间。为了在这种不稳定状况下降低风险、实现利益最大化，把握当地的正确信息成为南非地区资源战略的关键。为了获取南非的最新信息，JOGMEC 代表日本政府，与白金矿山 Impala Platinum 公司以及与当地律师共同举办南非矿业研讨会。研讨会主要讨论有关白金矿山 Impala Platinum 的实际生产状况，以及南非政治经济方面的最新信息。

三、在其他地区的实施现状

日本作为资源进口大国，为了确保资源的稳定供给，近年来，对外资源投资从“以中东为中心”逐渐转向非洲、中亚、俄罗斯、中南美等国家或地区，力争实现资源供给的多元化。

其中，中亚是日本近年重点开拓的资源供给地，究其原因：第一，中亚地区除了石油天然气资源之外，还有丰富的煤炭、钨、铬、铀等矿产资源；第二，里海地区①的政治局势相对中东地区更为稳定。因此，小泉首相执政后期在中亚地区积极推进资源外交，安倍内阁进一步加强与中亚各国的合作关系。主要包括：（1）通过政府开发援助，提供低息贷款、无偿援助，支持中亚国家的经济发展和社会进步。如，2006 年小泉首相首次出访中亚的哈萨克斯坦和乌兹别克斯坦签订援助协议；2015 年安倍首相出访中亚 5 国，共签订 272 亿日元的援助协议②；给予中亚各国的无息援助资金大幅度增加，2012 年至 2016 年，日本政府投入资金的增长额是之前的四倍。（2）定期召开“中亚+日本”外长会议，建立日本和中亚国家新的对话机制。“中亚+日本”外长会议于 2004 年 8 月首次举行，作为促进双

---

① 中亚地区的里海被称为“第二个中东”，石油储藏量占世界储量的 16%。

② 272 亿日元的援助包括：乌兹别克斯坦 127 亿日元、塔吉克斯坦 9 亿日元、吉尔吉斯斯坦 136 亿日元。

方友好合作的契机，会议举办后中亚各国和日本的能源合作全面展开，并在外交关系上实现突破。日本政府能源外交活动后，日本企业及相关机构加入到了中亚油气运输设施的建设中，也获得了在中亚购买和开采铀矿和原油的权利。例如，里海南部3个油田3.92%的股权被INPEX集团收购，其另10%的股份被伊藤忠（ITOCHU）石油勘探公司收购；哈萨克斯坦卡沙甘8.33%的股权被INPEX集团收购；日本国际协力银行放贷5.8亿美元给巴库—蒂比利斯—杰伊汉项目用于其输油管道的建设。

此外，在俄罗斯、美国、中国、印度等国家和地区实施的资源开发战略也取得了较为显著的成效。如日本依据经济援助手段，提供技术支持、人才培养、文化交流等多种途径展开与俄罗斯的能源合作，并获得哈萨林1项目30%的股份①、哈萨林2项目45%的股份②；通过支援开发能源技术、配合稳定中东局势等方式与美国加强合作关系；通过开展新能源、绿色能源技术等能源多元化合作，创建和加强同中、印等亚洲国家之间的合作机制。

第四节　本章小结

本章主要探讨了日本海外资源开发战略形成和确认过程以及在此过程中呈现的特点，最后具体分析战略实施较为成功的中东和非洲地区，简单分析其他地区的实施情况。

首先，日本海外资源开发战略体系经历了20世纪五六十年代的探索阶段、七八十年代的初步形成阶段、90年代的确立阶段，进入21世纪后以JOGMEC的成立为标志完成了其政府、独立行政法人机构和企业三方良性互动机制下的战略体系的完善。

其次，日本海外资源开发战略体系呈现出以下三个特点：一是强有力

---

① 哈萨林1项目30%的股份由日本Sodeco公司获得。

② 哈萨林2项目45%的股份分别由三井物产（25%的股份）、三菱商社（20%的股份）两家贸易公司获得。

的政策扶持体系。扶持领域全面，涉及财政、金融、保险、技术等领域。与资源国构筑友好关系阶段、草根勘查阶段、详细调查阶段、开发阶段、与资源国的产业及其他项目合作阶段，实施不同的战略支持。二是政府、独立行政法人机构和企业三者良性互动体系。政府负责广泛开展资源外交确保与资源供给国的良好关系、负责整体战略规划及相关政策的制定。JOGMEC、国际协力银行、贸易保险、国际协力机构、产业技术综合研究所地质调查综合研究中心等独立行政法人机构各司其职、各展其能。资源开发企业，在政府的战略政策指导和金融保险机构和科研机构等服务机构的全方位支持下，积极参与海外资源开发活动，高效获取资源开发权益。三是全方位资源外交体系。日本政府从各种角度全面推进资源外交战略，在宏微观两方面消除资源保障的安全隐患，实现长期而稳定的资源供给。

最后，通过分析战略体系在日本重要资源进口地中东和非洲地区以及中亚、俄罗斯、美国、中国、印度等其他国家和地区的实施情况，一是明确了战略体系的特点，二是解读了对外资源投资从“以中东为中心”逐渐转向非洲、中亚、俄罗斯、中南美等国家和地区，力争实现资源供给多元化的战略目标。

第五章

日本海外资源开发战略的组织措施

日本政府的行政组织能力是促进日本经济发展的重要因素之一，在海外资源开发中虽然运行主体是企业，但政府的组织主导作用才是其成功最重要的因素。本章重点分析了日本实施海外资源开发战略的组织体系和运行机制，通过对领导机构、服务机构、推进机构、执行机构等四个机构的分析，总结各机构的职能及具体运作方式，以便为中国的海外资源开发组织机构的设立提供参照。

第一节　建立完善的组织体系

为了从根本上扭转资源的供需矛盾，日本政府从 20 世纪 60 年代开始便着手建立海外资源开发战略体系。一方面，通过经济或技术援助的方式改善与资源国之间的关系；另一方面，通过组建专门服务机构全方位支持日本企业到目标资源国开展资源开发活动。日本政府于 1963 年和 1967 年分别成立了日本金属矿业事业团（MMAJ）和日本石油公团（JNOC）两个专门针对海外资源调查与开发服务的机构，并隶属于经济产业省（当时称通商产业省）。但后期因这两个机构出现效率低下等问题，日本政府在 2004 年将其合并重组，成立了 JOGMEC（其历史沿革参见图 5-1），并作为独立运作的法人机构，不再隶属任何一个政府部门，而是受日本经济产业省的委托为日本企业在海外开发资源提供专门的服务。

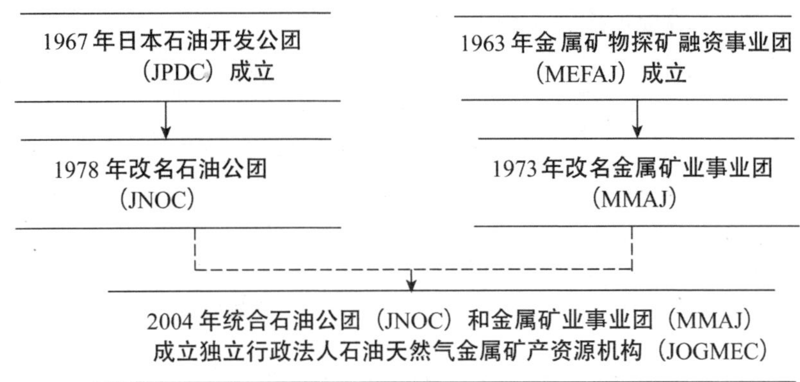

图 5-1 JOGMEC 的沿革

资料来源：JOGMEC 官方网站信息。

目前，日本已经形成了由日本经济产业省和 5 个独立行政法人机构组成的海外资源开发战略体系。具体包括：一是经济产业省作为领导机构，由其所属的制造产业局、产业技术环境局、贸易经济合作局、资源能源厅等 4 个厅局下设的 9 个部门，根据职责分工，代表政府具体开展海外资源开发活动的组织领导工作。二是服务机构，包括负责融资和债务担保等金融援助的日本国际协力银行、负责各种保险援助的日本贸易保险公司、负责制定国际标准和人员培训等国际合作的日本国际协力机构、负责收集信息和提供信息技术服务的产业技术综合研究所地质调查综合研究中心等 4 个独立行政法人机构。三是 JOGMEC 作为具体的推进机构，受日本经济产业省委托对勘查开发海外石油天然气、金属矿产资源的日本矿业公司，从前期准备阶段到勘查阶段、开发阶段和生产阶段施行全程支持（参见表 5-1 以及图 5-2）。可见，日本海外资源开发战略体系组织结构合理、部门配置齐全、职能分工明确，多达 14 个组成机构①在海外资源开发运作的 7 个阶段②中对相关企业在技术、资金、人员和企业经营行为等方面，提供了

① 14 个组成机构：日本经济产业省下面的 4 个厅局下属共有 9 个部门，非政府机构作为独立行政法人企业有 5 个部门，共 14 个部门。

② 7 个阶段：（1）两国关系的构筑阶段；（2）草根勘查阶段；（3）详细勘查阶段；（4）矿山周边的基础设施调查和完善阶段；（5）资源开发阶段；（6）生产加工阶段；（7）与资源国的产业及其他事业合作阶段。

全程联动、无缝隙衔接的支持援助。

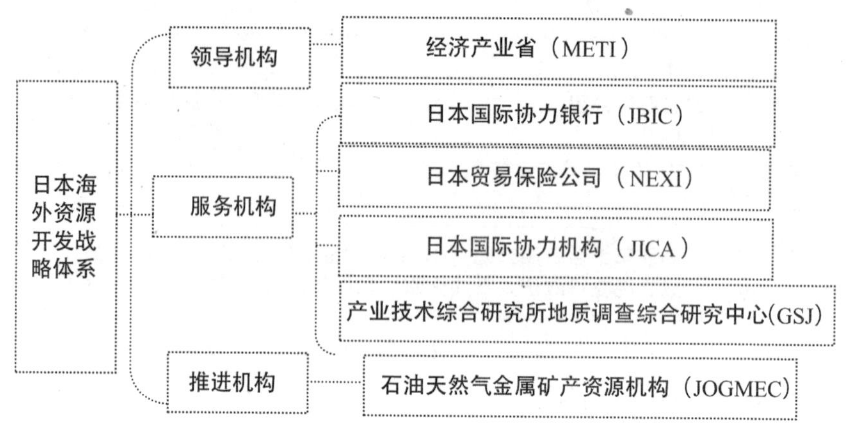

图 5-2　日本海外资源开发战略体系构成

资料来源：作者编制。

表 5-1　14 个职能部门的职责分工

机构		参与部门	职责分工
日本经济产业省	制造产业局	有色金属课	金属课负责钢铁、轻金属等以及非铁金属的回收和再利用相关事宜
	产业技术环境局	循环利用推进课	负责确保资源有效利用政策的企划和推进
	贸易经济合作局	技术人才合作课 通商金融课 贸易保险课	负责通商经济技术及人才方面的合作 负责通商经济资金合作 负责有关通商经济外汇管理及调整
	资源能源厅	矿产资源课 资源燃料部政策课 核能核燃料循环产业课 节能新能源部	资源能源厅负责资源的开发、获取、进出口、利用等各方面的事务，保证日本国内各类资源的安全稳定供给

续表

机构		参与部门	职责分工
独立行政法人机构	JOGMEC		受日本经济产业省委托对勘查开发海外石油天然气、金属矿产资源的日本矿业公司，从前期准备阶段到勘查阶段、开发阶段和生产阶段施行全程支持
	日本国际协力银行		主要负责融资、债务担保等业务
	日本贸易保险公司		主要负责各种海外资源投资损失的保险业务
	日本国际协力机构		主要负责技术调研开发、人员培训、组织研修班、派遣专家、合作标准制定等工作
	产业技术综合研究所 地质调查综合研究中心		主要负责地质信息的提供和普及、资源开发及环保技术的研究等信息技术的战略性支持

资料来源：根据经济产业省、JOGMEC 等各职能机构的官方网站信息整理。

一、领导机构

日本政府的导向功能是实现日本经济飞速发展的重要因素，在内阁确定战略方向和政策导向后，相关省厅再根据战略方向制定相应的推进措施。经济产业省就是根据政府的政策导向，通过制定产业合理化的法令及计划、指定重点行业等方式，确保经济与产业的发展、确保矿物资源及能源的稳定供应。例如，日本政府在 2006 年 5 月颁布的《新国家能源战略》文件中提到了提升独立研发水平的重要性，并且描绘了一个在 2030 年将石油的海外自主开发比率增加到 40%的美好蓝图。根据这一文件，日本经济产业省也在 2010 年出台《能源基础计划》，提出了利用 20 年将日本国外矿物能源的海外自主开发率翻番的目标。在海外资源开发事业中，经济产业省根据国际资源形势的不断变化以及政府的相关战略，提出并执行相应的政策、法律法规等（参见表 5-2），同时向海外资源开发企业提供如技术设备的长期低息贷款、外资的引进、资金合作及人才培养等方面的援助，并根据政府提出的相关战略，代表政府执行相应的政策，通过相关机构和部门具体实施（参见表 5-1），起着牵头和领导作用。

表 5-2　战后日本政府采取的资源确保法律法规及相关机构

目的	法律规章条例、机构设置等
促进矿产资源海外自主开发	独立行政法人通则法
	帝国矿业开发株式会社法
	金属矿业事业团法（现已废除）
	石油公团法（现已废除）
	独立行政法人———JOGMEC（ JOGMEC）法
	补助金预算执行合理化相关法律
	补助金预算执行合理化相关法律旅行令
	独立行政法人通则法旅行规则
	独立行政法人———JOGMEC 法（修改版）
	海外矿产资源开发的补助金制度
	海外探矿备用金制度
	税费特别扣减制度
确保海外价格低廉矿石的稳定进口	海外矿业投资等损失准备金制度（1952 年）
	海外矿山探矿事业补助金制度（1957 年）
	实施海外矿产资源基础调查、海外探矿融资和海外矿业开发费债务保证（1968 年）
	实施海外共同地质构造调查、推进资源开发技术合作、金属矿产资源勘探技术研究与开发、对矿山环境治理支持以及建立资源储备制度等（1974 年）
	优惠税收制度（1975 年）
专门制定和审查矿业政策	矿业审议会（1962 年）

续表

目的	法律规章条例、机构设置等
主要从事铜、铅、锌等基本金属矿产的海外开发	海外矿物资源开发公司（1962 年） 海外矿业技术合作事业团（OTCA）（1962 年）
专职负责全球矿业资料信息收集、分析与提供	金属矿业事业团（1963 年）（2004 年与石油公团合并成立 JOGMEC）

资料来源：根据多篇期刊资料及相关官方网站信息整理。

二、服务机构

（一）日本国际协力银行

作为日本政府拥有全部股份的政策性银行，国际协力银行主要负责融资贷款，是日本对外实施政府开发援助的主要执行机构之一，也是日本矿业公司海外投资资源项目的主要政策性金融机构。从该银行的资金来源结构看，大部分由政府拨款，除此之外来源于政府借款和回收贷款，并且可享受免税优惠；从该银行的业务结构看，以补充一般金融机构的金融业务为宗旨，同时促进对于日本来说重要的资源在海外的开发和取得、维持和提高日本产业的国际竞争力、促进以防止全球变暖等地球环境保护为目的的海外事业、防止及应对国际金融秩序混乱等四个方面业务的展开，为日本及国际经济社会的健康发展做出贡献；从该银行的项目地区看，遍布美洲、亚洲、非洲、欧洲、大洋洲①，这与日本政府降低对中东地区资源的进口依赖度、寻求能源资源供给渠道多元化政策相一致。作为政府的银行，该银行配合政府的经济发展战略，采取出口信贷和对外发展援助相协调的方式，保证日本企业在海外资源开发活动中所需资金的顺利周转。

① 国际协力银行自 2005 年出资融资累计项目数及累计融资额：大洋洲地区 35 个（累计融资额为 284 亿美元）、中南美地区 34 个（累计融资额为 170 亿美元）、北美地区 26 个（累计融资额为 155 亿美元）、亚洲地区 19 个（累计融资额为 136 亿美元）、中东地区 12 个（累计融资额为 151 亿美元）、欧洲地区 9 个（累计融资额为 66 亿美元）、非洲 6 个（累计融资额为 74 亿美元）。

（二）日本贸易保险公司

该公司成立于2001年，在政府的支持下对日本企业扩大出口和拓展海外事业进行保险援助，主要负责贸易保险、资源能源综合保险、海事保险、海外投资损失保险等各种海外资源企业投资损失的保险业务。公司按照以中长期的保险费收入支付保险金的原则进行收支活动，因海外资源开发风险大、回收期长等原因，以再保险制度中的国家信用能力以及国家交涉能力的回收体制作为后盾。当日本企业的海外资源开发权益因不可抗力因素受到损失时，日本政府通过该公司给予日本企业保险金以补偿损失。具体实施过程为，日本企业与该公司签订保险合同，而日本经济产业省会对日本企业签订的保险合同进行再保险。一旦出现意外损失，日本经济产业省先赔付给该公司，该公司再根据合同比例赔付给受损日本企业。通常保险金为损失金额的95%，2007年4月新设立的资源能源综合保险可赔偿损失金额的100%。

（三）日本国际协力机构

成立于1977年的国际协力机构，是担负着日本双边援助核心作用的开发援助机构。主要目的是通过为发展中国家培养人才来增进与相关国家的友好关系，促进日本国际合作事业的发展。该机构以技术援助、有偿资金援助和无偿资金援助为核心，开展包括国际紧急援助、民间合作和普通市民援助等在内的6项具体援助，业务遍布世界150多个国家和地区。日本企业在海外资源开发活动中，需要通过与资源国之间的友好交流获得对方的信任和认可，并获得资源开发权益及优先购买权。为此，该机构通过协助日本企业对资源国人员进行培训、提供尖端医疗和环境对策技术援助等方式促进目标国家的经济发展，增进企业与当地政府的友好关系。图5-3、图5-4、图5-5列出的是国际协力机构的3项核心援助经费统计，虽然无偿援助投入比例有所下降，但技术援助和有偿援助的投入显示增长的趋势。同时，该机构还通过制定国际合作标准，帮助日本企业获得资源交易的主动权。

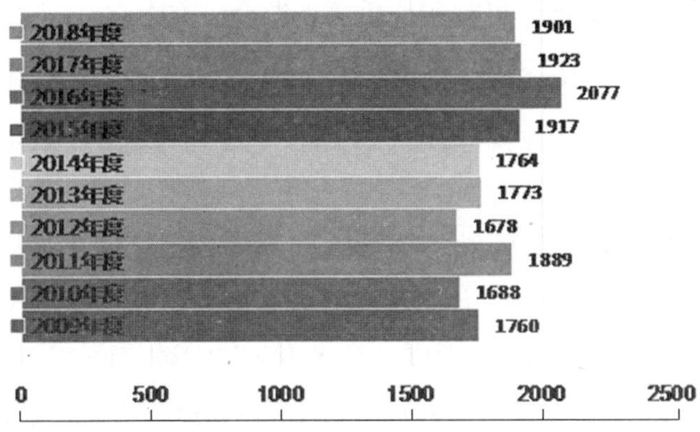

图 5-3 2009—2018 年技术援助经费明细（亿日元）

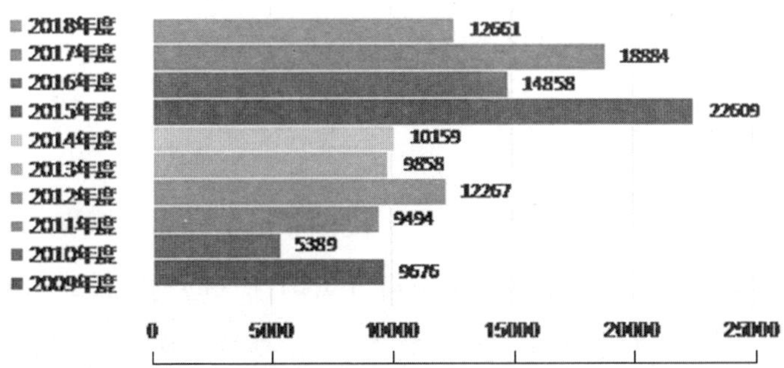

图 5-4 2009—2018 年有偿资金援助经费明细（亿日元）

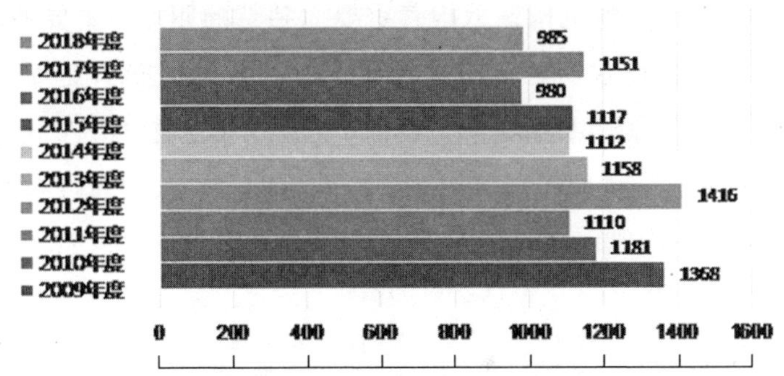

图 5-5 2009—2018 年无偿资金援助经费明细（亿日元）

资料来源：2018 年 JICA 年次报告［R/OL］. JICA 网，2019-05-20.

（四）产业技术综合研究所地质调查综合研究中心

产业技术综合研究所①于 2001 年 1 月正式成立，是日本最大的研究机构，承担着国家基础产业技术的研发与推广。该所设有发挥其综合竞争力的“5 个领域 2 个综合研究中心”②，全国有 9 所研究基地③，约有 2000 名研究者从事相关领域技术的研究与开发。其中，该所下设的地质调查综合研究中心主要负责各种地质信息的提供和普及，再以这些地质信息为基础，研究与开发有关地球环境保护、资源开发以及减少地质灾害等问题的技术。另外，还与全球 29 个研究机构签订资源勘探、地质信息整备、环境保护等领域的综合研究合作协议，利用全球地质调查机构网络，为日本企业的海外资源开发提供信息技术战略支援。

三、推进机构

JOGMEC 作为联系日本政府和日本资源企业的纽带，既是日本政府政策的具体实施者，又是日本资源企业海外资源开发的专门推进机构，14 所海外事务所分布在世界各地（参见表 3-8），各事务所负责收集和分析周边国家的资源信息，为日本政府资源政策的制定提供参考以及为民间企业的资源开发提供信息咨询。在海外资源开发事业中 JOGNMEC 作为日本政府资源政策的具体实施机构，承担着重要而独特的职能。主要通过出资、融资、债务担保；技术实证、技术转移、技术开发、技术支持；收集情报、提供信息；资源国共同调查、民间调查支持等方面对海外资源企业进行援助，还同其他服务组织和机构保持协调与配合，共同为日本海外资源开发提供全方位的支持。

---

① 日本产业技术综合研究所（AIST）其前身为1882 年成立的地质调查所，之后经历了多次重组和改名，于 2001 年 1 月，随着日本中央省厅的重组，为了推进科研机构的重组改制，加快科技成果产业化，日本政府将原通产省工业技术院所属的 15 个国立研究所并入新组建产业技术综合研究所。

② 5 个领域分别为能源环境领域、生命工学领域、信息工程学领域、材料化学领域、电子制造领域；2 个综合中心为分别为地质调查综合研究中心（GSJ）、计量标准综合研究中心。

③ 9 所研究基地分别为福岛可再生能源研究所、东京临海、北海道、东北、四国、中国、九州、中部、关西研究中心。

（一）石油、天然气开发

对石油天然气资源的海外探矿、开发进行出资及债务担保是 JOGMEC 的一项最重要的职能。出资事业，如图 5-6 所示，首先成立一个新公司，通过这个公司给市场发放股票来筹集资金，JOGMEC 收购其中一部分股票相当于提供资金援助，一旦探测顺利并启动盈利性开采项目，JOGMEC 又将股票抛售。其出资领域有四个方面：其一，石油等探矿领域，通常以所需资金的 1/2 为上限，但被认定为必要的项目则以 3/4 为上限进行出资；其二，石油开采以及可燃性天然气的液化领域，出资额以所需资金的 1/2 为上限；其三，资产收购领域，出资上限同探矿相同，通常以所需资金的 1/2 为上限，但被认定为必要的项目则以 3/4 为上限；其四，海外法人收购领域（企业收购），以所需资金的 1/2 为上限。

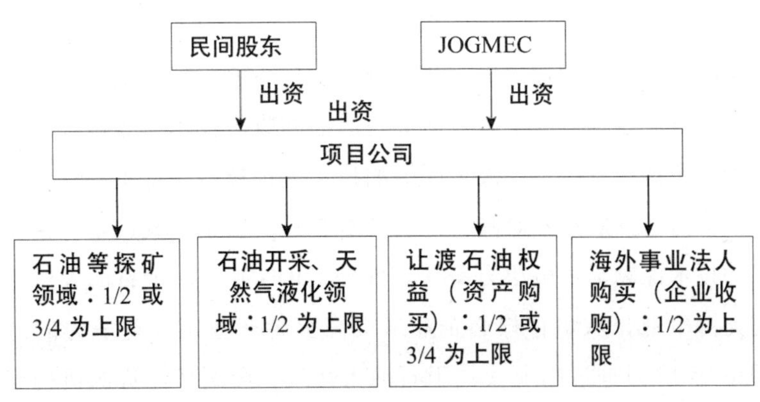

图 5-6 JOGMEC 的出资计划

资料来源：JOGMEC. 独立行政法人石油天然ガス・金属鉱物資源機構『出資制度の概要』[EB/OL]. JOGMEC 网站，2018-04-23.

债务担保，担保范围包括因石油天然气资源的开采、确保按时竣工以及企业收购所需资金贷款等（参见图 5-7）。其负债保险以所需资金相关债务的 1/2 为上限，特殊情况时（JOGMEC 认为急需的项目）担保上限可提升至 3/4。

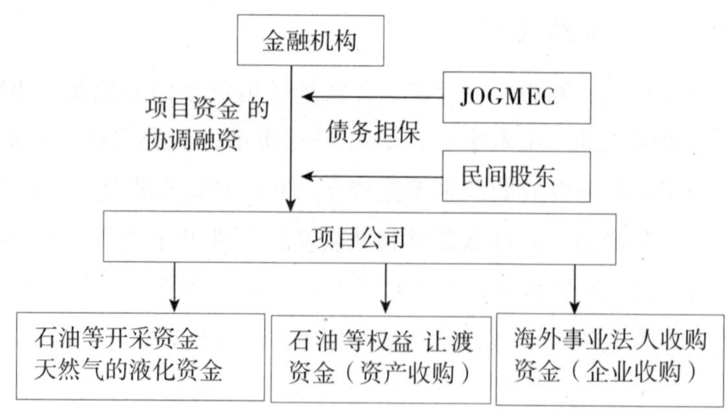

图 5-7　JOGMEC 的债务担保计划

资料来源：JOGMEC. 独立行政法人石油天然ガス・金属鉱物資源機構『債務保証制度の概要』[EB/OL]. JOGMEC 网站，2018-04-23.

除了融资及债务担保之外，JOGMEC 还有一项非常重要的职能就是技术支持与研发。技术研发主要包括提高原油回收率技术、非传统型油气田开发、天然甲烷开发技术、大水深停泊技术等；技术支持主要有开发作业现场操作支持、开展技术研修、开放技术中心实验室及其设备、根据产油国提出的技术课题提供解决方案等。此外，JOGMEC 对于石油天然气资源开发的支持事业，从培育核心企业来提高上游产业国际竞争力的观点出发，2016 年 12 月通过制定《关于石油天然气、金属矿产资源机构出资及债务担保对象事业采纳的基本方针（石油天然气领域）》明确了 JOGMEC 的风险货币援助方针，具体重点援助对象包括日本企业作为实际操作者参与的项目、具有相当规模储藏量的项目、有助于企业间经营资源的合作、集约化的项目等。这一方针也表明了日本政府积极培育具有较强国际竞争力的核心资源企业的用心，以便应对风云多变的国际资源市场。

表 5-3 列出的是 JOGMEC 石油天然气资源援助项目详情，除个别石油公团时期的项目外，大多数项目来自 JOGMEC 成立之后。这些出资、融资、债务担保等形式的支持，帮助日本企业以不同的形式获得相关资源权益，且权益比例也在不断提高。

表 5-3 有关石油天然气方面主要支援项目详情

最近支援项目			
地区	支援矿区	支援内容	支援期间、获得权益比率
英国	Sietorranndo P119(204/13)	出资 75%(总金额:5 亿日元)支援石油等探矿	2009-2016;持股 JOGMEC 普通股 28.26%,无表决权股 42.32%
澳大利亚	Timouru 海域矿区	出资 50%(总金额:599.5 万日元)	2008-2016;持股经济产业省 27.9%;JOGMEC19.1%
加拿大	不列颠哥伦比亚州	出资 7.5%(总金额:1664 百万日元);债务担保	2011-2016;间接拥有 33.75 的权益持股 JOGMEC11.4%
马来西亚	沙巴州冲深海 S 矿区	出资 50%(总金额:9322 百万日元	2016-2018;持股 JOGMEC50%

具体支援项目			
地区	支援企业	支援内容	权益比率
亚洲、大洋洲	三井越南石油(株) 三井南西越南石油(株)	出资(继承石油公团)	三井越南石油(株)25.62% 三井南西越南石油(株)19.60%
	Innpekusumaseraarahura 海石油	出资	65%
	日石 Berau 石油开发(株)、Geiziberau 石油开发(株)、Geiziviriagaar 石油开发(株)	出资(继承石油公团)债务担保2006.6	日石 Berau 石油开发(株)12.23%;Geiziberau 石油开发(株)8.56%;Geiziviriagaaru 石油开发(株)1.44%
	NipponOil Exploration (Niugini) Pty Ltd	出资 2009.6	20%~25%
	Moekotuna 石油(株)	出资 2011.1	20%
	Innpekusubabarusurar(株)	出资 2011.10	85%
	泛太平洋资源(株) PE Wheatstone Pty Ltd.(PEW)	出资(泛太平洋资源);债务担保(PEW)	泛太平洋资源(株);(PEW)天然气田权益 10%、LNG8%(PEW)

续表

具体支援项目			
地区	支援企业	支援内容	权益比率
亚洲、大洋洲	INPEX Ichthys Pty Ltd	债务担保 2012. 6	62. 25%
	Innpekusu 北西 saba 沖石油(株)	出资 2014. 10	50%
	JXsaba 深海石油开发(株) Innpekusu 南西 saba 沖石油(株)	出资 2015. 1	JXsaba 深海石油开发(株)27. 5%;Innpekusu 南西 saba 沖石油(株)27. 5%
	出光越南南西石油开发(株) 峰会越南石油开发(株)	出资 2015. 8	出光越南南西石油开发(株)75%;峰会越南石油开发(株)25%
俄罗斯、中亚、欧洲	Iinnpekusu 北里海石油(株)	出资;债务担保	7. 56%
	萨哈林石油天然气开发(株)	债务担保	30%
	ITOCHUOil Exploration (BTC) Inc.	出资(继承石油公团)	3. 40%
	Gurinnrranndo 石油开发(株)	出资 2011. 5	29. 17%
	CIECO Exploration and Production(UK) Limited.	债务担保 2012.11	23. 08%
	日本南萨哈石油(株)(JASSOC)	出资 2013. 6	49%
	JAPEX UK E&P CENTRAL	出资 2014. 10	10%~20%
中东、非洲	Mitsui E&P Mozambique Area	出资 2007.10	20%
	Mitsui E&P Ghana Keta Limited	出资 2008. 11	20%
	Zyapekusugarahu(株)	出资 2010. 7	30%
	JXkata-ru 石油开发(株)	出资 2014. 4	100%
	JODCO Onshore Limited	出资 2015. 4	5%
	Japan Canada Oil Sands Limited	债务担保 2014. 2	75%

续表

具体支援项目			
南北美洲	Innpekusu 北 Kannposu 沖石油(株)	出资;债务担保 2006.7	18.26%
	帝石 Suriname 石油(株)	出资 2007.7	70%
	Innpekusu 北東巴西沖石油(株)	出资 2009.8	15%
	日本 Karabobo 石油(株)	出资 2010.8	5%
	INPEX Gulf of Mexico Co., Ltd.	出资 2011.1	12.29%
	Shale Gas Investment B.V.(SGI) Cordova Gas Resources Ltd.(CGR)	出(SGI) 2011.4;债务保证(CGR) 2011.6	50%(CGR) SGI 是 CGR 的 67.5%股东
	INPEX Gas British Columbia Ltd.	出资 2012.7	40%
	Shale Gas Investment Canada Ltd.(SGIC) Cutbank Dawson Gas Resources Ltd.(CDGR)	出资(SGIC) 2013.12 债务担(CDGR) 2012.8	40%(CDGR) SGIC 是 CDGR 的 100%股东
	JAPEX Montney Ltd	出资 2013.3 债务担保 2015.3	10%
	Japan Canada Oil Sands Limited	债务担保 2014.2	75%

资料来源:根据 JOGMEC 官方网站信息整理。

(二) 金属矿产资源开发

JOGMEC 对于金属矿产资源，根据不同种类的矿种实施出资、融资、债务担保以及技术研发与支持等方面的支援。主要对本国企业以及与日本进行合作开发的外国企业开展出资、融资及债务担保（参见表 5-4）；技术研发与支持主要包括勘探技术、选矿、冶炼、回收再利用技术、海洋矿物资源开发技术的研发及开发作业现场操作支持、技术人才支持、技术转移等。

表 5-4 有关金属矿产资源方面主要支援项目

地区	支援矿种	支援企业	支援内容
亚洲、大洋洲	金	住友金属矿山（株）	融资 *
	锰	深海资源开发（株）	出资 *
	镍	住友 Soromonn 探矿（株）	融资（2007.11）
	铁	SRT Australia Pty Ltd.	融资（2009.3）
	铜、金	三菱 materiaru（株）	融资（2011.3）
	稀土类	Japan Australia Rare Earths B. V.	出资（2011.3）
	铝土矿	PT Indonesia Chemical Alumina	债务担保（2011.6）
中东、非洲	铂族	ITCPlatinum Development Ltd.	出资（2011.8）
南北美洲	铜、钼	Caserones Finance Netherlands B. V.	债务担保（2011.7）
	铜	JX 日旷日石金属（株） 三井金属矿业（株）	融资（2008.3）
	铜、钼	Cariboo Copper Corp.	债务担保（2010.3）
	铌	日伯铌（株）	出资（2011.3）
	锂	LIBriso-sizu（株）	融资（2011.6）
	铜	SMM Holland B. V. SCSieraGorda Finance B. V.	债务担保（2012.3）
	锂	Sales de Jujuy S. A.	债务担保（2012.9）
	锌、铜	DMMparuma（株）	出资（2014.3）

资料来源：根据 JOGMEC 官方网站信息整理。

注：带有“*”标记的项目是继承了金属矿业事业团的相关事业。

（三）煤炭资源开发

在世界温室气体排放削减的大方向下，煤炭资源因二氧化碳排放量较多，预计在一次能源中占据的比例会减少，但根据国际能源署（IEA）的统计结果显示（参见表 5-5），一次能源整体需求到 2040 年将达到 179 亿吨油当量，与2013年相比增加32%，其中煤炭依然与石油47亿吨油当量（26%）、天然气42亿吨油当量（23%）并肩成为重要的三大能源。

表5-5　世界一次能源需求预测

单位：百万吨油当量

	1990年	2012年	2020年	2025年	2030年	2035年	2040年
石油	3237（36.9%）	4219（31.1%）	4461（30.3%）	4540（29.3%）	4612（28.2%）	4675（27.2%）	4735（26.4%）
煤炭	2221（25.3%）	3929（29.0%）	4033（27.4%）	4112（26.5%）	4219（25.8%）	4322（25.2%）	4414（24.6%）
天然气	1662（18.9%）	2901（21.4%）	3178（21.6%）	3422（22.1%）	3691（22.6%）	3977（23.2%）	4239（23.6%）
原子能	630（7.2%）	646（4.8%）	831（5.6%）	923（5.9%）	1042（6.4%）	1127（6.6%）	1210（6.7%）
生物质	905（10.3%）	1344（9.9%）	1541（10.5%）	1639（10.6%）	1727（10.6%）	1805（10.5%）	1878（10.5%）
水力等	117（1.4%）	520（3.8%）	699（4.6%）	867（5.6%）	1058（6.4%）	1260（7.3%）	1458（8.2%）
合计	8772	13559	14743	15503	16349	17166	17934

资料来源：望月尊弘. 煤炭資源の開発と現状について－エネルギー源としての位置づけとJOGMECの取り組み［J］. Analysis 石油・天然ガスレビュー，2016（5）：69.

对于煤炭资源，日本政府年年加大扶持力度，主要通过出资、债务担保、技术实证、技术转移、收集并提供信息、煤炭生产国共同调查、民间联合调查等方式，促进煤炭资源供给源的多渠道化、确保稳定的煤炭供给。如图5-8及图5-9所示，资金需求大且风险性大的前期海外地质结构调查由JOGMEC实施，海外煤炭资源开发的可行性调查给予日本企业所需经费的2/3资助，探矿出资与债务担保方面JOGMEC以50%为上限进行出资，以80%为上限进行债务担保，从煤炭资源开发的前期调查阶段、探矿阶段、开发阶段以及到最后的生产阶段，JOGMEC都亲自或者通过援助的

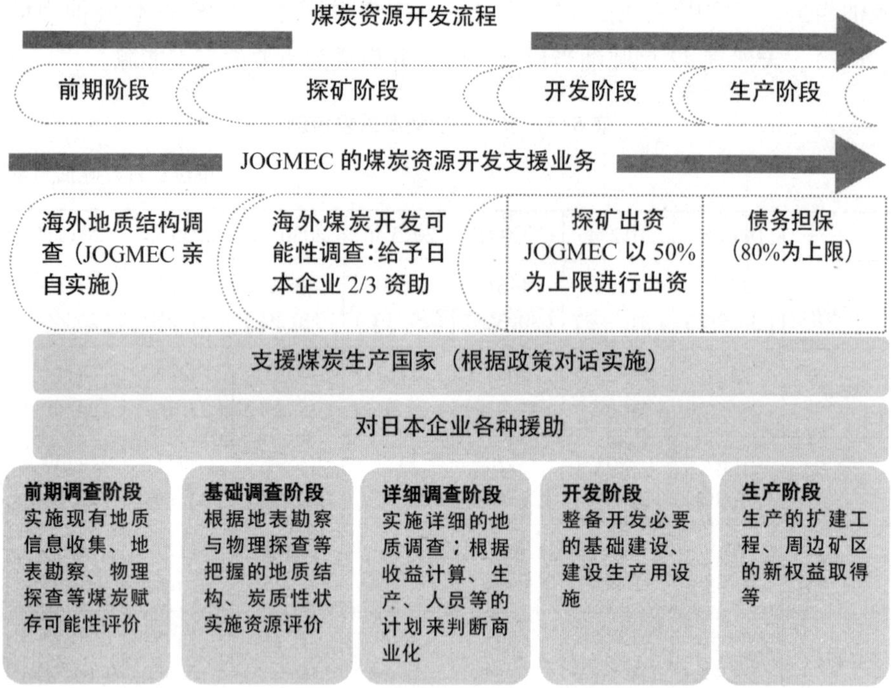

煤炭资源开发流程
前期阶段
探矿阶段
开发阶段
生产阶段
JOGMEC 的煤炭资源开发支援业务
海外地质结构调查（JOGMEC 亲自实施）
海外煤炭开发可能性调查：给予日本企业 2/3 资助
探矿出资 JOGMEC 以 50% 为上限进行出资
债务担保（80%为上限）
支援煤炭生产国家（根据政策对话实施）
对日本企业各种援助
前期调查阶段 实施现有地质信息收集、地表勘察、物理探查等煤炭赋存可能性评价
基础调查阶段 根据地表勘察与物理探查等把握的地质结构、炭质性状实施资源评价
详细调查阶段 实施详细的地质调查；根据收益计算、生产、人员等的计划来判断商业化
开发阶段 整备开发必要的基础建设、建设生产用设施
生产阶段 生产的扩建工程、周边矿区的新权益取得等

图 5-8 煤炭开发支援事业的流程与 JOGMEC 的事业

资料来源：JOGMEC 官方网站信息。

确保稳定供给
对日本本国企业的支援业务
◆权益获得、让渡
◆探矿费补助
◆金融支援
◆信息提供支援
◆技术支援
海外地质结构调查（直管）
海外煤炭开发可能性调查
探矿出资、债务担保
海外煤炭开发高质量化等调查
海外煤炭开发技术支援业务
现场需求支援业务等
对煤炭生产国家的支援业务
◆技术支援
煤炭生产国家共同支援业务
煤炭生产国家煤炭采掘、安保技术高度化业务

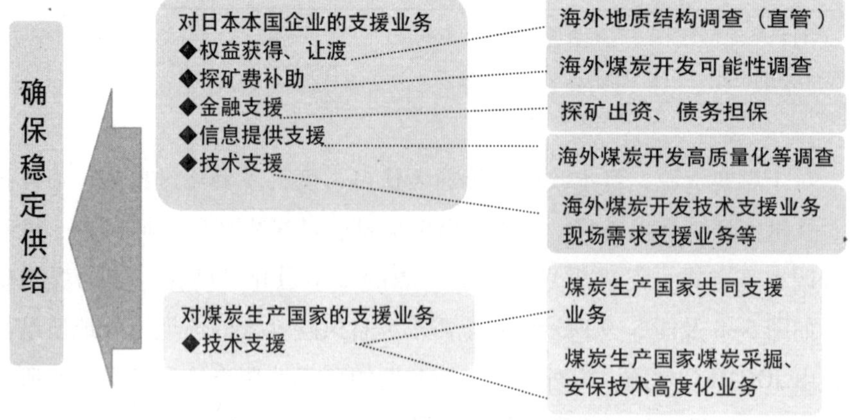

图 5-9 JOGMEC 的煤炭资源开发支援业务

资料来源：JOGMEC 官方网站信息。

形式参与其中。

具体内容有以下几点：

第一，出资、债务担保。

JOGMEC 对海外可开发煤炭的地域进行探矿，或对此类探矿事业费[①]进行出资或债务担保[②]。

第二，技术实证。

世界煤炭储藏量的约 50%是褐煤、贫煤等低品质煤炭，这类低品质煤炭因具有低发热量、高水分、自然发火性高等缺点，其用途和可利用的地域受到限制。印度尼西亚作为日本最大的煤炭供给国，其煤炭储藏量的80%为低品质煤炭，因此，对于该国来说如何用好储量丰富的低品位煤炭，开发可替代石油的燃料是其能源政策的重点。2009 年 3 月举办的日本印度尼西亚煤炭政策对话中，根据印度尼西亚政府的请求，日本政府决定实施将印度尼西亚生产出来的低品位煤炭作为原料，制造出可替代石油的燃料——煤泥浆的《褐煤热水改质泥浆技术》的实证实验，所需经费都由日本政府承担。

第三，技术支援。

主要包括解决操作现场发生的生产性技术课题，针对日本企业为获得权益或加入新项目而进行的矿山开发案件，实施有关矿山 FS 评价[③]的技术支援等。

第四，收集并提供资源信息。

世界能源形势变化多端，如何正确又迅速地掌握相关资源信息将成为激烈的资源争夺中重要的因素之一。JOGMEC 通过收集和分析煤炭生产国以及资源开发企业的动向、煤炭技术的开发等综合信息，并提供给本国企业，帮助日本企业及时掌握最新、最前沿的资源信息。

---

① 探矿事业费包括物品费、劳务费、直接经费、管理费以及探矿所必需的权利取得经费等。

② 债务担保对象：对在海外进行煤炭资源的采掘以及选矿相关工作所需设计费、临时建筑建设费、开发工事费、选矿场建设费、基础设施工事费、管理费、权益所得费等可作为债务担保对象。

③ FS 评价：事业性评价，即对目标的实现可能性或妥当性进行评价。

第五，支援煤炭生产国共同调查、民间 JV 调查[①]。

JOGMEC 为促进资源企业的煤炭开发，针对新兴煤炭生产国或尚未实施调查的高成本地域，与煤炭生产国政府合作实施共同探查的同时，实施煤炭开发或关联技术的共同 JV 调查。JOGMEC 和 JV 对象或者共同调查公司共同实施地质调查、物理调查或者钻井调查等，并对所有活动结果进行详细的整理。在此基础上，分析得出探查结果，并在得到日本企业高度关注的节点进行竞标，最后根据 JV 合同，JOGMEC 把所获得的探矿权或贩卖权等一切权益让渡给中标企业（根据日系 JV 制度，对于共同调查企业或其子公司赋予优先中标权），从而减轻煤炭资源开发企业的探矿风险。具体实施体制流程图如图 5-10 所示。

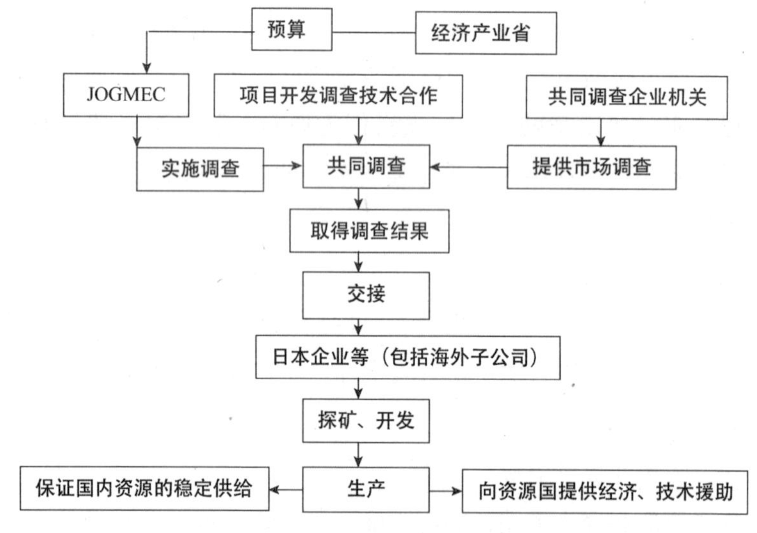

图 5-10　JV 调查的实施体制流程图

资料来源：根据 JOGMEC 官方网站信息整理。

从经济产业省提出预算到底层企业获得生产权益，每一个实施流程都有 JOGMEC 的参与。如表 5-6 所示，从最初的探矿活动以及基础设施调查

① JV 调查即联合企业调查是指 JOGMEC 与确认作为联合调查对象的海外企业或者国营公社等进行共同探矿活动。有时也可以把日本企业作为共同调查公司实施共同探矿活动（日系 JV 制度）。

到专业技术人才的培养，JOGMEC 都有相应的援助措施，甚至通过亲自寻找和培养有资源开发潜力的企业，来支援本国企业参与海外煤炭资源开发项目或获取海外煤炭资源开发权益。

表 5-6　2014—2018 年煤炭资源援助内容一览表

支援内容	年份/援助金额（亿日元）			
	2014	2015	2016	2018
海外煤炭开发援助：支援企业的海外探矿活动、实施煤炭开发中不可缺少的基础设施调查	17.0	17.0	12.0	19.8
低质煤气体化多用途利用技术实证：推进迄今没有得到有效利用的低质煤气体化，使其作为能源资源或化学原料应用技术的实证研究	5.0	7.0	-	9.5
煤炭生产国低质煤利用技术最佳化实证研究：以煤炭生产国家为中心，以低质煤有效利用于发电领域为目的，实施低质煤的前期处理、燃烧技术的最佳化实证研究	3.7	-	4.0	-
煤炭生产国煤炭采掘技术转移：为把先进的煤矿技术转移到采掘条件恶劣的海外煤炭生产国，开展的海外研修生培训、煤矿专家的海外煤矿派遣研修等	22.5	16.1	14.1	13.5

资料来源：根据 2014—2018 年日本经济产业省《能源白皮书》信息整理。

除了上述三项工作之外，JOGMEC 还负责地热资源开发、资源储备、矿害防治支持等具体工作。

四、执行机构

日本政府通过全方位的支援体系努力培养核心企业，并由核心企业具体实施资源开发。典型的核心企业为国际石油开发帝石（INPEX）①，在政府的金融、财政、税收和保险等无缝隙支援体系下，直接执行探矿、开发、运营等资源开发工作。此外，还有三菱商社、伊藤忠商社等民间综合

① 国际石油开发帝石控股会社，是为了海外大型项目，废除原石油公团并吸收其优良资产的基础上，与当时位于业界第 3 位的帝国石油控股公司合并成立的民间资源开发企业。

商社，主要通过股份投资的形式参与资源开发。

日本政府在金属矿业事业团的海外资源开发工作出现大量亏损①的状况下，果断分离国营石油公司金属矿业事业团的政策金融职能，在2004年成立JOGMEC，在2008年合并金属矿业事业团的海外资产与帝国石油控股公司②合并成立INPEX。继承了金属矿业事业团优良的海外资产的INPEX直接勘探、开发并运营项目的同时，也执行了资产出售、资产管理等职能（参见图5-11及图5-12）。日本政府通过核心企业传达并执行着政府的政策，而之所以可以通过核心企业及时执行政府政策，原因在于INPEX的大股东是日本政府，具体来说是日本的经济产业省。表面上INPEX是民间企业，但大股东日本经济产业省拥有18.94%股份（参见表5-7及表5-8），历代董事长、会长等主要职员均来自经济产业省，政府的政策目标在这一核心企业相关工作的推进方向上得到很好的体现。

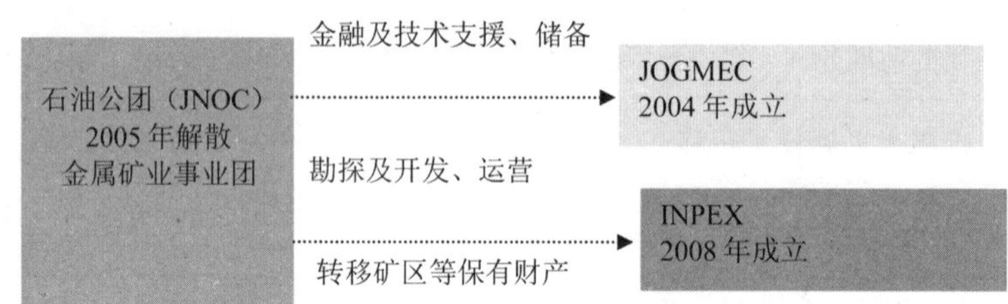

图5-11　日本的海外资源开发推进主体

资料来源：홍승혜, 정준환. 일본의해외자원개발기업사례분석및정책시사점［R］. 에너지경제연구소, 2016-06-30.

① 金属矿业事业团从1967年到2003年期间出资、贷款300多项资源项目，但之后因小规模开发企业的管理混乱和企业的勘探开发项目失败，大多数出资都打了水漂。

② 帝国石油控股公司成立于1941年，半官半民化的特殊公司，1942年与日本石油、日本矿业、中央石油、朝日石油等四家上游部门统合进行开发工作，并在1950年被民营化，2008年被INPEX统合。

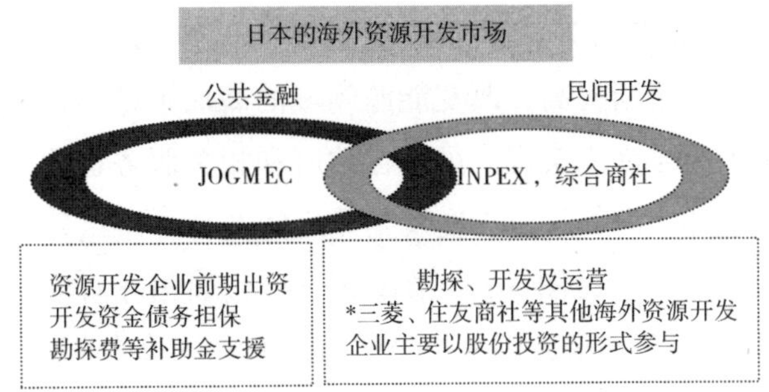

图 5-12　日本资源开发公共企业变迁史

资料来源：홍승혜, 정준환. 일본의해외자원개발기업사례분석및정책시사점 [R]. 에너지경제연구소, 2016-06-30.

注：JNOC 的解散和 JOGMEC 的设立虽然在时间上重叠，但做出解散 JNOC 的决定后成立了 JOGMEC，实际上也继承了 JNOC 的所有职能。

表 5-7　INPEX 的股份结构　　单位：%

区分	日本政府（经济产业省）	民间				合计
		国外法人	金融机关	国内法人	小计	
股份比	18.94	46.76	15.22	19.08	81.06	100

资料来源：国際石油開発帝石株式会社官方网站信息。

表 5-8　INPEX 的主要股东现状

主要股东	保有股份数	比重
经济产业省	276，922，800	18.94%
石油资源开发控股公司（JAPEX）	106，893，200	7.31%
三井石油开发公司	50，544，000	3.46%
Japan Trustee Services Bank，Ltd.	46，364，200	3.17%
JX Holdings，Inc.	43，810，800	3.00%
The Master Trust Bank of Japan，Ltd	40，454，300	2.77%
Cbny-Government of Norway	37，415，475	2.56%
State Street Bank and Trust Company	29，793，001	2.04%
JP Morgan Chase Bank	27，875，580	1.91%
The Bank of New York Mellon	20，992，737	1.44%

资料来源：国際石油開発帝石株式会社官方网站信息。

日本政府自 20 世纪 90 年代推进能源领域的制度改革以来，希望通过企业经营自由度的不断提高，改变能源领域的高成本结构，形成一批强大的能源企业，但至今尚未实现。虽然在政府和相关服务机构的支持下，日本能源企业通过加大海外投资力度及企业之间的合并重组建立起了一批较有实力的资源企业（参见图 5-13 及图 5-14），如国际石油开发帝石、出光石油、JCTG 能源公司等，但其综合实力仍无法与欧美能源巨头抗衡。越来越严峻的国际能源市场形势、环境问题以及提高国内供给能力的需求，更需要培养一批具有国际协调能力和国内扩展能力的强大的核心企业或企业群体。

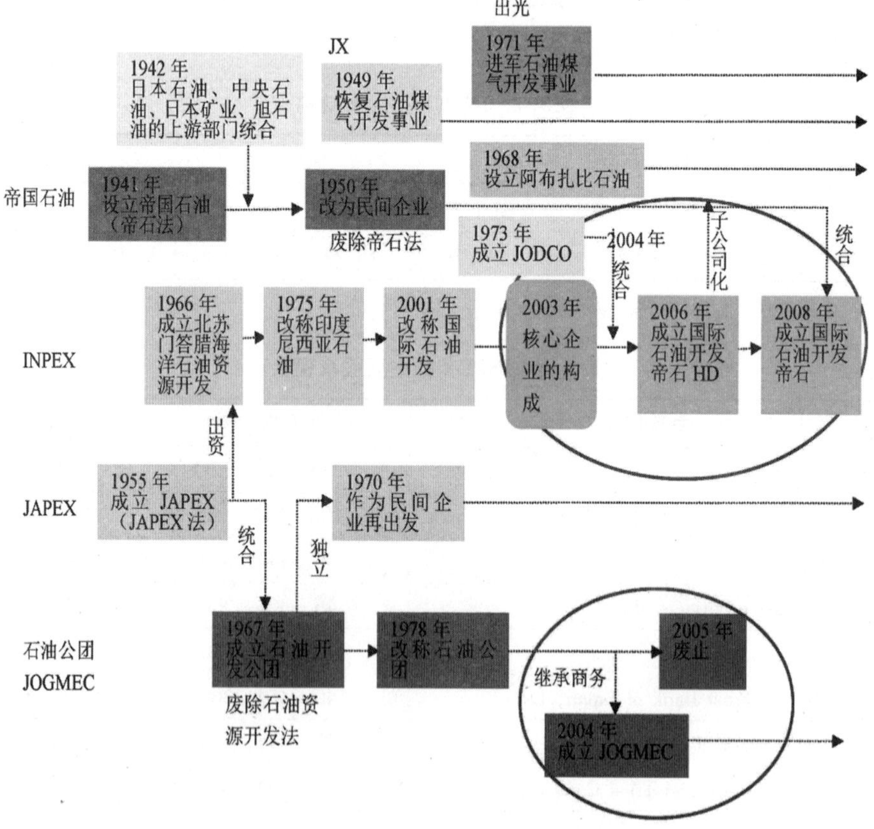

图 5-13　日本石油天然气开发企业的变迁

资料来源：日本経済産業省資源エネルギー庁. エネルギー白書（平成 28 年）［R/OL］. 资源能源厅网站，2017-06-02.

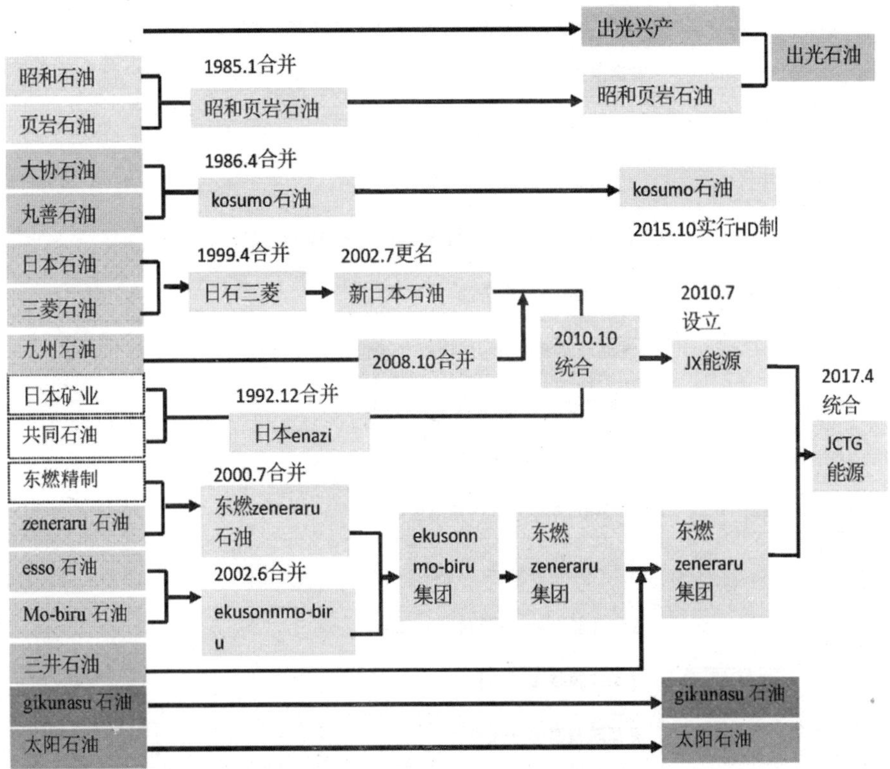

图 5-14 石油产业界再编重组的历史

资料来源：日本経済産業省資源エネルギー庁. エネルギー白書（平成 28 年）［R/OL］. 资源能源厅网站，2017-06-02.

第二节 加强各职能机构的内部协作

日本政府在组织实施海外资源开发战略时，除了建立完善的组织体系之外，更为重要的举措是加强各机构之间的内部协作，一致对外。

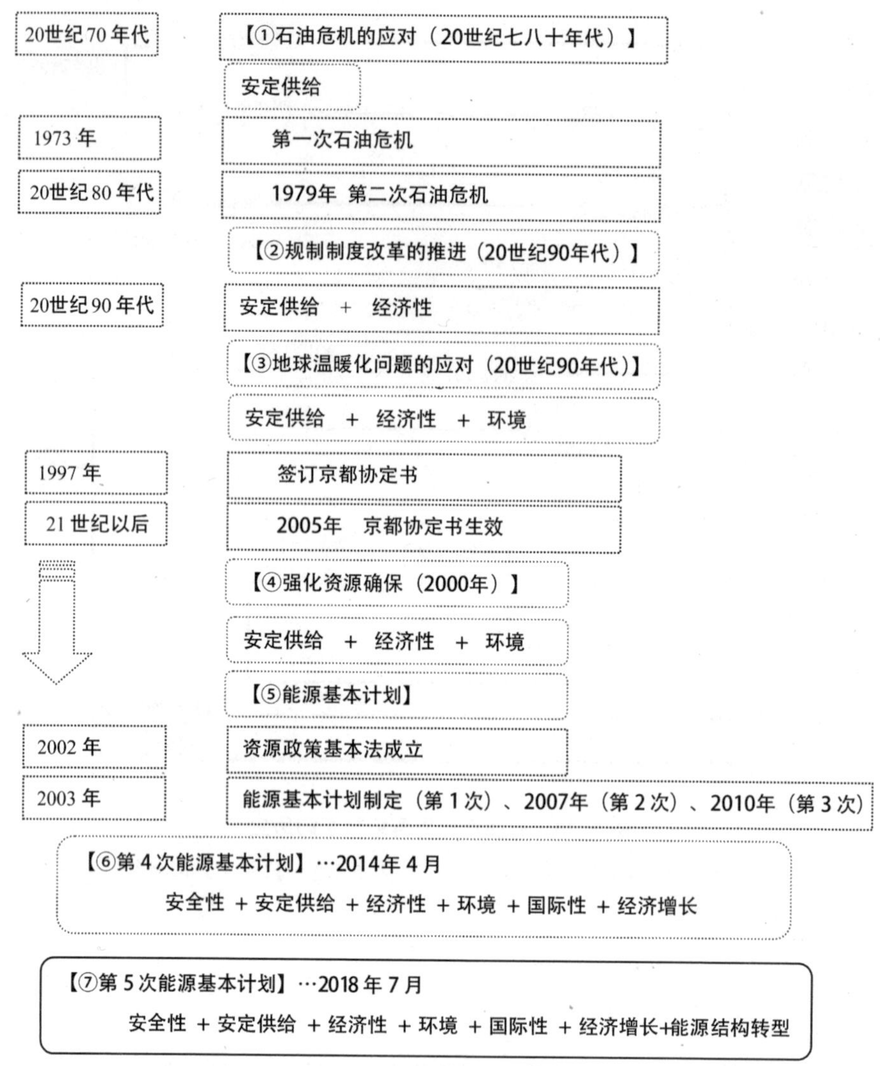

图 5-15 日本资源政策的变迁

资料来源：根据日本经济产业省官方网站信息整理。

一、宏观层面的政府行为

通过积极开展资源外交及政府开发援助与具有开发资源潜力的资源国家构建良好的外交关系的同时，全面委托日本经济产业省代表政府组织实施海外资源开发工作。一方面，根据复杂多变的国际资源形势，不断地调整本国资源战略政策。如图5-15所示，从20世纪70年代应对第一次石油危机开始，基于国内实际情况和国际资源格局特点制定并不断完善资源战略和政策。例如，自2003年第1次公布《能源基本计划》以来，分别在2007年、2010年经历了2次修订，2014年4月11日正式公布了第四版《能源基本计划》，提出中长期能源计划的推动方针。该计划揭示了能源政策的基本观点（3E+S），即在安全（Safety）的前提下，确保能源的稳定供应（Energy Security），提升经济效率性（Economic Efficiency）实现低成本的能源供应，并提高环境要求（Environment）；同时提出日本能源政策的新方向为“集结世界的智慧、彻底实现节能型社会”，面对来自国际能源形势的变动，载明各种能源的定位及政策方向，以构建“多层次化多元化的弹性能源供给结构”。此后，时隔4年，2018年7月日本经济产业省公布了第五期《能源基本计划》，并提出了面向2030年及2050年的能源中长期发展战略，明确未来的发展方向是压缩核电、降低化石能源依赖度、加快发展可再生能源，推进日本能源转型的方针。另外，日本经济产业省从2015年11月起着手制定《能源改革（革新）计划》，提出技术、推动者（Player）、制度3个方面的革新，并制定2030年度能源密集度降低35%和再生能源增加一倍的目标。同时在推进海外能源产业方面，提出加速在新兴国家开拓市场，加强支援新兴国家资源制度的改革与项目权益的取得。具体推进进程如图5-16所示，设立2015年至2019年的详细计划，并根据每一年的计划安排来支援新兴国家的能源政策体系的建立以及能源管理质量的提高，逐渐扩大支援对象国的范围，扩大其影响力。

另外，通过建立完善的组织机构为海外资源开发企业提供无缝隙政策支援的同时，促进“政策性金融”与“开发、资产管理”职能有效分离，保证政策方向与推进海外资源开发事业的一贯性（参见图5-17）。

二、中观层面的独立行政法人行为

通过设立官方或半官方性质的独立行政法人机构，明确各自的任务职能，提高服务效率。主要包括：国家全额拨款成立的JOGMEC起到衔接政

支援新兴国家能源政策体系的建立

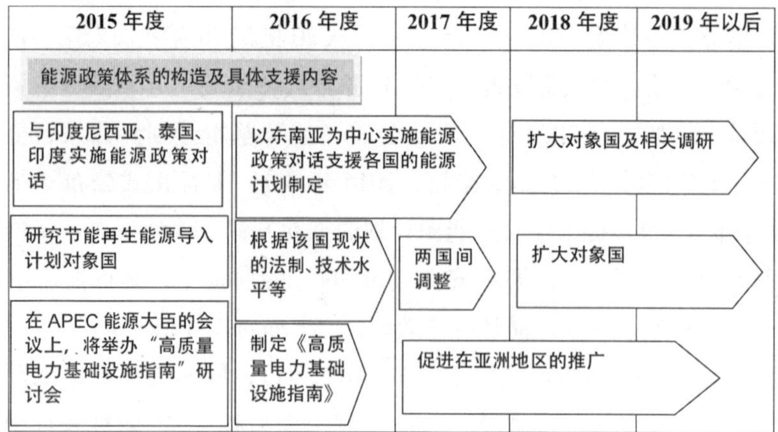

支援新兴国家现行制度的扩充及改革

图 5-16　能源产业的海外扩展计划

资料来源：総合資源エネルギー調査会基本政策分科会第 20 回会合. エネルギー革新戦略中間とりまとめ［R］. JOGMEC 网，2016-02-25.

府和企业的桥梁作用，从前期信息收集和咨询到最后开发生产，全权负责推进海外资源开发；作为服务机构的国际协力银行、贸易保险公司、国际协力机构、产业技术综合研究所地质调查综合研究中心等在政府的指导下，根据能源基本计划的《资源保障指南》的要求，积极配合政府实施金融、保险、信息技术、国际合作等方面的服务。

三、微观层面的企业行为

作为实施主体的资源开发企业，在政府的战略政策指导和金融保险机构、科研机构等服务机构的全方位支援下，积极参与海外资源开发活动，通过促进当地经济发展，改善当地人们生活环境等方式，获得资源国的信任和认可，高效获取资源开发权益。同时，加强资源企业之间及民间企业的内部合作，在海外资源项目并购过程中，组建财团实施多家企业之间的强强联合及综合商社集团内部株式会社之间的合作，分摊风险、提高项目成功率。

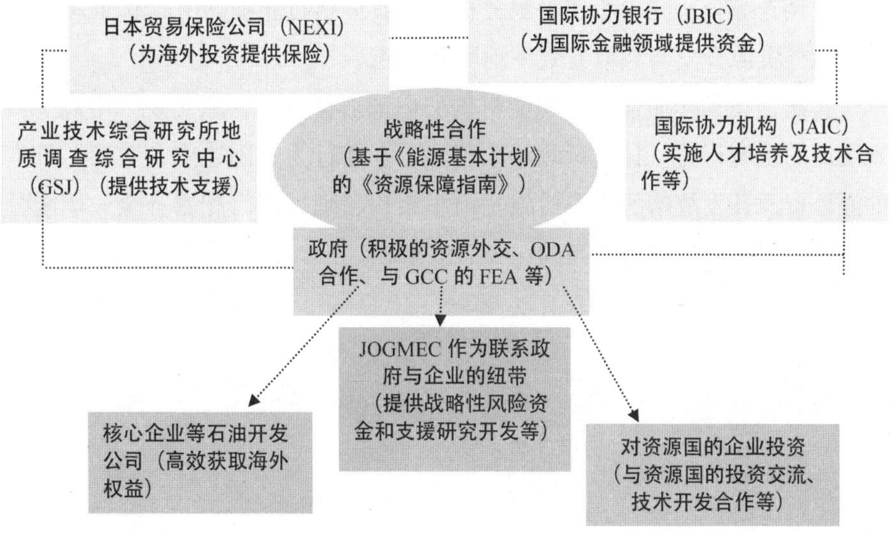

图 5-17　日本海外资源开发战略组织机构协作图

资料来源：作者绘制。

第三节　本章小结

本章阐述了日本海外资源开发战略推进措施中的组织措施，通过建立完善的组织机构，并加强各个组织机构之间的内部协作，最大限度发挥其职能，有效地提高了组织效率。

首先，在组织机构的确立上，经济产业省代表国家作为领导机构，其下专门负责海外资源开发的 JOGMEC 作为推进机构，其他 4 个独立行政法人机构国际协力银行、贸易保险公司、国际协力机构、产业技术综合研究所地质调查综合研究中心作为服务机构，具体执行企业服务，保证本国企业的海外资源开发与获取有效率地顺利实施。

其次，在具体加强各个职能机构的内部协作方面，从宏观—中观—微观层面的政府行为—独立行政法人行为—企业行为的阐述中，明确了日本的海外资源开发战略的组织措施是组织结构合理、部门配置齐全、职能分工明确、内部协作能力极高的一项有效措施。

第六章

日本海外资源开发战略的经济措施

海外资源开发因高投入、高风险，回收期长等特点，没有国家层面的支援，依靠企业自身的力量很难推进，其中政府在经济上的援助尤为重要。对此，本章归纳总结了日本政府在财政、金融、税收和保险等方面对海外资源开发企业经济上的全程及全方面援助。

第一节　财政政策措施

一、实施海外资源基地补贴政策

海外资源开发中地质勘探工作是前期风险性最大且最为关键的环节，日本政府通过积极推行海外资源勘查补贴计划，鼓励境外开矿。海外资源勘查补贴计划主要由 JOGMEC、国际协力机构和国际协力银行等负责，为日本公司进行国外地形地貌勘测，矿物资源聚集区调查提供援助与信息共享。

（一）海外地质结构调查

海外地形地貌勘测和土质分析实际上是根据外国政府和国家石油企业的要求，或者根据 JOGMEC 机构自身的需要，进行地质调查、物理勘探、更新调查数据、评价目标地域石油潜力的研究。通过此项调查，在降低被调查地区技术风险的同时，通过建立与对方国家的友好关系，获得使资源企业能够进入对象矿区的优先谈判权，促进本国企业的进入。海外地质结构调查，自 1979 年的石油公团时代以来，到现在为止在 28 个国家实施了

64 项调查研究。其中，2008 年开始的俄罗斯东西伯利亚陆地项目，在 2013 年民营企业成功继承了 JOGMEC 的权益，并开始生产，这是海外地质构造调查的代表性成功案例。另外，近年来，JOGMEC 以肯尼亚大陆和塞舌尔海域①为对象进行了地质结构调查。

（二）知识活用型地质结构调查

此措施是为了有效地发掘优质的资源项目，使本国企业更加顺利地获得资源权益，JOGMEC 接受来自民间企业的建议和提案，实施充分尊重和发挥资源企业经验的海外地质结构调查。通过每年 4 月在 JOGMEC 主页公开招募的形式，广泛征集各企业的提案，审查并采纳提案内容，其地质结构调查相关费用全部由政府承担。迄今已通过了印度尼西亚东部海域、柬埔寨、越南西南海域的提案并实施。

（三）地质评估等事前研究

除了上述两项措施之外，为了发掘新海外地质结构调查项目、缩小目标地区范围，以及为资源企业提供更多有效信息，作为事前研究，JOGMEC 一直在实施广域地质评估作业。

二、建立海外资源风险勘查补助金制度

日本政府对于风险较高的前期勘查阶段都是全额拨款的，而对于后期的详细勘查阶段政府会根据需要选择性地采取全额拨款或者提供一定比例补贴金的形式。补贴金相当于日本对本国国外资源调查勘测和开发的项目提供的资金援助，预算额度由经济产业省资源能源厅制定，从国家财政支出（具体从能源对策费用中支出，为第 9 章资源开发效率模型变量选择提供了依据），通过 JOGMEC 每年发布补助金征集公告，企业通过提交相应的申请材料来申请取得补贴金。补贴金需要支付 4%的利息，当然这和其他类型贷款需要支付的利息比起来微乎其微，详细补贴金发放比例为：日

① 塞舌尔是坐落在印度洋上的一个群岛国家，由 115 个大小岛屿组成。塞舌尔与马尔代夫、毛里求斯共同被列为印度洋上的三大明珠，享有“旅游者天堂”的美誉。

本企业单独参与境外资源勘探时提供约为60%的审查后预计成本，包括钻探和坑探工程50%的补助和60%的其余工程补助；当日本公司与资源所在地企业或其他地区企业有合作时，日本政府给日本公司提供其所负责的50%的资金。

第二节　金融政策措施

一、金融政策的具体内容

在海外进行资源开发，从前期勘查阶段到后期开发生产阶段，最为关键的是流动资金。日本政府对本国资源企业海外事业的最大支持也莫过于金融支持，以不同形式的融资或债务担保，反复出现在海外资源开发事业运作的各个主要阶段中。具体包括以下6项：

（一）勘探融资：通过JOGMEC、国际协力银行等中间机构给日本公司的资源勘测、开采和基地购置提供资金支持。

（二）股权并购融资：资源企业购买资源项目、资源开发权益及进行股权并购活动时提供金融支援。负责机构有JOGMEC、国际协力银行等中间机构。

（三）对国外矿产企业和矿区建造给予资金支持：特别是为那些长久以来与日本进行矿业贸易的公司提供资金，主要保证矿区周边电力设备、道路、港口、桥梁等基础性设施的建造需要。

（四）以政府名义注资：经国际协力银行给项目公司注资，同时要求国际协力银行不可以成为单次交易中交易额最大者。

（五）协助外国矿产企业融资：当然这些企业需要是与日本矿产企业存在长久合作关系的企业，即必须与日本矿业企业签订长期合作协议的，才给予融资，最终目的还是帮助本国资源企业海外资源开发顺利进行。

（六）给予民营企业债务担保：以鼓励民间企业“走出去”，投身于海外资源开发和投资事业为目的，当民营企业向银行或其他融资机构贷款时，政府出具证明给予债务担保，保证企业顺利得到多方资金支持。

二、金融政策的具体成果

日本政府对海外资源开发事业的金融支援政策，主要由JOMGEC以及国际协力银行来具体负责实施。JOGMEC是政府将机构民营化，简化了机构和业务的设置，集中了精英资源，给政府政策的具体执行部门赋予更大自主权的产物。主要通过出资、债务担保、贷款、发放资助金等方式执行政府对企业海外资源开发和投资活动金融方面的援助措施。国际协力银行是政府直接出资的执行机构，对石油天然气等矿业项目提供资金援助，听命于政府、服务于企业。经历两次石油危机的冲击和应对越来越严峻的国际资源形势需要，对于90%以上的资源需依靠进口的日本，政府对海外资源开发和投资的金融领域的援助一直是增加的趋势，即使在2014年以后由于油价的持续下跌，主要资源开发企业的利益大幅下降，政府通过JOGMEC的资金支援力度依然是有增无减。如图6-1所示，仅2015年JOGMEC对海外资源开发和投资事业的出资额为5118亿日元（2012年2454亿日元的2倍多），债务担保额为8298亿日元（2012年5254亿日元的1.5倍多）。

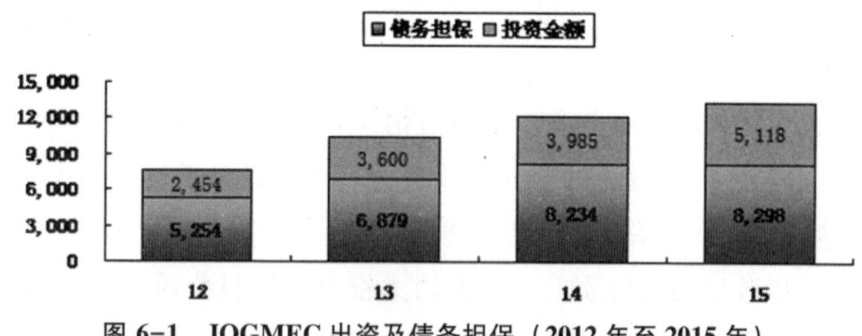

图6-1 JOGMEC出资及债务担保（2012年至2015年）

资料来源：JOGMEC官方网站信息。

同时，日本政府把油价低迷时期认定为低价回收优质资产的最佳时期，积极援助和推进日本企业的海外资源开发。事实上，日本经济产业省确保海外资源开发的预算在2014年以后也出现了每年增加的趋势（参见表6-1及图6-2）。

表 6-1 日本政府海外资源开发预算详情（2014 年至 2017 年）

单位：亿日元

区分	2014 年	2015 年	2016 年	2017 年
海外（石油天然气、煤炭）	642	653	718	762
国内（石油天然气、煤炭）	274	271	298	242
国内外矿物资源	–	–	–	144
小计	916	924	1016	1148

资料来源：안태정. 저유가 하 중국 · 일본의 석유개발정책 [J]. 주간석유뉴스, 2015 (6): 23-35. 及经济产业省官方网站信息整理。

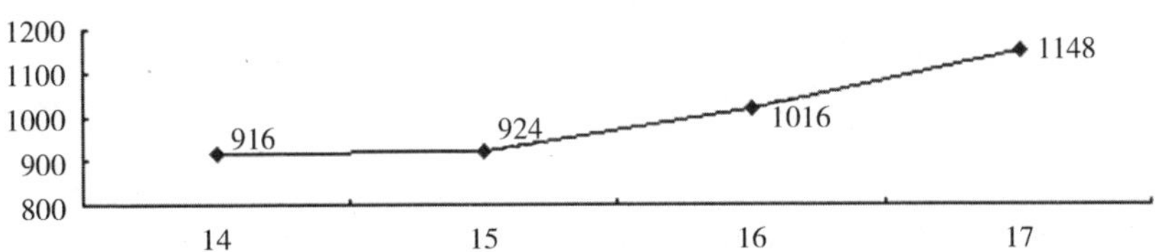

图 6-2 日本政府的资源开发预算（2014 年至 2017 年）

资料来源：안태정. 저유가 하 중국 · 일본의 석유개발정책 [J]. 주간석유뉴스, 2015 (6): 23-35. 及经济产业省官方网站信息整理。

（一）JOGMEC 对海外资源开发的金融支援

从 2004 年组建 JOGMEC 以来，日本政府的累计出资额（参见图 6-3）、累计债务担保额（参见图 6-4），一直保持着平稳上升的趋势。

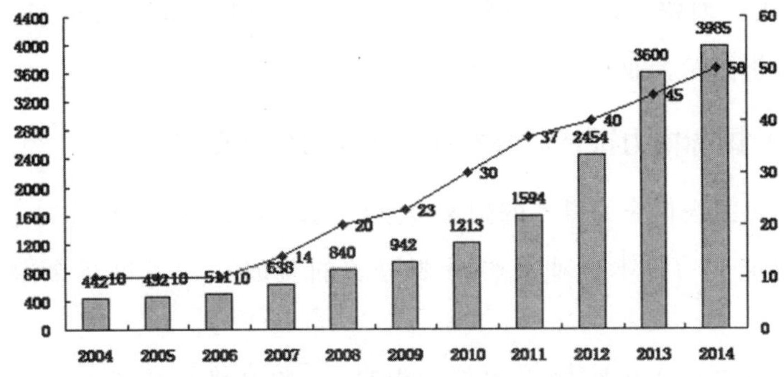

图 6-3 JOGMEC 对石油天然气部门的出资援助（2004 年至 2014 年）

资料来源：JOGMEC 官方网站信息。

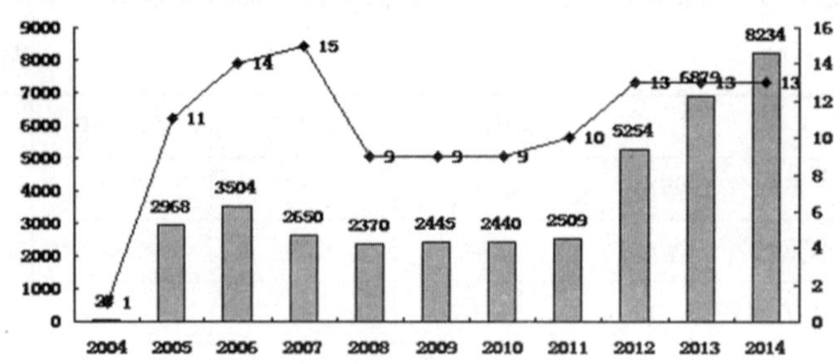

图 6-4　JOGMEC 对石油天然气部门的债务担保援助（2004 年至 2014 年）

资料来源：JOGMEC 官方网站信息。

从支援项目地区来看，美洲地区占总出资额的 1/3 以上，而债务担保主要集中在亚洲。美洲地区累计出资额为 1438 亿日元（36%）位于首位，其次是亚洲、大洋洲地区 1202 亿日元（30%），之后依次为非洲（664 亿日元，17%），欧洲（391 亿日元，10%），中东地区（290 亿日元，7%）。从债务担保规模来看，支援最多的地区是亚洲，亚洲地区担保额度为 3667 亿日元（45%），之后依次为俄罗斯 2843 亿日元（34%），美洲地区 1614 亿日元（20%），澳大利亚 110 亿日元（1%）。

另外，2015 年，JOGMEC 的石油天然气出资总额约 4000 亿日元，债务担保为 8000 亿日元，支援对象企业数超过 50 家。2016 年 JOGMEC 对海外资源开发的出资以及债务担保资金规模增加到 6000 亿日元，甚至还取消了 JOGEMEC 对资源开发项目最多出资 50% 的限制规定，减少了 JOGMEC 提供债务担保时企业所缴纳的保证金额度。

（二）国际协力银行对海外资源开发的金融支援

国际协力银行作为日本的国家金融机构，通过应用各种金融手段和风险抵御功能，为日本企业海外重要资源的获取和开发进行金融方面的援助。

2014 年 7 月，国际协力银行与由日本 JX 开发出资 50%、美国法人 NRG 公司出资 50% 的美国 PNPH 公司签订金额为 175 万美元的煤炭火力发

电站的尾气应用 CO_2 - EOR 项目融资贷款合同。该项目是世界上第一个从煤炭火力发电站的排放气体中回收 CO_2 的项目。日本 JX 开发因间接出资而参与该项目，并凭借该项目持有了 West Ranch 油田权益的 25%，同时取得了与保有权益相当的生产原油的处分权。国际协力银行的本轮融资将用于取得项目所需的设备和权益的资金，而本轮融资其实是来自于民间金融机构瑞穗银行的协调融资（协调融资总额 250 万美元）资金，并且由独立行政法人日本贸易保险提供保险投保。

2012 年 7 月，日本国际协力银行与东京电力、三菱商社、日本邮船（三社称为“民间股东”）以及泛太平洋能源有限公司（民间股东和 JOG-MEC 出资，简称“PE 社”）之间签订总额 273 万美元限度的优先股承兑合同。同年，还与东京电力以及 PE 社共同出资成立的法人 PE 澳洲 Wheat-stone 控股有限公司（以下简称“PEW”）签订了总额约 1927 万美元限度（JBIC 分）的贷款合同。本次融资为 PEW 从美国雪佛龙公司获得上游天然气权益的 10%、取得液化设备等权益的 8%提供必要的资金。根据此项目，PEW 可获得与保有权益相当的每年 70 万吨液化天然气的权利，并全部由东京电力购买。另外，东京电力还根据长期购买合同，每年从该项目中获得约 350 万吨的液化天然气，与权益保有份额相结合，日本从该项目中可领取约 420 万吨的液化天然气。还有，早在 2011 年 11 月国际协力银行与九州电力的澳大利亚当地法人 Kyushu Electric Wheatstone 控股有限公司（简称：KEW）之间就该项目签订 42.84 万美元限度的贷款合同，帮助 KEW 从美国雪佛龙公司获得上游天然气开发项目 1.83%的权益以及液化设备 1.464%的权益，给日本提供每年 83 万吨的液化天然气（其中保有权益 13 万吨、根据长期合同 70 万吨）。而这一部分的融资来自民间金融机构的协调融资。日本通过官民一体投入海外资源开发和投资从该项目中获得每年约 700 万吨的液化天然气，而此项目一年的总生产量为 890 万吨。

另外，以美国页岩油革命为契机，以北美为中心的资源领域的投资也非常活跃，但日本企业和机构投资者在此领域的经验不足，投资机会有限。为了能让日本的企业和机构投资者在资源、能源领域获得更多新的投资机会，2013 年 10 月日本国际协力银行协同三菱商社、信金中央金库等民间金融机构向资源、能源相关部门特化型私募基金出资50万美元。

综上所述，日本国际协力银行充分发挥了作为国家政策银行的职能，充分体现了日本政府的政策要求，融资项目遍布美洲、亚洲、非洲、欧洲、大洋洲，与日本政府降低对中东资源的依赖度、寻求能源资源供给渠道的多样化政策相一致。具体分地区来看，国际协力银行出资融资累计项目数，如表6-2所示，大洋洲地区35项（累计融资额为284亿美元）、中南美地区34项（累计融资额为170亿美元）、北美地区26项（累计融资额为155亿美元）、亚洲地区19项（累计融资额为136亿美元）、中东地区12项（累计融资额为151亿美元）、欧洲地区9项（累计融资额为66亿美元）、非洲6项（累计融资额为74亿美元）。进入21世纪后，为了实现资源供给渠道的多元化，日本政府将海外资源开发方面的援助重点由原来的中东地区逐渐转向中南美、亚洲资源丰富的国家和地区的倾向较为明显。

表6-2 国际协力银行各地区融资项目数及融资金额统计（2005年至2018年）

单位：亿美元

中东		中南美		北美		亚洲		非洲		大洋洲		欧洲	
年份	融资	年份	融资	年份	融资	年份	融资	年份	融资	年份	融资	年份	融资
05.2	3.11	05.7	5	09.2	1.86	05.10	6.49	07.6	2	08.6	10	07.6	1
07.12	30	07.9	0.5	10.5	1.6	06.8	12	07.8	4.9	09.12	18	08.6	37
10.11	30	08.12	2.5	11.1	7	07.4	19.88	08.9	5	11.3	1.1	10.2	2.5
11.12	6	09.3	4.28	11.5	2.5	07.5	3.6	11.7	0.5	11.5	1.5	10.12	0.5
12.8	10	09.5	4	12.3	1	09.7	3	13.9	50.8	11.5	0.5	10.12	1.18
12.10	1.5	09.9	6.5	12.3	16.9	10.3	6.93	17.11	10.3	11.9	1.75	13.4	8.81
13.2	21	10.1	2.45	12.7	0.5	10.3	1.5			11.11	1.5	13.11	8.3
16.1	21	10.3	6	12.8	6.5	10.4	1.34			11.11	4	16.3	4.5
16.3	0.25	10.3	8	12.8	1.8	11.6	2			11.12	2.63	16.12	2.5
16.8	3.78	10.3	4.97	12.8	2.61	11.7	7.5			12.2	2.59		
17.6	3.39	10.11	2.53	12.8	16	12.10	0.3			12.3	21.2		

续表

中东		中南美		北美		亚洲		非洲		大洋洲		欧洲	
18.1	21	11.6	8.12	12.10	14.3	13.1	2.31			12.7	2.73		
		11.6	6.75	12.12	3.08	13.2	0.92			12.8	1.5		
		11.7	11	13.10	0.5	13.6	16.5			12.9	0.9		
		12.3	6.2	14.2	3	14.11	7.63			12.10	1.3		
		12.3	7	14.4	1.44	15.1	31.4			12.12	50		
		12.3	6.75	14.7	1.75	15.3	0.51			12.12	6.86		
		12.6	2.24	14.8	25	16.7	12			12.12	1.41		
		12.8	2.14	14.10	26	16.12	0.24			13.2	6		
		12.8	0.63	14.11	0.9					13.3	15.4		
		12.10	1.35	14.12	1					13.3	10.6		
		12.11	21.7	15.3	3.75					13.5	3.5		
		12.12	4.2	15.9	4.8					13.5	0.7		
		13.3	7.02	15.12	2.7					13.7	4		
		13.9	3.86	16.4	1.33					13.10	2		
		13.11	2.1	16.6	7					13.11	85.4		
		13.11	1.95							13.12	1.59		
		13.11	4.8							14.1	1		
		14.6	3.9							14.2	1.72		
		14.7	5.64							14.3	9		
		15.9	4.9							14.3	1.26		
		15.9	2.52							14.6	2.8		
		16.7	7.5							14.12	2.49		
		18.2	1.35							15.3	0.87		
										15.3	6.04		
12项	151	34项	170	26项	155	19项	136	6项	74	35项	284	9项	66

资料来源：根据国际协力银行官方网站信息整理。

第三节　税收政策措施

日本政府把资源产业视为第一产业，在税收政策方面和补贴政策方面不低于日本本国的农业产业，具体采用备用金制度、税费特殊减免制度、税费抵扣制度、资源开发亏损准备金制度等，提供税收方面的支援，以更好地促进海外资源勘查及开发事业。

一、实施备用金制度

（一）探测备用金制度

探测备用金给矿产企业提供了一笔抵抗各种不确定风险的资金，并且不需要交税，风险储备金数额一般取企业受益的 13%或企业所得的 50%两者中的最低值。

（二）海外探矿备用金制度

海外探矿备用金专门为日本国际性矿产公司设计，即它们可以将收益所得的 50%记作风险亏损存起来抵抗一些不确定的变故，以备不时之需，当然这笔钱也不用交税，但必须在 3 年内用完。三年后，企业必须要在进行投资或融资的一个月前向经济产业省提出税费特别扣减申请。经济产业省认可后，企业可以从勘查准备金中拿出部分进行勘查开发相关的项目投资，而经济产业省会对该项目的所得税进行特别扣减。扣减额度包括海外勘查准备金的提取额、海外资源勘查费与勘查用机械设备费等。

二、实施税费特殊减免制度

（一）新矿床探矿费用特殊减免制度

新矿床探矿费用特殊减免制度是指可以减免勘探矿产造成的损失，减免额度取新矿床探矿费与机械装备的维修费之和、项目预留资金以及这期间的收益三者的最低值。

（二）开采坑道特殊减免制度

开采坑道的特殊减免制度是指可以减免勘探矿产造成的损失，包括矿井内部坑道、机器装备、用具和运输装置的采买费用。

（三）采矿排水通风坑道的补加折旧制度

采矿排水通风坑道的补加折旧制度是指矿井外部用于排水和通风的坑道，其折旧费可以在原基础上提高 14%。

三、实施税费抵扣制度

日本在 1962 年开始实施综合限额税费抵扣制度，规定企业可以从法人税中抵免一定限额的国外所得税。当年在国外的纳税额多于或少于抵免限额时，允许向后结转 3 年继续抵免或转入其后的 3 年继续享用税收优惠。并且还规定，母公司拥有海外子公司或海外子公司拥有孙公司 25%以上的持股比例，并连续持股 6 个月以上可单层或多层间接抵免。

四、实施资源开发亏损准备金制度

资源开发亏损准备金制度是为了支持对海外资源的开发利用，以获得稳定的海外资源供应设立的，最初称为石油开发投资亏损准备金制度，但是 1 年之后就扩大到石油之外的其他资源，直到 1993 年，把“对外直接投资亏损准备金制度”和“资源开发投资亏损准备金制度”合并为“对外直接投资等亏损准备金制度”。此后，“对外直接投资等亏损准备金制度”一直沿用，只是在不同时期调整了一些计入的比率。

政府对海外资源开发事业的税收优惠形式丰富、范围广、力度强，根据经济发展要求对资源的需求及时调整优惠政策，在税收政策上充分体现出对海外资源开发利用的政策导向。

第四节 保险政策措施

日本对海外资源企业的保险援助主要由政府经营的日本贸易保险公司负责，且国家财政提供部分赔偿，险种有战乱险、利益及财产所有权和使用权被抢占险、不可抗力险等，支援形式包括海外事业资金贷款保险和海外投资保险两种形式。海外事业资金贷款保险用于日本公司向海外贷款的情况，海外投资保险用于日本企业在国外开展投资开发活动的情况。日本贸易保险公司自 2001 年 4 月成立以来，在政府的支持下对日本企业的出口扩大和海外事业的开展进行保险援助，是政府近年来为了适应国际金融形势和满足日本企业的需求多样化，基于提供高效率、高质量的行政服务的观点出发而成立的独立行政法人机构。日本贸易保险以中长期的保险费收入支付保险金的原则进行收支相抵，根据国际经济状况和日本企业海外投资事业活动的变化及经济产业省制定的中期目标和中期计划，配合国家的通商政策、产业政策、资源政策，实施如下的做法：

第一，致力于海外资源开发事业的措施。为了提高海外资源开发支持力度，2007 年 4 月设立了资源能源综合保险，大幅降低保险费率，同时，对于极其危险事业的投保率提高到 100%，信用保险投保率提高到 97.5%。

第二，致力于加强经济合作的措施。为了有效应对日本企业开展国际事业中风险管理需求的多样化，积极构筑与世界各国出口信用机关的合作关系。如 2004 年 4 月与新加坡出口保险机关（ECICS），2006 年 6 月与马来西亚出口信用机关（MEXIM）签订再保险协定等。

第三，致力于支援中小企业的国际业务的开展。2005 年 4 月，为了有效地支援中小企业在海外市场的业务开展，专门设立面向中小企业的“中小企业出口货款保险”。

除了保险范围广泛外，在保险额度、保险时间、索赔时间等方面，日本贸易保险都力争为企业提供最快最安全的保险。

从保险额度来看，根据图 6-5 所示的日本贸易保险制度结构图中可以看出，日本政府实际上负担了贸易保险公司将近95%的风险，类似于保险公司的二次保险，即保险公司在年末的时候向经济产业省上报第二年的经营安排，经济产业省审查后进一步上报日本国会，日本国会再根据特别会计制度准备风险保障基金，之后经济产业省与日本贸易保险公司签订再保险协议，最后报经济产业大臣审核通过后实施。举个例子，一旦出现保险赔偿，日本政府承担95%的责任，相应地，保险公司也向政府交纳其95%的收益。同时，一旦5%的预留金不足以满足抵御危机的需要，日本政府也会以增加计划金的形式帮助填补空缺。

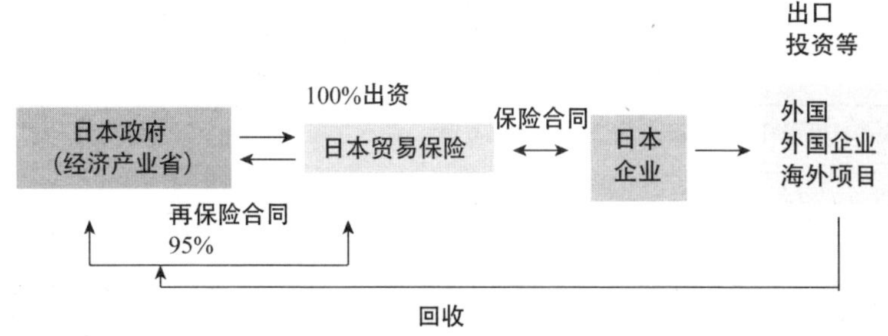

图 6-5 日本贸易保险制度结构图

资料来源：根据日本贸易保险官方网站信息整理。

从保险索赔时间来看，一旦发生事故或者损失申请保险金时，一般会在提出《发生损失通知书》的两个月之内获得赔偿（参见表6-3以及图6-6）。而且，由于正当的理由，企业在请求期限内不能及时请求保险金的情况下，可以设定保险金请求的缓期，保险金申请材料简单、手续简便，以最快的速度减轻企业的损失，保证企业的利益。

从保险期来看，日本贸易保险的保险期最短2年，最长可达30年之久，且保险合同期满的时候，可以根据企业的实际情况，采取一年续签一次，最长续签时间可达30年，便于企业根据市场变化以及企业自身的经营状况来选择和调整保险期限。

表 6-3 事故相关手续一览表

	手续种类	手续期限	注意事项
事故相关手续	事情发生通知	从知道很有可能发生损失的那一天起 1 个月以内	不提交申请的情况下，不能申请保险金。
	损失发生通知	知道已经发生损失的那一天起 1 个月以内	
	汇款通知	汇款日起 1 个月内	
	保险金请求	损失通知后 损失发生日起 9 个月以内	如果不在期限内进行请求或请求期限的缓期申请的话会失效
	回收金缴纳通知	回收日起 1 个月以内	通知迟到的话，会发生违约金

资料来源：根据日本贸易保险官方网站信息整理。

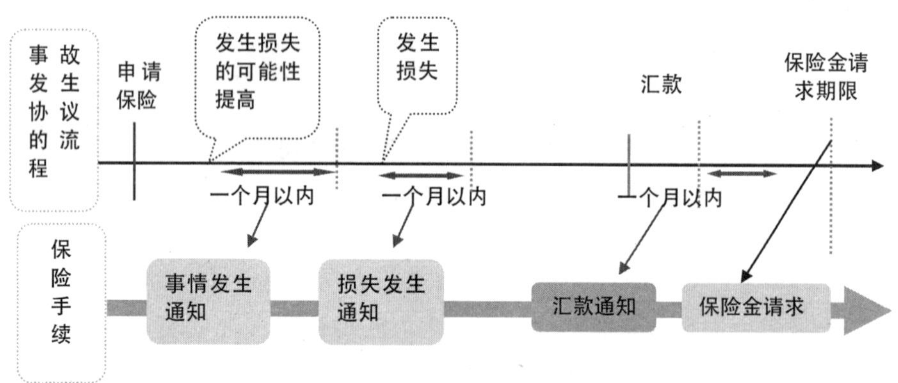

图 6-6 保险事故发生开始的手续流程

资料来源：根据日本贸易保险官方网站信息整理。

一、设立海外事业资金贷款保险

（一）海外事业资金贷款保险的可保对象

日本政府实施信贷保险支援的对象有：有助于维持或扩大矿物、能源资源供应源多元化的项目；有助于电力、道路、下水道等一般社会基础设施建设或可再生能源等资源、能源有效利用的项目；有助于开展日本企业海外事业的项目，包括面向海外日本子公司的运营资金融资项目等。

（二）海外事业资金贷款保险的可保损失范围

在海外资源开发和利用方面政府对信贷保险可保的损失有：向外国法人贷款的本国法人，因无法收回贷款而遭受的损失；购买外国法人因筹措海外资源开发事业所需资金而发行债券的本国法人，由于债券的不可偿还遭受的损失。

（三）资源能源综合保险

海外事业资金贷款保险中针对海外资源类企业所提供的保险称为资源能源综合保险，是响应日本政府提出的彻底强化从海外确保稳定的资源供给这一资源政策措施，基于资源案件风险的特性，于 2007 年 4 月新增加的保险。为日本相关企业的进口合同、中间贸易合同、技术提供合同、预付进口合同、股票投资、不动产投资、事业资金融资、事业资金融资的担保债务等提供保险，与其他保险相比大幅降低了保险费率，扩大了保险范围，以加强对矿产资源开发事业的保险能力，为企业降低海外资源开发风险提供保障。

另外，日本的企业或银行等为了资源开发项目而向外国的政府和企业提供的长期事业资金（与日本的出口没有联系的资金）贷款，因战争、革命、外币交换的禁止或外汇汇款的停止、自然灾害等不可抗力以及贷款方的破产或拒付等原因，无法得到贷款偿还的损失，可作为资源能源综合保险特约案件给予补偿，大大弥补了不可控因素对资源类企业带来的损失。如图 6-7 所示，有关日本进口能源、矿物资源等有关资源权益和交易的事件，日本本国法人提供的贷款成为资源能源综合保险的特约对象。并且，原则上，需要在发达国家的一流银行内开设账号托管，适用比通常的海外事业资金贷款保险更低费率、更高投保率的优惠。

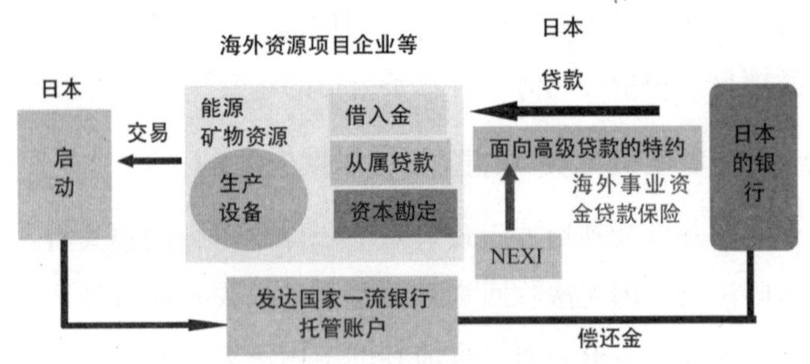

图 6-7　海外事业资金贷款保险流程图

资料来源：根据日本贸易保险官方网站信息整理。

二、设立海外投资保险

海外投资保险是以帮助企业不惧不可抗力风险，安心推进海外投资为目的设立的，是指企业在进行海外投资时，因外国政府的征用和权利侵犯、战争或恐怖行为、对外汇交易的限制等不可抗力因素所造成的损失进行补偿的行为，理赔金可达到损失金额的 95%。海外投资保险根据海外投资的内容分为出资保险、再投资保险、权益保险等三种形式。

（一）出资保险（股票等）

日本企业设立的海外子公司、与海外企业合作设立的海外合资企业以购买股票的形式投资时所对应的出资保险。

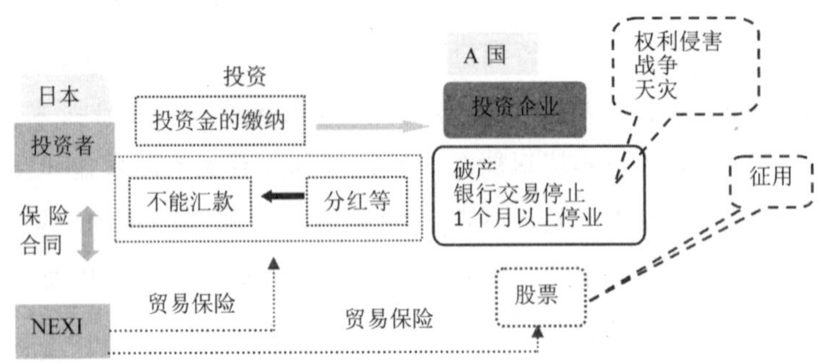

图 6-8　出资保险流程图

资料来源：根据日本贸易保险官方网站信息整理。

（二）再投资保险（通过投资企业）

如图6-9所示，通过在A国进行投资的日本企业向B国（第三国）进行再投资时的保险，再投资形式包括出资或者取得权益等两种。

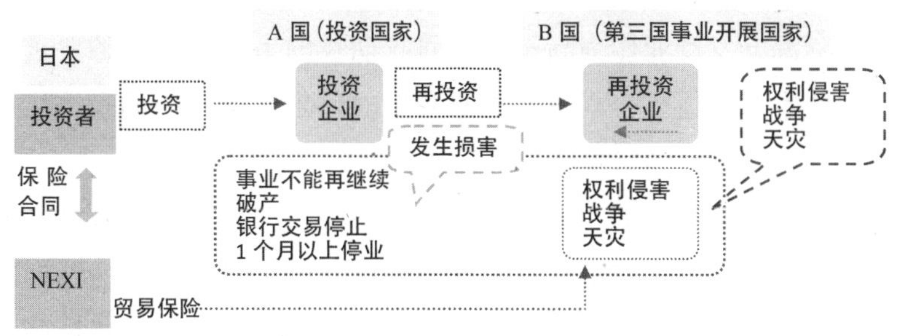

图6-9 再投资保险流程图

资料来源：根据日本贸易保险官方网站信息整理。

（三）权益保险（不动产、矿业权、设备等）

日本企业在海外未设立子公司而是直接开展海外事业的情况下，为了海外事业的顺利开展而取得的不动产、矿业权或带入外国的设备等进行投保的保险。（参见图6-10）

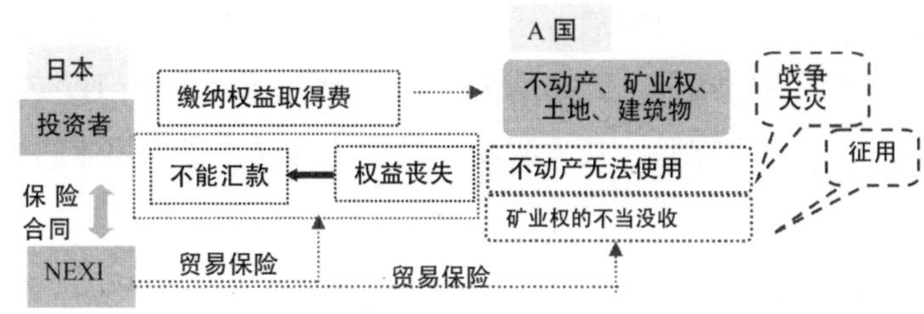

图6-10 权益保险流程图

资料来源：根据日本贸易保险官方网站信息整理。

综上所述，作为给海外资源开发企业提供保险援助的唯一服务机构，日本贸易保险公司根据《客户宪章》，以减轻顾客的负担和服务迅速化、保险申请手续的简便化、保险商品内容的充实化为目标，最大限度满足海外资源开发企业的需求，为其提供全面的保险支援。

第五节　本章小结

海外资源开发产业作为高投入、回收期长的事业对资金的要求是非常高的，因此本章阐述了日本海外资源开发战略推进措施中的经济措施，分析日本对企业所需的高额资金的保障措施。

首先，作为财政援助，通过积极推行海外资源勘查补贴计划，鼓励境外开矿；建立海外资源风险勘查补助金制度，对于风险较高的前期勘查阶段实施全额拨款，对于后期的详细勘查阶段则会根据需要选择性地采取全额拨款或者提供一定比例补贴金的形式。

其次，作为金融援助，勘探融资、股权并购融资、对国外矿产企业和矿区建造给予资金支持、以政府名义注资、协助外国矿产企业融资、给予民营企业债务担保等 6 种不同形式的融资或债务担保，反复出现在海外资源开发事业运作的各个主要阶段中。

再次，作为税收援助，主要实施备用金制度、税费特别扣减制度、税收抵免制度、资源开发亏损准备金制度等措施，税收优惠形式丰富、范围广、力度强，且根据经济发展要求以及对资源的需求及时调整优惠政策。

最后，作为保险援助，除了海外投资保险之外，还专门设立资源能源综合保险，设立双重保险，最大限度、最快速度保护资源企业的利益。

第七章

日本海外资源开发战略的外交措施

2006 年 5 月日本经济产业省颁布《新国家能源战略》后，能源从“普通商品”一跃成为“战略物质”，必须由国家进行宏观把控，由此日本的能源资源外交成为国家外交策略的重要环节。日本的资源外交融合了能源、资源战略与外交，是实现建立稳固的国外资源供应的目标和手段。

第一节　推行综合性、多层次性资源外交策略

一、以加强高层往来为引领创造有利的国际环境

对于几乎所有的一次能源都依赖进口的日本来说，政府早已确定资源外交的战略地位，一切与资源相关的政府间对话，都由首相、大臣为首的政府高层要员直接带头参与。主要通过努力构建和加强高层战略交流形式、同资源供给国开展全方位经济协作、帮助能源所在国家及地区进行更好的发展、构筑与资源供给国之间的相互依存关系，实现资源供给稳定化和多元化。如在田中首相执政期间（1972 年 7 月至 1976 年 7 月），从 1972 年到 1974 年的短短两年期间就访问了印度尼西亚、阿拉伯联合酋长国、英国、德国、俄罗斯、加拿大、巴西、澳大利亚等国家，多数外交访问都带有“资源外交”性质，都与石油、铀资源等重要战略资源相关。具体“资源外交”成果如下：1972 年访问阿拉伯联合酋长国，用 7.8 亿美元获得阿布扎比海洋矿区公司的 30%的石油权益；1974 年访问印度尼西亚，通过设

立日本印度尼西亚石油公司，开启了独自进口资源模式；1972 年与 1974 年两次访问英国，推进北海油田开发，为之后获得北海油田开发权益打好了外交基础；1974 年出访加拿大、巴西、澳大利亚等国家，推进铀资源的共同开发；还有，不顾美国的反对通过多次访问中东资源国家，成为中东资源强国的“友好国”（参见表 7-1）。

表 7-1　田中角荣首相的“资源外交”及成果

时间	访问国家	主要成果
1974. 1	印度尼西亚	设立日本印度尼西亚石油，开启独自进口资源模式
1972	阿拉伯联合酋长国	用 7. 8 亿美元获得阿布扎比海洋矿区公司的 30% 的石油权益
1972. 9 1974. 4	英国	两次访问英国推进北海油田开发，为之后获得北海油田开发权益打好外交基础
1972. 9 1974. 4	西德 俄罗斯	探讨 tyumeni 油田开发计划
1974. 1	沙特阿拉伯等 阿拉伯八国	对资源产业或制油所、机械工厂或电子机器工厂等实施经济和技术援助，恢复了原油供给，并通过“友好国”认定
1974. 4 1974. 10	加拿大、巴西 澳大利亚	推进铀资源共同开发

资料来源：根据中岛猪久夫．石油と日本一苦難と挫折の資源外交史［M］. 东京：株式会社新潮社，2015. 著作信息整理。

纵观日本外交历史，历届首相无一不把资源外交放在外交工作的首要位置。2006 年颁布《新国家能源战略》之后，日本政府进一步加强了对资源的国家调控，小泉政府和安倍内阁都积极采取外交措施，努力保证资源外交取得实质成效（参见表 7-2）。简言之，能够顺利地度过两次石油危机，并且在俄罗斯、中亚、中东、东南亚、非洲等地区获得众多资源合作权益，实现资源供给渠道的多元化，最终在世界资源格局中占据一席之地，政府牵头的外交努力起到了关键性作用。

表 7-2 日本的主要“资源外交”及成果

时间	访问国家	访问人	主要成果
1973. 12	中东八国	副首相 三木武夫	以经济技术援助，赢得阿拉伯石油输出国的好感，打开了解决第一次石油危机的通道
1978. 9	伊朗、卡塔尔、阿联酋、沙特	首相 福田赳夫	主张以色列从阿拉伯撤军，增进与中东产油国的关系，顺利度过了第二次石油危机
2003. 1	俄罗斯	首相 小泉纯一郎	以提供 100 亿美元用于修建输油管道和油田开采，获得原油的优先购买权
2004. 8	乌兹别克斯坦、哈萨克斯坦、塔吉克斯坦	外相 川口顺子	第一次访问中亚国家，并出席第一次“中亚加日本”外长会议，且在发表的《联合声明》中声称日本将与中亚各国发展能源领域的全面合作
2006. 8	乌兹别克斯坦、哈萨克斯坦	首相 小泉纯一郎	日本首相首次出访中亚国家，日哈两国政府就合作开发哈萨克斯坦的铀矿交换了合作备忘录
2007. 4	哈萨克斯坦	经济产业大臣甘利明	签署了包括合作兴建轻水反应堆核电站、研发核能技术以及共同开采哈境内哈拉桑 1 号、哈拉桑 2 号铀矿等 20 多份协议
2007. 6	德国	首相 安倍晋三	安倍首相首次参加八国首脑会议，正式提出至 2050 年将温室气体排放量减少到 1990 年的 50%的目标，并成功说服东道主德国以及其他参会国
2008. 8	波札那共和国、莫桑比克共和国、马达加斯加共和国、南非	以吉川经济产业副大臣为团长的使节团	以各国首脑、内阁成员和民间企业代表进行直接对话的方式加强与各国之间的联系、以开展贸易投资研讨会等方式强化矿物资源领域为中心的商业网络、通过 JOGMEC 波札那地质远程中心促进通商、资源确保政策的推进

续表

时间	访问国家	访问人	主要成果
2009. 5	意大利	首相、能源大臣等	G8 能源大臣会晤中，在日本的主动提议下国际能源能效合作伙伴关系（IPEEC①）正式成立
2010. 1	中东三国（沙特阿拉伯、卡塔尔、阿拉伯联合酋长国）	以经济产业副大臣为团长的使节团	通过与石油矿物资源大臣等政府要员的对话，在扩大资源领域的合作意向方面达成一致
2011. 9	印度尼西亚	枝野经济产业大臣	与印度尼西亚副总统、经济协调大臣、工业大臣、商业大臣关于《新矿业法》交换意见，并要求矿石的稳定持续的出口
2012. 2	赞比亚	枝野经济产业大臣	资源方面达成战略伙伴关系协定，今后会定期召开资源政策对话、资源领域的人才培养等方面的合作会谈
2013. 2 2013. 7	美国	首相 安倍晋三 茂木经济产业大臣	与美国总统奥巴马进行日美首脑会谈，并共同提出能源、核能领域促进两国间合作的意向；同年 7 月，茂木经济产业大臣访问美国，与美国能源大臣进行会谈，发表《关于能源领域两国合作的共同声明》，确认在石油天然气、清洁能源、国际机构合作等方面的众多合作项目
2014. 7	智利	首相 安倍晋三	与智利总统进行会谈，出席日本企业拥有 100%权益的卡塞罗斯铜矿山的开场仪式，展开了积极的外交努力

① 国际能源能效合作伙伴关系组织（IPEEC），于 2008 年 7 月由八国集团携手中国、韩国、巴西、墨西哥和印度尼西亚五国发起，2009 年 5 月正式成立，目前共有 16 个成员国。

续表

时间	访问国家	访问人	主要成果
2015. 1	阿拉伯酋长国	宫沢经济产业大臣	与皇太子府长官、阿联酋阿布扎比国家石油公司（ADNOC）① 总裁进行会谈，成功拿下世界上屈指可数的巨大油田阿布扎比陆上油田的5%的权益，这是日本作为亚洲企业第一次获得巨大油田权益的事件
2016. 1	阿拉伯联合酋长国	世耕经济产业大臣	Sata 油田及 Umuadaruku 油田权益期限延期25年②
2016. 5	俄罗斯（首脑会晤）	首相安倍晋三	根据8个《合作项目》缔结共82份合作文件：包括政府的13份有关石油、天然气开发文件，并在2017年4月的首脑会谈上又签署2份文件③
2016. 6 ~7	印度尼西亚	首相安倍晋三高木副大臣	针对35GW计划、日本企业投资天然气项目、石油天然气合作事宜等进行协商
2017. 3	沙特阿拉伯	首相安倍晋三	签署记载两国间合作具体项目的“日本与沙特愿景2030”

资料来源：根据中岛猪久夫．石油と日本一苦難と挫折の資源外交史，各年《能源白皮书》信息整理。

① 阿联酋阿布扎比国家石油公司（ADNOC）成立于1971年。1995年该公司拥有石油储量88.29亿吨，天然气储量3.15万亿立方米，油气产量分别为6500万吨和183亿立方米，油品销售量为1250万吨。产油量占阿产油总量的96%以上。阿布扎比酋长国通过ADNOC公司拥有石油和天然气公司60%的股份，日本、法国、英国和其他国家拥有40%的股份。公司下设18家子公司，并在行业内有着巨大影响力，因此ADNOC的产量、出口、油价调整、原油投资、收购合并、新勘探油气储量等数据以及该公司对国际油市油价的研究分析报告对国际油价走势有着重大的影响。

② 这项协议可以说不仅关系到石油天然气相关产业发展，更重要的是，在教育、医疗等各种产业中有望加强与阿布扎比之间的合作关系。

③ 俄罗斯地理上相近，且拥有丰富的石油天然气储量。随着各个项目的具体实施，日本政府非常期待来自俄罗斯的稳定而廉价的石油天然气供给。

二、以技术资金援助为手段树立国家友好形象

对于资源丰富但开发能力不足的国家，日本主要采取提供政府开发援助的办法，利用本国强大的技术和资本优势，帮助资源供给国改善基本民生状况，甚至建立更完备的产业系统，以此稳固两国的合作关系，提升在该地区的国际形象，为资源开发创造有利的社会基础。资源外交对改善日本国家和企业形象效果十分明显，根据日本国际协力机构对东南亚地区的调研显示，由于二战时受到日本侵略，起初东南亚地区人民对日本的态度并不友好，但是自从日本政府启动援助计划，并且加大力度支持缅甸等国家的教育事业后，东南亚地区对日本的态度发生了极大转变，有接近90%的东南亚人民已经将日本看作值得信任的友好国家，93%的人们觉得日本的援助是出于好心，并且觉得日本的帮助促进了地区经济的发展。可见，日本利用资源外交提升了日本本土企业的知名度，增强了两国民众的感情交流，有助于本土企业入驻资源供给国从事资源开发活动。实际上，日本的海外援助力度非常大，1970年之后的20年，投入资金达到33.04亿美元，成为世界排名第四的援助大国。1989年，日本政府开发援助金额首次超越美国成为世界上对外援助最多的国家①，并在1993到2000年保持这个名次长达八年之久。目前，仍位于世界第五位。与此同时，以援助开发为切入点的资源外交也随着国际形势发生着一定的变化。由于受中东地区动荡不安的局势影响，东南亚和非洲地区成为日本海外资源开发战略实施的又一个重点区域，也是日本海外资源外交的重点地区。从援助项目来看，以铁路，公路，港口为核心，兼以灾后重建、医疗等与普通民众日常生活息息相关的项目；从援助形式来看，已从初始阶段的无偿援助渐渐发展为低利率贷款和技术帮助的形式，如2018年的低利率贷款占到了总援助金额的约80%，技术帮助则占到了约20%。如图7-1所示，自2011年开始不计息的援助已经不存在了，可以说目前日本政府的对外援助绝大多数项目都是低息贷款形式。

---

① 资料来源：李巧玲．中日对外援助的比较研究［D］．湘潭：湘潭大学，2007.

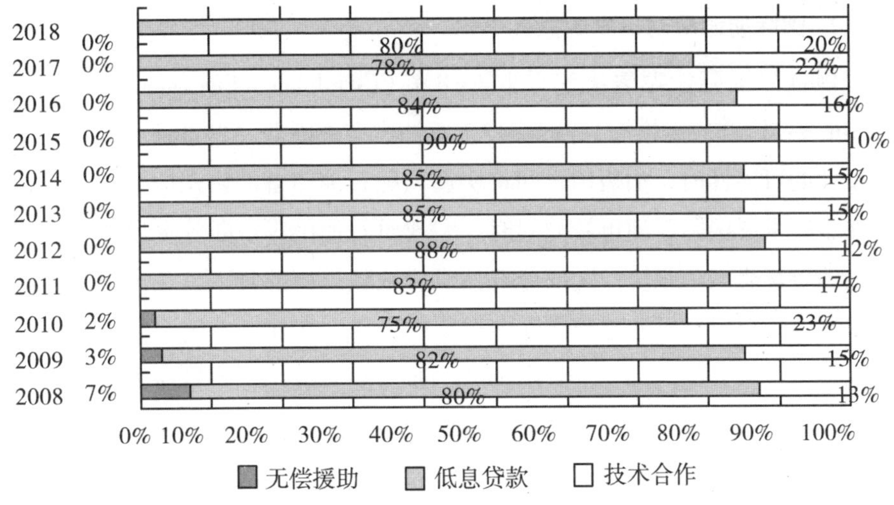

图 7-1 2008—2018 年日本政府开发援助的构成情况

资料来源：根据日本国际协力机构官方网站信息及历年《ODA 白皮书》信息整理。

三、积极利用国际合作平台拓展开发空间

通过国际能源署、国际能源大会以及自由贸易协议等合作平台拓展海外资源开发空间是日本资源外交战略的又一个重要手段。

（一）积极协调执行国际能源署（IEA）的决定

1. 国际能源署简介

国际能源署（IEA：International Energy Agency），是在第一次石油危机后的 1974 年，作为 OECD 的直属机构而设立。其设立目的一是确立加盟国国内以石油为中心的能源安全保障，二是建立中长期稳定的能源供求结构。国际能源署通过定期召开理事会、常设部会，研讨石油供应中断时的应急措施和节能对策等，开展为保障能源安全的各种活动。另外，国际能源署会不定期检查缔约国的能源尤其是石油的预留量，以防出现意外事故导致石油供应中断。根据国际能源署的要求，成员国石油预留量需达到该国上一年 90 天净进口的数量。

2. 国际能源署对日本的意义

1984年国际能源署决定采取CERM（Coordinated Emergency Response Measures：协调应急措施），即在发生石油供应中断等突发事件或有发生紧急事件的可能性时，加盟国之间将协调调配石油储备的协调应急措施。目的在于在发展国际石油市场的同时，实现对石油供应中断等突发事件初期阶段的市场恐慌的预防。大部分石油供应依赖进口的日本，在出现石油供应中断的情况时，可通过与国际能源署的合作，在保证本国资源安全的同时也为整个世界的能源安全做出贡献。如图7-2所示，到目前为止国际能源署已经多次启动CERM协调应急措施。国际能源署及其CERM协调应急措施对于日本的能源安全保障起到了非常重要的作用。

1991年海湾战争爆发	2003年伊拉克战争爆发	2005年美国迎来大型“飓风”	2011年中东的石油供应悬念
IEA理事会决定释放日产250万桶（约40万KL）的储备石油。CERM措施实施了约1个半月。实现了原油价格的稳定，减少了对石油消费国经济的影响。	应对伊拉克供应中断等，产油国和IEA加盟国合作，强化了随时放出石油储备的体制。结果实际没有启动该措施，但这种体制协调给予了石油市场一定的心理上的安心。	按照IEA做出的释放日产200万桶（约30万KL）的石油储备30天的决定，加盟各国采取了必要的措施。加盟国之间能够迅速且一致的采取行动，再一次向世界展示了石油储备的存在意义。	从埃及、突尼斯开始的中东、北非洲形势的恶化，波及到巴林、叙利亚、利比亚等国，由于内战爆炸后石油生产、出口的停止，对世界的石油稳定供应带来了重大的影响。为应对世界性的石油供应混乱，IEA在加盟国的同意下，决定实施加盟国家整体释放6000万桶（日产200万桶30天）的石油储备协调行动。IEA协调行动，起到了在产油国的增产石油出现在市场之前的“桥梁”的作用。

图7-2 国际能源署的协调成果

资料来源：根据JOGMEC官方网站信息整理。

3. 严格执行国际能源署的石油储备制度

国际能源署各成员国实施的石油战略储备制度有国家储备[①]、协会储

① 国家储备制度：为应对紧急情况、使用政府资金进行石油储备的方式。是把政府税收作为原始资金，政府直接或者通过储备机构持有储备石油或者运营石油储备基地的系统。优点在于：根据政府的判断释放储备石油；可确保增加原油市场的供给。

备①、民间储备②三种。日本是既坚持国家石油储备制度又坚持民间储备制度的国家，世界上除了日本之外只有波兰、韩国和意大利等 3 个国家同时实施国家储备和民间储备两种石油战略储备制度（参见图 7-3）。

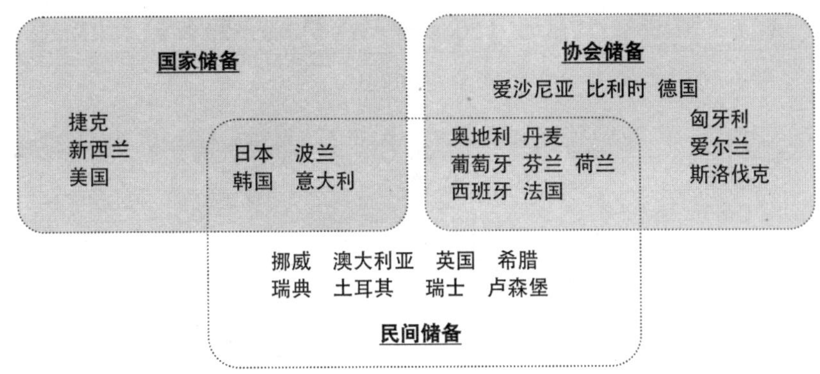

图 7-3 国际能源署加盟国实施石油储备制度情况（2017 年 11 月）

资料来源：JOGMEC 官方网站信息。

可见，日本与国际能源署之间的协调以及各成员国之间的配合，不仅有利于保证本国石油资源的安全供应，在加强与成员国之间友好关系的同时，有助于在世界市场上提高日本的影响力。

（二）积极参与并主持 G7 能源部长会议、五国能源部长会议等国际能源大会

发达国家之间资源方面的最直接最主要的对话形式是 G7 峰会③中的

---

① 协会储备制度：由政府或民间企业设立的依据 Agency 的储备方式。以法律为基础设置的公共协会储备实施机构为中心，由协会成员负担金推进储备事业的制度。优点在于：此制度是通过储备机构的中立性、经营的透明性、储备库存的自我保有或监督确立的储备制度。

② 民间储备制度：民间企业义务性储备或者作为流通库存储备的方式。根据法律，具有储备义务的石油企业，将规定储备量以上的部分的储备量利用民间企业现有的设施和自己的资金持有石油的制度。因此也被称之为"企业储备制度"。优点在于：民间储备大部分是在炼油厂或加油站等石油企业生产和流通过程中所持有的，且原油也由各个炼油厂的精制工序储备，所以可以迅速进入流通环节；以更加接近消费者的产品形式迅速供应，具有较优越的机动性。

③ 七国集团首脑会议（G-7 Summit），简称 G7，是七个最发达的工业化国家（美国、日本、德国、英国、法国、意大利和加拿大）的国家元首或政府首脑就共同关心的重大问题进行磋商会晤的机制。它对维护这些发达国家的利益起了重要作用，同时在客观上有助于探索全球化背景下的大国协作和全球治理机制。

G7能源大臣会议。G7能源大臣会议从1988年开始不定期地由G7峰会主席国组织召开，至今为止总共召开过10次（参见图7-4），分别由俄罗斯（1998年、2006年）、美国（2002年）、意大利（2009年、2014年、2017年）、德国（2015年）、日本（2008年、2016年）、加拿大（2018年）主持，主要探讨世界资源价格、安全等问题。

图7-4　G7资源大臣会议召开时间及主持国家

资料来源：根据日本経済産業省資源エネルギー庁. エネルギー白書（平成28年）[R/OL]. 资源能源厅网站，2017-06-02. 及外务省官方网站信息整理。

日本曾主持过两次，安倍晋三首相共出席过6次峰会，最近一次是2016年5月1日至2日，日本的经济产业省在九州召开了第8次G7能源大臣会议。由7个（日、美、加、德、英、法、意）世界最发达的工业化国家、EU、国际能源署、国际可再生能源机构①（IRENA）的高层出席，日本经济产业大臣主持会议，主要达成以下共同声明：第一，对促进可支撑世界经济增长的能源投资及保证能源价格稳定的上游投资；清洁能源技术开发与投资；提高能源效率的高品质基础设施投资等三方面的投资重要性达成共识。第二，随着天然气资源需求的扩大，保证天然气安全方面，国际能源署要发挥其中心作用，在采取紧急对应训练等具体措施方面达成一致。第三，在核安全方面，为了获得社会的理解应基于科学的见识进行对话并提高其透明性。第四，实施资源领域的网络安全调查，加强跨地域跨领域的专家之间的合作。第五，必须强化能源技术方面的革新。与此同时，日本还积极参与五国能源部长会议，其发表的建议得到了参会国的认同。如2006年12

① 国际可再生能源机构（International Renewable Energy Agency）是为了在全球范围内，积极推动可再生能源向广泛普及和可持续利用转变而成立的国际组织。于2009年1月26日在德国波恩成立，总部设在阿布扎比。2013年1月13日，中国代表团宣布计划加入IRENA。

月在中国北京召开的由中国、日本、印度、韩国和美国等5个国家（5国的能源消费占世界石油消费总量的一半）能源部长组成的部长会议中，日本提出的节能、能源储备战略以及实现多样化的建议得到了五国一致认可。

（三）积极缔结自由贸易协议（FTA①/EPA②）

日本通过缔结双边投资协定、经济伙伴关系协定与资源供给地区建立长久的规范的外交协作，增加国际间交流，增大全球知名度。从20世纪90年代末开始，自由贸易合作蓬勃发展，很多国家或地区以自由贸易区的形式形成规范化的制度性合作，拓宽合作范围。自2002年开始日本先后与新加坡、文莱、澳大利亚、蒙古等国家和地区进行双边或多边协商，截至2019年2月已成功签订18个FTA协定（参见表7-3及图7-5）。通过与这些国家签订自由贸易协议，一方面巩固与其有资源开发合作的国家之间的关系，另一方面还可开拓新的资源开发合作市场。

表7-3　日本的EPA以及FTA缔结情况（截至2019年2月）

EPA、FTA现状	具体国家及协议
已生效、已署名	新加坡、墨西哥、马来西亚、智利、泰国、印度尼西亚、文莱、ASEAN③全体、菲律宾、瑞士、越南、印度、秘鲁、澳大利亚、蒙古、EU、TPP

① FTA：即“自由贸易协定”（Free Trade Agreement），是指在两个或两个以上的主权国家或单独关税区之间签署的以取消货物关税等贸易壁垒为目的的协定。有FTA的缔约方所形成的特定区域被称为自由贸易区，它涵盖所有成员的全部关税领土。

② EPA：即“经济伙伴关系协定”（Economics Partnership Agreement），是指在特定的两个或两个以上的国家之间，以促进贸易投资自由化和便利化、取消国内限制及协调各种经济制度等、加强广泛的经济关系为目的的协定。EPA比FTA的内容更为广泛，而日本已经签署或正在进行谈判的主要也是EPA。

③ 东南亚国家联盟（Association of Southeast Asian Nations），简称东盟（ASEAN）。成员国有马来西亚、印度尼西亚、泰国、菲律宾、新加坡、文莱、越南、老挝、缅甸和柬埔寨。其前身是马来西亚、菲律宾和泰国于1961年7月31日在曼谷成立的东南亚联盟。1967年8月，印度尼西亚、泰国、新加坡、菲律宾四国外长和马来西亚副总理在曼谷举行会议，发表了《曼谷宣言》（《东南亚国家联盟成立宣言》），正式宣告东南亚国家联盟成立。

续表

EPA、FTA 现状	具体国家及协议
交涉中（5 个）（包含交涉完了、未署名 1）	ASEAN 全体、哥伦比亚、日中韩、RCEP①、土耳其
交涉延期或中断（3 个）	海合会（GCC）、韩国、加拿大

资料来源：根据日本外务省官方网站信息整理。

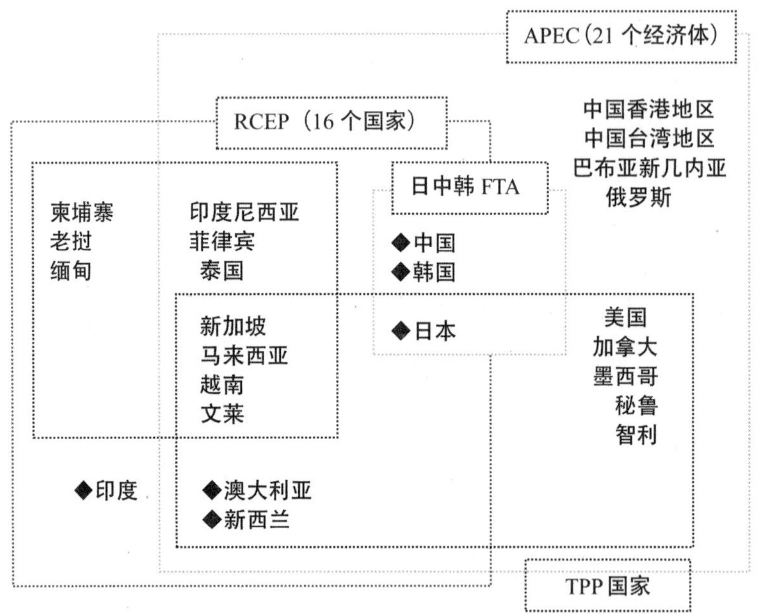

图 7-5　日本在亚洲太平洋地区的广域经济协作的进展

资料来源：日本国際問題研究所．日本の資源外交とエネルギー協力［R］. 2016（3）.

注：带“◆”标记的国家均签署日+ASEAN、中+ASEAN 等 ASEAN+1 的 EPA 或者 FTA。

① RCEP 区域全面经济伙伴关系（英文：Regional Comprehensive Economic Partnership），即由东盟十国发起，邀请中国、日本、韩国、澳大利亚、新西兰、印度共同参加（“10+6”），通过削减关税及非关税壁垒，建立 16 国统一市场的自由贸易协定。它是东盟国家首次提出，并以东盟为主导的区域经济一体化合作，是成员国间相互开放市场、实施区域经济一体化的组织形式。

第二节 日本海外资源开发外交措施的效果

众所周知，中东、中亚、非洲等国家和地区拥有全世界大部分的油气储量，但这些地方尤其是中东地区，政治问题频发，时常导致地区混乱，甚至引发战乱。而对于日本，80%以上的石油来自中东，加上石油作为战略能源的重要性，中东地区必定成为日本政府开展资源外交的重点区域。中东地区先后爆发了两次石油大风波，而20世纪90年代后，海湾战争、伊拉克战争接踵而至，加上这些年，伊朗，叙利亚的历史遗留问题一直得不到解决，导致中东局势一直处于动荡中，资源市场也深受影响，市场进驻者们无时无刻不在面临着亏损的危险。同时，资源价格也在上下波动，给这些国家的注资项目的推进和自身的发展出了一道难题。因此，有必要先了解中东地区的资源开放程度以及合作模式，才能更有效开展资源外交努力以及推进资源合作项目。

一、中东地区资源开放程度及合作模式

中东地区炼油能力全球增长最快，中东地区深刻意识到石油产业面临的问题，更多地致力于构建下游能源行业系统，形成完备的石油生产线以及挖掘能源的隐藏价值。中东各主要资源国的开放程度与合作模式差异巨大，在油气勘探开发领域，天然气开放程度都比较高，石油开放程度可分为三类：一是完全不开放（如沙特和科威特）；二是部分开放（如伊朗）；三是彻底开放（如阿曼、也门、叙利亚），根据开发程度不同各资源国采用的合作形式也并不一样。完全不开放的国家会根据其油气储备设定不同的合作形式，如科威特油气充足，会多采取矿/税协议，而沙特的石油开采被阿美石油公司垄断，1998年才逐渐放开天然气行业①。部分开放的国

① 魏一鸣，周少平．国外油气与矿产资源利用风险评价与决策支持技术［M］．北京：地质出版社，2010.

家会采用回购形式，承包者没有油气的占有权。彻底开放的国家采取产量分成合同，如叙利亚、也门以及伊拉克的库尔德地区，而伊拉克总的合作形式实际上是技术援助协议。

与此同时，中东地区利用自己的石油资源优势，致力于构建下游能源行业系统，形成完备的石油生产线，在对外交往中强调全方位协作形式。如沙特阿美石油公司和日本住友商社株式会社联合在沙特的拉比建设炼化和石化一体化项目；阿布扎比 Mubadala 开发公司与西方石油公司以及道达尔联合实施的海豚项目为一个天然气生产、加工和出口一体化的项目，在卡塔尔开采天然气并进行加工，然后出口到阿拉伯联合酋长国和阿曼等国家。

进入 21 世纪后，中东地区的国家在积极与外界建立良好的外交关系的基础上，强调了对石油天然气等能源的占有权，油气产量大国普遍采用将资源占有权写进宪法和国家石油企业垄断销售的形式来保证本国对石油资源的掌控，导致外部资本很难进入。但是，因为石油的诱惑实在太大，各国可以说是挤破了头想要在中东石油市场上抢占份额。2009 年调查显示，进驻中东的石油企业多达 230 个，但 94%的石油和 72%的天然气都掌握在本土企业手里，3%的石油和 19%的天然气则由国际大石油企业控制，中小型企业仅占有 2%的石油和 8%的天然气（参见图 7-6 及图 7-7）。这些企业大部分是美国和欧洲企业，剩余 1%的油气占有量则属于印度、中国和韩国等亚洲地区后来的角逐者，这些后来的石油企业具有很强的竞争力，当然，阿拉伯地区也乐于为这些企业提供更好的发展平台。例如，伊朗和伊拉克从 2009 年年初开始，签了 20 个协作或有协作意向的合同书，有 12 个是同日本、马来西亚、中国和韩国签署的。新兴市场国家石油公司在中东的油气合作，正呈加速发展的态势。

二、日本在中东地区的资源外交

日本对中东地区的资源外交始于 1973 年第一次石油危机，因为在第一次石油危机之前日本是根据美国的中东政策来确定本国对于中东地区的外交政策。中东地区的石油一直处在西方各国的掌控之下，在 20 世纪 70 年代

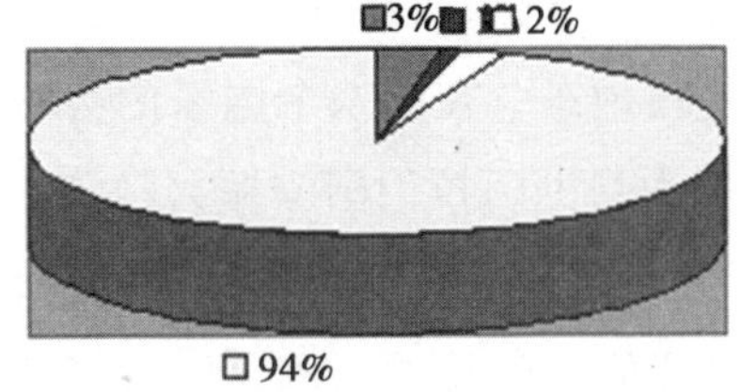

图 7-6　中东地区各类公司石油储量占有率

资料来源：王海运．国际能源关系与中国能源外交［M］．上海：上海大学出版社，2015：86.

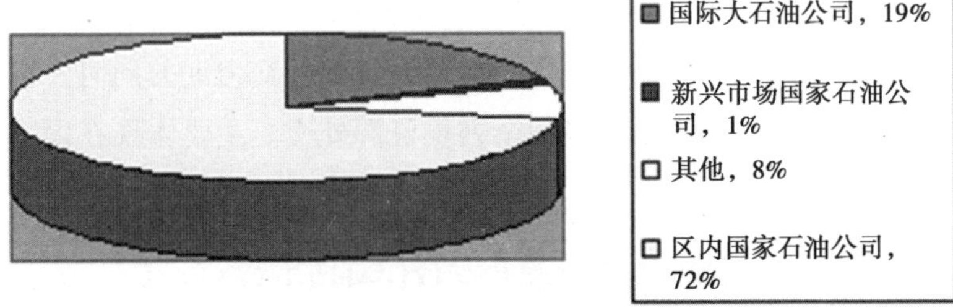

图 7-7　中东地区各类公司天然气储量占有率

资料来源：王海运．国际能源关系与中国能源外交［M］．上海：上海大学出版社，2015. 88.

早期，中东 87.6%的石油生产都是由西方八大石油公司①掌握着，日本则是通过这些石油企业获得 90%的石油进口供应。因此，这个时期虽然日本的绝大部分石油来自中东，但日本并没有因为依赖中东的石油就积极与中东建立良好的外交关系。直到第四次中东战争，阿拉伯国家为了向以色列和以色列同盟国表达自己的愤怒和坚决抵抗的态度，用石油做筹码要挟，他们将石油国有化，减少石油的出口量，减少开采量的同时提高售价，世界性的第一次石油短缺出现。这一次的危机也波及了日本经济，至

① 西方八大石油公司：美孚、壳牌、英国石油、德士古、埃尔夫-阿基坦、埃尼、阿莫科、埃克森。

此，日本政府认识到了中东外交的重要性，立刻采取措施调整外交策略。1973 年 12 月，副首相亲自带领访问团前往中东，在同八个国家的会晤中多次表示对阿拉伯国家的支持并许诺会努力帮助阿拉伯国家振兴经济，阿拉伯国家慢慢转变了对日本的态度，并由此揭开了日本资源外交的序幕。1974 年 1 月，田中角荣首相访问沙特阿拉伯等阿拉伯八国，以对资源产业、机械工厂、电子机器工厂等实施经济和技术援助为代价，恢复原油供给，并获得“友好国”认定。1978 年 9 月，福田赳夫首相又先后访问了卡特尔、伊朗、沙特阿拉伯等国家，而且在公众场合向以色列表示，希望其能撤出阿拉伯。在第二次石油危机爆发前的这次访问，增进了日本和中东产油国之间的友好关系，因此，同年 12 月份开始的第二次石油危机并没有对日本造成明显的冲击。进入 21 世纪，以小泉首相和安倍首相为首的日本政府更加注重中东地区的资源外交，在加大资源外交力度的同时，官民一体展开了发挥日本经济技术优势的全方位资源外交。主要体现在以下几个方面：

（一）构筑更广泛的海外资源开发合作对话平台

在首相小泉的积极推进下，“日本—阿拉伯对话论坛”于 2003 年正式成立，成为高层年度会议。2007 年安倍首相主导召开了由阿拉伯各国政府首脑和商业精英参加的“日本—阿拉伯会议”，确定加强日本与埃及、沙特阿拉伯在外交领域的对话和沟通。不仅如此，在 2016 年，安倍首相更是向沙特阿拉伯国家描绘了 2030 年的美好蓝图，并立刻付诸行动，还为项目的顺利实施成立了“日本—沙特愿景 2030 共同工作小组”。

（二）创造更多产业领域的合作机会

资源外交的目的，不仅在于获取更多的海外资源，更在于大幅度降低国内资源生产及传输的危险指数，并且与资源供给方维持良好联系，从而促进更多产业领域的合作。日本政府通过对中东地区的资源外交努力，从基础设施建设到健康医疗及文化体育教育，赢得了众多政府机构和企业参与的合作项目：如基础设施领域，日立制作所作为代表支持沙特的电力发展，建设变电所等基础设施；教育产业领域，在阿通过实施日本尖端技术方面的支援，促进了日阿布扎比教育与交流中心的运营；文化产业领域，在沙特阿拉伯通过实施解决炼油厂技术课题方面的支援，举办提升当地人才资质的国际研讨会等文化产业方面的合作；金融领域，东京证券交易所支持沙特的企业快速发展，给其提供各种机会，例如允许阿美石油公司在东京上市；医药卫生领域，日本和沙特促进两方教授与专家的学术交流，提供互相学习和合作的机会，充分展示了官民一体推进资源外交的决心，提供了其他产业领域的广泛合作机会。可见，日本政府实行的软实力渗透的政策十分有效地缩短了其走进资源国社会的时间，并且减弱了各国官员和民众的抗拒心理，外交冲突被有效处理，获得对方的认可，进而创造更多更广泛的双赢契机。与此同时，双方战略性及制度性的良好外交也因日本政府与之签订了双边投资、贸易往来不受限和结为经济伙伴等协议而得以建立。如2006年开始启动的日本与海合会（GCC）① 之间的自由贸易协定谈判，虽然目前谈判仍处于延期状态，但日本政府通过不断调整其自由贸易协定战略寻求合作机会。

（三）进一步提升了日本在海外资源开发中的话语权

日本一直使用“大国之间协调配合，并以此增强各国友好关系”的方式与中东地区进行邦交。如与主要的原油贸易国沙特阿拉伯的外交往来中，一是两国通过进行投资谈判，在经济方面的贸易往来逐渐深化，二是日本协助沙方助力其所在区域减少战火交锋，以此来增进双方在其他方面互惠互利的友好往来，推动两国全方位同盟的形成。在伊拉克问题上，日本政府对伊拉克战后重建工作提供支持，例如，在免去了伊拉克60亿美元负债的基础之上，资助多达50亿美元的石油开采项目启动资金；伊拉克总理2007年访问日本时，不仅达成了友好的合作关系，还获得了5.1亿美元用于水电资源的开发。在巴以争端事件中，日本主动参与缓和巴以关系。

---

① 海合会：海湾阿拉伯国家合作委员会（GCC：Guif Cooperation Council），简称海湾合作委员会，也叫海合会，成立于1981年5月，总部设在沙特阿拉伯首都利雅得，成员国包括阿联酋、阿曼、巴林、卡塔尔、科威特、沙特阿拉伯和也门（2001年12月加入）7国。宗旨在于加强成员国之间一切领域的协调、合作和一体化，以实现他们的统一；加强和密切成员国人民间的联系、交往和合作；推动成员国发展工业、农业、科学技术、建立科学研究中心、兴建联合项目，鼓励私营企业间的经贸合作。

巴基斯坦和以色列于 1996 年再次发生的争端中，日本政府“不偏不倚”，于 8 月委派日本外相池田行彦出访中东，同年 9 月约请阿拉法特访问日本，11 月由特使持首相桥本龙太郎信件前往会见埃及、以色列和巴基斯坦领导人，实行平衡路线。

综上所述，日本政府通过积极参与处理中东热点问题，最终进一步拓展了日本与产油国之间的价值认同和政治关系，在国际规则制定中争取了更多的参与权，增强了其国际社会存在感，为海外资源开发创造了更多的话语权。

第三节　本章小结

本章主要就日本海外资源开发战略推进措施中的外交措施及效果进行研究与阐述。在外交措施上主要从加强高层往来、采取技术资金援助手段、积极利用国际合作平台三方面进行。

首先，以加强高层往来为引领创造有利的国际环境，从田中首相到小泉政府再到后来的安倍内阁都积极推进资源外交往来，努力保证资源外交取得实质成效。如顺利地度过两次石油危机，并且在俄罗斯、中亚、中东、东南亚、非洲等地区获得众多资源合作权益，实现资源供给渠道的多元化，政府牵头的外交努力创造的安全有利的国际环境起到了非常重要的作用。

其次，以技术资金援助为手段树立国家友好形象，主要采取提供政府开发援助的办法，利用本国强大的技术和资本优势，帮助资源供给国改善基本民生状况，甚至建立更完备的产业体系，以此稳固两国的合作关系，提升在该地区的国际形象，为资源开发创造有利的社会基础。

最后，积极利用国际合作平台拓展开发空间，如积极协调执行国际能源署的决定、积极参与并主持 G7 能源部长会议、五国能源部长会议等国际能源大会、积极缔结自由贸易协议等具体措施，一方面巩固与其有资源开发合作的国家之间的交流与合作关系，另一方面还开拓了新的资源开发合作市场。

第八章

日本海外资源开发战略的技术措施

注重科技、注重教育是日本这个岛国的一大特点，根据日本总务省统计局资料表明，日本每年科学技术方面的投入在世界各国中位于前列。如研究经费的投入、研究费用占 GDP 的比重及技术贸易收支额等指标上，日本均名列世界前三。另外，日本政府在《能源基本计划》中也明确提出要解决日本能源供需结构的脆弱性，需要革命性的能源技术开发以及长期的技术开发研究投入。同时，2014 年 12 月通过制定“能源技术发展蓝图”更加明确在资源领域政府将继续大量投入技术开发的决心。

第一节　针对不同资源改良和提高开发技术

一、石油天然气资源

石油和天然气资源的勘探、开发技术主要包括。准确把握地下构造技术、提高勘探作业时间效率技术、提高资源回收率技术等。不断改良和提高这些技术不仅可以进一步确保资源供应，还使资源勘探、开发事业更有效率地进行。

（一）提高原油回收率技术领域

一般来说，持续生产原油会逐渐降低地层压力，以致难以自喷或者自喷时产量显著减少。因此，为了增加回收原油量，需将某种流体压入地层。JOGMEC 不仅通过基础研究，还通过与国内外的实证测试，推进提高原油回收率技术开发，在支援本国石油企业的同时致力于技术基础的研究以及推广。另外，通过与国外石油开发公司、研究机构的共同研究，为提高产油国原油回收率的技术推广做出贡献的同时，以高效生产原油为目标，积极开发把握油气层分布和形状的油气层掌控技术。

（二）非传统型油气田开发领域

在预计能源需求增长的背景下，对开发成本高且勘探风险比较低的非传统型油气田的开发利用，越来越受到产油气国和世界石油公司的关注。目前，页岩油等非传统型资源开发以基础设施齐全的北美为中心集中开展，从2000年年初开始开发，2010年开始进行大规模生产。在这样的环境下，日本对非传统油型油气田的开发技术的研究及普及，不仅在全世界范围内具有推广作用，确保了本国石油天然气资源的稳定供给，也起到了向产油气国推介日本的精湛技术的效果。因此，JOGMEC以在传统型油气田开发中研究出来的技术为基础，正确把握页岩的细微空隙，了解流动的核心分析技术，从岩石特性分析导出水压破碎的最佳化、从地震波数据读取岩石物性寻求生产性好的地域等，在页岩油方面推进技术开发与研究。

（三）海洋开发领域

自20世纪90年代以后，30%的石油和25%的天然气都是由海洋领域生产出来的。在世界尚未发现的资源量中，石油的13%、天然气的30%存在于北极圈。JOGMEC将海洋开发技术（大水深、冰海技术）定位为技术开发的重点领域之一，积极推进相关技术的研究开发。在大水深技术领域，为了解决最重要且世界资源企业最想攻克的停泊技术课题，JOGMEC与东京制钢株式会社共同进行了超过水深2000米的浮体式停泊装置技术的研究与开发，并取得一定的成果。在冰海技术领域，为了正确把握开发勘探对象区域的冰况，JOGMEC开发各种传感器技术，积累开发勘探所需的冰况数据，提供给资源开发企业。

（四）环境对策技术领域

在石油、天然气的生产中，附带着很多副产物。例如，石油生产中的地层水（伴随水）、天然气生产中的硫化氢等酸性气体及原油底部堆积的原油淤泥等。大量副产物的产生，使得在世界范围内强化了环境规制，要求适当处理这些副产物来降低环境负荷。JOGMEC 着眼于大量增加的即将枯竭油田生产所需求的伴随水处理技术，推进廉价且有效利用副产物的技术研发，积极投入原油淤泥减排技术。

（五）天然甲烷开发技术领域

甲烷是天然气的一个重要成分，大量存在于日本周边海域。对于资源极其贫乏的日本，甲烷成为国产能源的一个最好选择。为了成功开发甲烷水合物资源，2001 年 7 月经济产业省详细制定了《日本甲烷开发计划》，投资数亿美元研发相关技术，用于从沿海甲烷水合物沉积物中提取甲烷。《日本甲烷开发计划》作为从 2001 年度到 2018 年度长达 18 年间的长期计划①，设定了以下 6 个目标：第一，明确日本周边海域甲烷赋存状况和特性；第二，推定有潜力的甲烷水合物海域的甲烷气体储存量；第三，从有希望的赋存海域中选择可提取甲烷的领域，并探讨其经济性；第四，在选中的甲烷资源领域进行产出试验；第五，为商业性产出做技术性准备；第六，确立环境保护前提下的开发系统。通过此计划的顺利实施，最终在中部地区爱知县的太平洋海域，成功从沿海化石燃料“可燃冰”中提取出甲烷，成为世界上首个掌握可燃冰甲烷提取技术的国家。

二、金属矿产资源

随着探查地区的内地化、深部化的发展，探查工作的效率成为重要的要素。同时，随着矿石的品位下降和杂质的增加，从矿石中有效地提取金属的技术能力也变得越来越重要。为了更有效地进行探测作业的技术开发和从矿石中提取金属的技术研究，JOGMEC 积极推进金属资源的再循环技术的开发。

（一）探查技术开发领域

JOGMEC 从 1975 年开始进行各种探查技术的开发，近年来，特别致力

① 最初计划是到 2016 年为止的 16 年，在 2008 年的中期评价时变更。

于开发远程探测技术和高精度物理勘探技术。在资源探测中，新矿床的发现需要很高的技术能力，加上近年来，由于探测对象地区的内地化（腹地化）和深部化程度的加深，探测成功率降低，探测技术的高度化成为世界主要资源国家所面临的共同课题。JOGMEC 通过拥有自己的高度分析技术和勘探系统，提高日本自身的探测项目的成功概率，扩大与资源国家的差距，提高其影响力。

1. 远程遥感探测技术开发

远程遥感是使用装载在人造卫星或飞机上的传感器，在宽广的范围内快速获取地表表面数据的方法。远程遥感传感器包括“光学传感器”，用于测量太阳光照射到地表面反射光谱；“合成开口雷达”能够透过云和植被获得地表的信息。在金属资源勘探中，远程遥感用来探测金属矿床可能分布的地区，其中“光学传感器”主要用于植被较少的地区，“合成开口雷达”主要用于植被较多的地区。

2. 探索非洲金属矿床的分析技术开发

为了对资源潜力大，但尚未进行充分勘探的南部非洲进行资源勘探，JOGMEC 利用各种卫星数据等进行图像解析方法的研究。南部非洲有正岩浆状镍铂族矿床、沉积性铜矿床、碱岩附带的稀有金属矿床等，在地表上很难形成大规模的热水变质带的矿产资源，这些矿床运用传统的解析方法很难勘探成功。因此，JOGMEC 进行技术开发时，除了合成开口雷达数据、海拔数据（DEM）的地形解析、可视光短波长度之外，还考虑了热红外线的光谱分析，同时也考虑了这些技术的复合利用，根据每个矿床类型的特点探索最佳分析方法。

3. 高空间分辨率卫星数据利用技术开发

JOGMEC 以长期积累的各种远程感应分析技术开发为基础，从 2015 年开始开发利用新高空间分辨率卫星数据等的高精度、高效的遥感解析技术。

4. 高精度物理探查技术开发

物理探测是利用电磁、弹性波、重力等物理现象使地下状况可视化的技术。作为利用电磁性质的物理探查之一的 TEM 法（时间领域电磁探查法），被广泛应用于金属资源探查。但是，近年来探查对象呈深部化趋势，将感应线圈作为磁力计使用的传统测量装置存在探测深度不足的问题。JOGMEC 通过在 TEM 法的磁力计中引入高温 SQUID（超导量子干扰元件）技术，进行了旨在提高探测深度和精度的技术开发，已取得成功。现在作为主力装置的 SQUITEM3 号机，与以往的测定装置相比，探查深度有所提高，至今已在秘鲁、菲律宾等 JOGMEC 的实际项目中得到了广泛应用。目前，JOGMEC 正在实施新技术研发，今后有望实现更高精度、多成分磁场的测量，进一步提高探查的精度。

（二）选矿、冶炼、回收再利用技术开发领域

日本政府对于金属矿产资源的技术援助还包括湿式冶炼技术的开发①、难处理矿的选矿、冶炼技术开发②、铜原料中的杂质降低技术开发③、回收再利用冶炼原料的高质量化技术的开发④等。从成果来看，回收利用优先

---

① 铜的冶炼方法可分为干式冶炼法和湿式冶炼法。湿式冶炼法从 20 世纪 90 年代开始在生产中应用，并实现了飞跃发展。目前世界铜产量（约 1900 万吨）的约 20%是由湿式冶炼法生产出来的。相比干式冶炼法需要将开采的铜矿石进行粉碎、选矿、熔炼、电解精炼等程序，湿式冶炼法可将开掘的矿石积累堆积，从上部撒上稀硫酸即可将铜浸出。即湿式冶炼法通过溶剂提取，电解采集这一过程就能生产铜，与干式冶炼法相比，会大大降低其生产成本。

② 随着矿床的深部化，矿石中的杂质也会增加。JOGMEC 以选矿、冶炼技术处理困难的矿石为研究对象进行生产技术的开发和研究，并从 2014 年开始将必要的实验机器、装置依次导入金属资源技术研究所，完善其研究体制。目前，为了支援分离复杂硫化矿的选矿技术和浮选技术的开发，鼓励民间企业共同致力于各种选矿实验，包括矿物单体分离解析装置（MLA：Mineral Liberation Analyzer）为首的各种分析装置的研究。

③ 日本是从海外进口铜精矿，并在国内冶炼生产铜，而近年来，在进口的铜精矿中的有害物质具有增加的倾向。在铜精矿中混入的有害物质在冶炼过程中被分解成渣和烟灰等。这种有害物质持续增加的话，将会面临处理费用的上升和冶炼所内保管处理等问题，会影响冶炼厂的竞争力和稳定的操作。因此，日本在探索遵循当地环境规制的同时，在海外矿山进行分离和处理的矿石处理程序的开发。JOGMEC 与国内的铜冶炼企业及大学等研究机构一同进行相关技术开发。具体来说，（1）比现有技术更能详细地分析出铜矿石中的杂质形态的解析技术的开发；（2）为了促进矿物的单体分离的粉碎技术和其小型试验装置的开发；（3）有害物的无害化等技术开发。

④ 作为铜冶炼中的回收利用原料，铜的比例最多，但是废电子基板数也不断增加。日本国内的冶炼所大部分是以铜精矿的处理为前提而进行的。与铜精矿有不同成分的废电子基板类含有很多被称为“冶炼忌元素”的元素。如铝、难燃剂成分、不锈钢成分（铬、镍等）等。而通过将废电子基板在低温烘烤后实现物理性降低，将成为铜制炼高质量化的目标。因此，JOGMEC 将技术开发从研究室水平的测试开始，在技术开发的后半期会对前期结果进行测试，最终验证实验过程的有效性。

再生金属的技术开发方面较显著。此技术开发项目中，从使用过的小型家电产品回收的 5 矿种中，选择钽和钴两种，进行了从市内使用完毕的小型家电产品中循环利用该矿种的技术开发。实现了综合回收率钽 95.6%，钴 78%，掌握了新的循环利用方法的关键技术。

（三）海洋矿物资源开发技术领域

日本作为岛国，海底资源有可能成为金属矿物资源的新供给源，为此日本政府通过 JOGMEC 积极开展海洋资源开发领域的技术研发。

2012 年 2 月，搭载了船上设置型和海底着坐型两种挖掘装置（挖掘能力：海底 400m 和 50m）及远程遥控型无人潜水机（Remotely operated vehicle，ROV）等世界最尖端装备的海洋资源勘探船“白领”启航成功。“白领”是世界最尖端的调查船，也是日本政府在海外矿物资源开发技术领域最得意的成果，该调查船为了在船体动摇时也能安全地进行挖掘工作，在船体中部设置了被称为“月游池”的开口部，可进行钻头管的上下移动和大型调查仪器的投入。另外，为了保障各种调查机器的安全运行，调查船还配备了自动船位保持装置（Dynamic Positioning System，DPS），具有强大的定点保持功能，对日本资源型企业进行海洋资源勘探方面起了重要的作用。

第二节　对资源开发作业现场进行技术援助

一、石油天然气资源开发作业现场

作业现场技术支援事业具体是指对日本企业作为操作人员或准操作人员参与的直接探矿或资源开发项目，以解决这些项目所面临的具体的技术课题为目的，同本国企业共同实施技术研究的事业。主要由 JOGMEC 负责，以公开征集形式招募，每年实施 1~3 项的共同研究。关于共同研究得到的技术成果，尽可能地向其他国家企业同时公开，为拥有同样技术课题的外国企业，谋求知识的共享。2016 年（平成 28 年）实施了“八桥油田北秋田地区生产性改善技术实证试验（Phase2）”和“从原油提取 Asufa-rutenn 的生产障碍对策”等 2 项共同研究。2017 年作为“提高地表化学勘探精度的技术研究”，采用了最新的地表化学勘探技术，实施了以补充地震勘探、验证勘探开发经济性及精度，评价余目福川油田的追加潜力为目的的技术研究。

二、金属矿物资源开发作业现场

随着全球矿产资源需求的扩大，为确保原料而争取资源权益的活动更加活跃，日本的金属资源产业，在寻求构建循环型社会的应对措施的同时，开发现场也面临着更多更大的技术课题。如开发对象矿石的低品位化，冶炼过程中环境应对技术的要求及强化再循环措施等。JOGMEC 通过同矿山企业和综合商社等支援对象共同实施选矿、冶炼等生产技术的研究以及向社会公开公募提案等方法，帮助企业解决金属矿物资源开发作业现场所面临的各种问题。

三、煤炭资源开发作业现场

煤炭与石油天然气相比，碳的比例高、矿物成分多，通过燃烧排放出大量温室气体 CO_2的同时，排放气体中还含有氮氧化物（NOx）、硫黄氧化物（SOx）、水银和硼素等有害物质。因此，除去以 CO_2为主的有害物质成为煤炭技术开发作业现场越来越重要的技术课题。为降低有害物质的排放、提高矿床品质，日本政府积极推进技术支援，以提高生产效率、改善生产性、促进矿山开发。例如，在印度尼西亚的褐炭改质技术的可行性研究，就是为资源企业进行的作业现场技术援助之一。印度尼西亚富含褐炭，由于高水分、低发热量和自然发热性，即使生产成本低廉也不能出口，只能在当地小规模利用。将褐炭转化为经济可出口能源的技术尚未达到商业化。目前只有澳大利亚的协同式热水催化反应工艺（Cat-HTR）技术，预计将从 1t 干燥褐煤中制造出约 600kg 的 PCI 颗粒碳和约 1bbl 的合成油，具有良好的经济性。为了明确这项 Cat-HTR 技术对印度尼西亚褐炭的适应性，日本政府组织了实证实验。

第三节 技术支持及国内技术人才培养

一、技术支持

JOGMEC 除了开发相关技术和设备之外，还广泛利用已有的技术和研究设备。以日本的石油开发公司为首，对资源开发相关的企业或大学提供技术支持。如对使用 X 射线 CT 扫描仪的核心流动实验、PVT 试验为首的流体分析在油层内的流体行为评价、核心的弹性波速度测定等分析测量以及利用各种 GC-MS 进行原油的生物标志物解析等技术提供支持。

另外，JOGMEC 虽然在幕张和柏崎拥有很多研究设备，但在进行技术开发过程中，进一步意识到拥有尖端的实验、分析技术对于维持高科技开发能力的重要性，为此更进一步致力于研究设备的提升，同时，将所拥有的研究设备和开发出来的技术和专业知识用于技术支持和咨询。

二、开放技术中心实验室

技术中心（TRC），旨在进一步加强与日本民营企业的合作，致力于技术中心的实验室设施和技术信息的开放化。在开放实验室中，除了传统的研究外，还可以接受短期派遣人员，以满足日本民营企业的“技术课题/技术开发需求”。通过共同利用技术中心所拥有的资源来援助民营企业的资源事业，为日本的自主开发比率的增加做出贡献。

开放技术实验室的对象包括：在日本民营企业的油、气田权益中，与提高产量、降低成本有关，或者与日本民营企业获得新权益有关的项目等，有助于日本的石油、天然气的稳定供应的项目。在项目组成上，申请人和技术中心担当部门在共同讨论事业的波及效果（影响）的基础上，提交规定的申请书（开放实验室申请书）。

此外，JOGMEC 在《论文、成果物数据库》中公开迄今为止积累的技术信息供民间企业参考。技术信息包括技术中心年报、技术动向调查资料、学会演讲资料、论文等。同时，还公开了技术中心的实验分析机器列表、软件清单，以及无偿提供先进的仪器设备给日本相关资源企业使用。同时在“石油、天然气资源信息网站”上定期发布世界技术动向，帮助企业充分利用相关信息。关于信息交流与提供的途径，一方面通过在其网站定期公布《海外石油天然气动向月例简报》以及发行刊物的形式提供信息；另一方面定期召开座谈会，以调查部的经济学家、研究员对相关信息、政策进行解说、答疑咨询的形式进行，参加者包括企业、媒体以及政府专业人士①。

三、国内技术人才培养

国内资源开发技术人才培养是以确保日本企业的上游权益取得及维持，培养资源开发技术者为目的的措施。国内技术人员的培养，以石油天然气贸易相关的人才为对象，实施了从石油、天然气的勘探到开发、生产的一系列技术培训，以及有关项目评价等探矿开发基础知识的讲座。另外，在日本企业的第一线，面向资源类技术人员，实施以提高检层分析评价能力为目的的讲座、利用机构拥有的挖掘模拟技术专门面向挖掘工程师的讲座等各种类型讲座（参见表 8-1、表 8-2）。除此之外，面向国内的钻井技术人员，国际钻井承包商协议（IADC）② 认定的讲习会每年举行 10 次左右，并颁发证书。

---

① 资料来源：程永明，1965~2013 年论日本海外能源开发的支持体系——以 JOGMEC 为例［R］. 日本经济蓝皮书，2014：200.

② 国际钻井承包商协会（IADC），英文全称为 International Association of Drilling Contractors，成立于 1940 年，是唯一一家代表全球钻井工业界的组织。作为钻井行业的权威机构，IADC 美国钻井承包商协会的认证，已广泛被各国政府认可，并在业界享有很高的信誉。

表 8-1 2016 年技术研修课程详情

技术分类	讲座名 讲师名/讲义公司	使用语言	举办日期	期间	定员
生产	Artificial Lift Systems（人工采油技术）Roger Mcllroy 和 AGR TRACS	英语	2016. 10. 3—7	5 天	20
非传统型	Hydraulic Fracturing for Shale/Formation/Mr. Steve Hennings	英语	2016. 10. 24—28	5 天	20
物理探矿	Seismic Velocities Depth Conversion and Depth Migration（深度变换技术）/Mr. Scott Mackay	英语	2016. 10. 31—11. 2 事前讲义：10. 28	3 天+1 天	20
一般	E & P Business Simulation/（探矿、开发商业模拟）/Mr. Frank Jahn 和 AGR TRACS	英语	2016. 11. 8—11	4 天	16
油层工学：生产测试	Well Test Analysis-Theory and Practice（坑井测试分析技术）/Mark Cook 和 AGR TRACS	英语	2016. 12. 5—9	5 天	20
地质：根源岩	Geochemistry and Petroleum System/Modeling of Conventional and/Unconventional Resources/Mr. Kenneth Peters 和 NExT	英语	2016. 12. 12—16	5 天	20
油层工学：提高回收率（EOR）	增进回收技术 松本 行弘、船津 邦浩、河田 裕子、田村 浩平/日本石油工程	日本语	2017. 1. 16—20	5 天	20
地质（检层分析）	IBasic Logging Methods and Formation Evaluation Gary W. Batcheller / IPS	英语	2016. 10. 17—21	5 天	20
物探	Principles of 3-D SeismicInterpretation and（3D 地震探查数据解析/应用）Application Dominique Amilhon / IPS	英语	2016. 11. 14—18	5 天	20
地质（层位学）	Sequence Stratigraphy: An Applied Workshop Dr. Octavian Catuneanu/IPS	英语	2017. 1. 23—27	5 天	20

资料来源：JOGMEC 官方网站信息。

表 8-2　2017 年技术研修课程详情

技术分类	讲座名 讲师	使用语言	举办日期	期间	定员
挖掘	Integrated Basin Analysis with workshop Dr. Zhiyong He / IPS	英语	2017. 11. 13—17	5 天	20
页岩物性油层评价	Integrating Core, Log and Test Data William Clay Kimbrell, P. E., C. P. G., P. G. & Dr. Maghsood Abbaszadeh, Ph. D. / IPS	英语	2017. 12. 4—8	5 天	20
地质构造	Structural Geology Dr. Michael Urbat /CGG Services (UK)	英语	2017. 12. 11—13	3 天	20
存积岩特性（砂岩）	Sandstone Reservoirs Dr. Greg Samways /CGG Services (UK)	英语	2018. 1. 15—19	5 天	20
油层模拟	油层模拟的基础 松本 行弘、船津 邦浩、张 淑涛、大内 久尚、河田 裕子、中岛 千博/日本石油工程	日本语	2018. 1. 22—26	5 天	16

资料来源：JOGMEC 官方网站信息。

如表 8-1、表 8-2 所示，技术讲座涉及的领域专业性强、范围广，从前期勘探到开发生产，每个阶段都有相对应的技术讲座和研修班，技术人员可根据自己的需求来选择讲座。而且，大部分讲座都是英语授课，充分体现了日本政府积极培养国际资源开发技术人才的目的。

第四节　向资源国提供技术援助与人才培养

一、提供技术方面的解决方案

资源丰富的国家或者国际资源企业都面临着技术及环境等方面的限

制，比如，石油天然气资源丰富的国家或企业，面临着提高大水深油田或者非传统型资源的探矿开发技术、增强开发油气田的生产能力、应对环境规制等一系列的问题。而日本在各行各业都拥有尖端技术，也有能力将尖端技术应用于资源开发。JOGMEC 将根据产油国的技术需求，与日本企业共同向资源国提供有关技术方面的解决方案，为本国企业创造商业机会的同时，加强与产油气国之间的友好关系。具体支援方式如图 8-1 所示，分为四个步骤：

第一步，分析具体需求及供给：即确认产油气国的具体需求和日本所能提供的技术；

第二步，技术开发：JOGMEC 协同日本企业及研究机构等共同进行满足产油气国需求的技术开发、实证，并最终向产油气国提供解决方案；

第三步，技术解决方案研究：以产油气国为对象，将第二步的技术开发相关研究与企业访问等结合起来实施，加深产油气国对日本技术的了解、加强与日本的合作；

第四步，通过技术论坛推进：在 JOGMEC 技术论坛上，以提供日本企业与产油气国的“相遇场所”为目的，展望石油、天然气开发的未来，共同探讨采取的具体措施以及日本实现该措施的可能性。

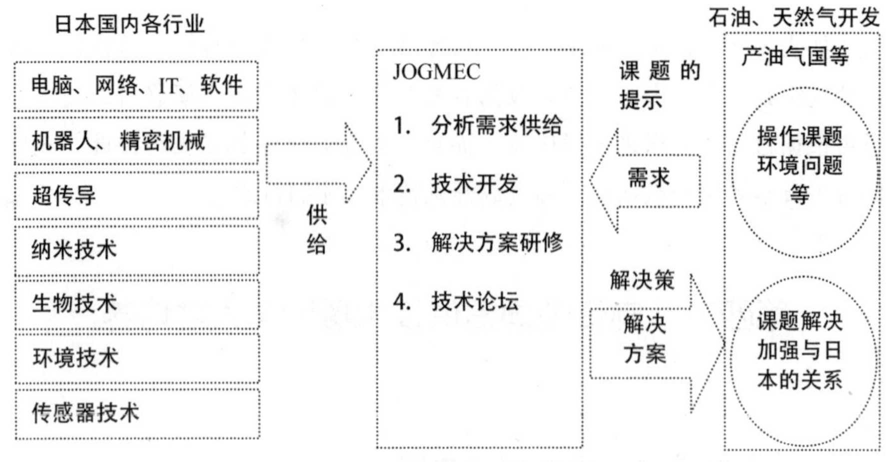

图 8-1 技术解决方案事业的流程图

资料来源：JOGMEC 官方网站信息。

同时，还开展国际共同研究，对于日本民间企业与油气生产国政府及国营石油公司之间难以开展的国际共同研究，由 JOGMEC 代表政府具体负责实施。目前已与墨西哥、巴西、阿拉伯联合酋长国、利比亚、越南等国家开展了国际共同研究，既加快了相关技术的研究进程，也增强了与油气生产国之间的关系。

二、实施技术转移

在亚洲的煤炭生产国家中，随着国内煤炭消费的大幅增长，扩大生产规模和生产安全成为新的研究课题。煤炭技术转移作为日本对煤炭资源拥有国推广的技术援助之一，主要利用日本积累的技术，向这些国家的煤炭生产人员，有效地转移安全生产技术。特别是中国、越南等国家，面临深部开采的技术难题，日本政府不仅对这些国家的技术人员提供煤炭开采、安保技术的指导，还派遣技术人员到煤炭生产国进行现场技术指导。

此外，日本政府还和莫桑比克政府签署了“煤炭产业发展 5 年计划”，推进以低品位煤的有效利用为目的的生物煤球制造，并实施人才研修和派遣专家现场指导等援助活动。

三、举办产油气国技术人员培训

日本对产油气国技术人员的培训，旨在为日本的资源外交做出贡献，谋求加强与产油气国家之间的关系。同时，作为能源消费大国，为了支持产油气国的长期而稳定的生产、供给体制，以及培养和发展 LNG 市场，日本持续推进技术人员的培养。

技术人员培训分为一般培训和特别培训两种形式，都是由各个领域的专家以授课和工作店学习等方式，实施有助于形成对日本的亲近感和信赖感的插花、书法、日本饮食等文化体验形式的培训。

一般培训，是基于长期的视角，目的在于在各个产油气国广泛地形成对日本石油开发的信赖感和对日本的亲近感，同时宣传日本企业拥有的尖端技术。一般培训也包括两种形式：第一，全部经费由日本政府承担的培训，即日本政府招聘资源国家政府机关、国有公司的技术人员赴日本以举办技术讲座的形式进行培训，主要设有“物理勘探”“挖掘管理”“油层工学”及“勘探地质”等4个课程，分别举办为期10周的培训。从1989年开始实施该培训制度以来，到2017年10月末为止，总共从48个国家招聘了3574名技术人员，开展了相关技术培训。第二，全部经费由企业承担的培训，即日本能源开发企业邀请油气生产国政府机关、国营石油公司的技术人员以及大学生等赴日本的企业、大学进行培训。从1996年至2012年3月，已有19个国家的217名技术人员参加了此类培训①。

特别培训是指根据日本的政策和资源外交动向以及来自对象国家的多样化需求，举办的为期数周的短期课程。

四、向资源国提供资源信息

通过矿害防治领域的活动加强与资源国之间的关系，召开矿害防治研讨会（参见表8-3）。介绍矿害防治经验，向资源国提供相关资源信息。

表8-3　矿害防治研讨会举办情况

召开国家	年月	参加人数	主要参加机构
秘鲁	2007. 06	41	能源矿山省
	2009. 11	60	能源矿山省
	2010. 11	55	能源矿山省
	2011. 11	60	能源矿山省
	2013. 02	109	能源矿山省
	2014. 02	100	能源矿山省
	2015. 02	99	能源矿山省
	2016. 02	90	能源矿山省
	2017. 02	80	能源矿山省

① 资料来源：程永明，1965—2013年论日本海外能源开发的支持体系——以JOGMEC为例［R］. 日本经济蓝皮书，2014：201.

续表

召开国家	年月	参加人数	主要参加机构
玻利维亚	2009. 07	42	矿业冶金省
	2011. 02	86	矿业冶金省
	2011. 11	192	矿业冶金省及地方政府
智利	2010. 06	65	智利地质矿业服务局
越南	2008. 08	26	天然资源环境省国际合作局、地质矿物资源局
	2011. 03	256	天然资源环境省地质矿物资源局
	2012. 08	62	天然资源环境省
中国	2008. 06	40	中国有色金属工业协会
柬埔寨	2011. 03	81	矿工业能源省矿物资源总局
	2012. 02	96	矿工业能源省
老挝	2011. 10	90	能源矿山省、天然资源环境省
	2012. 09	72	能源矿山省、天然资源环境省
	2013. 10	30	能源矿山省
	2014. 11	25	能源矿山省
	2015. 12	19	能源矿山省
缅甸	2012. 10	129	矿山省
	2013. 09	176	矿山省
	2016. 07	230	矿山省、天然资源环境保全省
菲律宾	2017. 01	134	环境天然资源省、菲律宾矿业协会
南非	2013. 02	80	南非、波扎那、辛巴威、坦桑尼亚、莫桑比克、纳米比亚等政府相关人员
	2014. 02	105	南非、安哥拉、波扎那、刚果民、加蓬、莱索托、马达加斯加、坦桑尼亚、莫桑比克、纳米比亚、赞比亚、辛巴威、尼日尔等政府相关人员
赞比亚	2013. 06	90	矿山、能源、水开发省
马达加斯加	2014. 08	124	战略性资源担当大臣府
波扎那	2015. 10	96	矿物能源水资源省

续表

召开国家	年月	参加人数	主要参加机构
辛巴威	2016. 03	94	矿山、矿业开发省
坦桑尼亚	2016. 09	112	能源矿物省
纳米比亚	2017. 02	99	矿山能源省

资料来源：JOGMEC 官方网站信息。

如表 8-3 显示，矿害防治研讨会自 2007 年在秘鲁第一次举办以来，到 2017 年每年在各个国家定期举办，而且秘鲁政府对于 2007 年实施的矿害防治研讨会给予高度评价。因此，应秘鲁政府的强烈要求，于 2008 年 12 月缔结了有关派遣矿害政策顾问的 MOU 协议，派遣期为 2009 年 4 月至 2011 年 3 月，为期 2 年。同时，秘鲁能源矿山省对 JOGMEC 以研讨会的形式分享资源信息的活动也给予了高度评价。另外，还应秘鲁政府的要求，从 2012 年开始，对能源矿山省的技术人员提供技术上的指导。

五、提供专门面向海外的技术教材

为了广泛推广日本的矿害防治技术、制度等，宣传尖端技术及经验，发行了包含矿害防治技术、制度信息的英语、西语、越南语、韩国语、缅甸语版技术资料。

第五节 大力支持环保技术的开发和应用

日本于“二战”之前已显现出其环境质量下降的情况，战争结束后，日本重点谋求经济发展，因此产生的一系列环境污染状况，皆被忽视，导致其生态失衡状况不断加重，出现因环境污染造成居民患病、死亡的“公害”事件，在当时所有污染情况危急的地区里，日本排在首位。环境破坏问题和能源短缺问题共同制约着日本经济的发展，迫使日本从 20 世纪 50 年代开始，致力于治理环境和解决能源短缺问题。环境保护技术的开发和利用以及环境保护政策取得了良好效果，遏制了环境污染恶化的趋势，使得日本从一个环境污染严重的国家转变成一个环保先进的国家（参见表8-4、表8-5）。

表 8-4　日本温室气体排放①量（1990 年至 2017 年）

单位：100 万吨 CO_2换算

温室气体	1990 年	2005 年	2014 年	2017 年
二氧化碳（CO_2）	1,162.5	1,310.8	1,268.7	1,227.4
甲烷（CH_4）	44.2	35.3	32.1	31.3
一氧化二氮（N_2O）	31.5	24.8	20.9	20.8
氢氟烃（HFCs）	15.9	12.8	35.8	39.2
全氟化合物类（PFCs）	6.5	8.6	3.4	3.3
六氟化硫（SF_6）	12.9	5.1	2.1	2.1
三氟化氮（NF_3）	0.0	1.5	1.1	0.6
合计	1,273.6	1,398.8	1,364.0	1,324.7

资料来源：日本统计局. 第六十八回日本统计年鉴　平成 31 年［EB/OL］. 日本统计局网站，2018-02-06.

表 8-5　日本各部门二氧化碳排放量（1990 年至 2017 年）

单位：100 万吨 CO_2换算

部门	1990 年	2005 年	2014 年	2017 年
能源起源②	1,066.8	1,219.0	1,189.4	1,149.0
产业部门（工厂等）	501.9	456.9	424.1	411.2
运输部门（汽车等）	206.2	239.7	217.1	213.3

① 温室气体排放，造成温室效应，使全球气温上升。由于人类活动或者自然形成的温室气体，如水汽（H_2O）、氟利昂、二氧化碳（CO_2）、一氧化二氮（N_2O）、甲烷（CH_4）、臭氧（O_3）、氢氟碳化物（HFCs）、全氟碳化物（PFCs）、六氟化硫（SF_6）等的排放。温室气体排放来源多为世界重工业发展产生，温室气体一旦超出大气标准，便会造成温室效应，使全球气温上升，威胁人类生存。因此，控制温室气体排放已成为全人类面临的一个主要问题。例如，2009 年年末在哥本哈根展开的全球气候会议，就是全球达成控制温室气体排放限制的一个世界性大会。

② 伴随着发电以及发热发生的二氧化碳排出量分配到各最终部门的排出量。

续表

部门	1990年	2005年	2014年	2017年
业务其他部门（商业、服务业、事业单位等）	137.0	238.9	274.0	265.4
家庭部门	130.6	179.9	189.1	179.5
能源转换部门（发电所等）	91.1	103.7	85.0	79.5
非能源起源	95.6	91.8	79.3	79.3
工业塑料及制品的使用	65.1	55.6	47.4	46.2
废弃物（烧毁等）	24.0	31.7	28.5	28.9
其他（农业、间接 CO_2）	6.5	4.5	3.4	3.4
合计①	1,162.5	1,310.8	1,268.7	1,227.4

资料来源：日本統計局. 第六十八回日本統計年鑑　平成31年［EB/OL］. 日本統計局网站，2018-02-06.

一、采取节能激励政策

2006年，日本经济产业省编制了《新国家能源战略》，把节约能源利用提高到了政府战略层面，进一步针对企业和居民分别采用不同的节能激励政策。在企业方面，增加节能设备研发的财政补贴；依据节能法，对能源年消耗总量换算成原油达到1500升以上的工厂实施能源管理；对企业（数家企业联合）大规模建设节能项目或引进高效能尖端机器补助成本的1/3或1/2；对企业鼓励其应用节约能源的配置，国家减征采购费用7%的税费；对减少能源成本的公司实行从特定银行借贷可降低20%～30%的利率，若从其他商业银行贷款，政府可通过准备金提供担保。在民用方面，对居民住宅实施标识制，对达标的家庭给予适当的补助；对居民引进节能热水器提供定额补助；加强绝热材料的研究与开发，以增加住宅绝热化的比例。另外，为支持企业节约能源并进一步拓展相关技术，政府在预算中

① 包括燃料泄漏等造成的排出量。

增加专项节能资金以提高民众积极性。

二、大力发展新能源技术

为了实现减排目标，改善环境质量，日本政府大力推进新能源的利用、大力发展原子能发电、优化能源供应结构，其主要政策措施包括：通过制定《新能源引进大纲》《关于新能源利用等的特别措施法》《关于促进新能源利用等的基本方针》等一系列法律，明确政府、能源供给者和使用者的责任和义务及新能源开发利用的实施细则；国家机关、公共设施必须依法带头采购新能源设备；实施“新阳光计划”①，促进新能源技术开发和储备，从而降低新能源的使用成本，确保占领未来新能源科技的制高点；改善供电系统的商业制度、技术标准和建筑标准等，为发展新能源创造良好的环境；通过政府补贴、财政担保、税收减免、提供政策性贷款等措施促进地方团体开发利用新能源。例如，对地方公共团体引进新能源提供100%的补助金，对地方新能源开发利用提供融资，对环境协调型能源设施建设补助50%，直接补贴利用新能源设备的家庭等。

三、明确政府、企业和公众的责任

在环境治理中，首先，减少环境负荷的首要责任由该废弃物的排放者承担，企业有义务对生产过程中排放的废弃物进行回收和处理，而且要对其生产的产品报废后进行合理回收和处置。其次，政府通过直接资金援助、提供利率优惠的政策性贷款、税收优惠、规划引导等措施，促进企业对资源的合理使用、再生资源的利用和对有害物质的回收利用。另外，公众积极参与环境保护。公众、非政府组织是监督和推进环境保护及治理的

---

① 日本的“新阳光计划”是开发新能源、节能、环保，三者的有机结合。1974年开始的阳光计划，主要是以石油危机为契机，以实现能源长期稳定安全供给为目标寻求替代石油产品的能源技术；1978年开始的月光计划，主要是开发节能技术，提高能源的利用率，回收可利用资源等等；1990年开始的地球环境技术的研究开发体制，系在地球环境技术方面开展人工光合作用固定二氧化碳、二氧化碳的分离、生物分解化学物质等技术的研究。日本政府在1994年开始了把阳光计划、月光计划和地球环境技术研究和开发体制融为一体的新阳光计划（能源环境领域的综合技术推进计划）。

主要力量；一般消费者有提供相关促进合理化使用能源的义务；“环境顾问”专家给企业、市民和市民团体提供环境保护方面的指导；在全国开展节约能源的国民运动。

第六节　本章小结

与其他行业相比，资源开发行业的技术要求更为明显，本章主要就日本海外资源开发战略推进措施中的技术措施进行研究和阐述。

日本对于资源开发行业的技术援助主要包括针对不同资源改良开发技术，对不同资源开发作业现场进行技术援助，如针对石油天然气资源、金属矿产资源、煤炭资源等；技术人才培养方面，除了对本国技术人才的专门培训之外，还对资源国家的技术人员进行派遣专家培训、邀请到本国进行培训等各种形式的培养方案；提供技术支持和咨询，开放实验室供企业和大学使用；大力支持环保技术的开发和应用；针对资源国家的技术难题提供解决方案、向资源国家提供各种技术信息以及提供专门面向海外的技术教材等。通过对技术措施的研究，可以发现日本对海外资源开发行业的技术援助不仅针对本国企业，还针对资源国家的企业，甚至发行汇编的矿害防治技术、制度信息的英语、西语、越南语、缅甸语版技术文本系列分享与世界各国。这一措施有助于提高日本的国际形象，宣传技术优势，进而有助于本国企业进军海外资源市场。

第九章

日本海外资源开发战略推进措施的成效

在政府积极领导、相关机构密切配合、企业积极参与实施的官民一体的海外资源开发战略体系的支撑下，日本海外资源开发事业在拓宽海外资源开发范围、提高资源自主开发比率、增加企业参与海外资源开发项目与权益、提高资源开发效率等方面均取得了显著的成效，对本国经济的发展起到了积极的促进作用。

第一节　资源开发权益方面的成效

一、拓宽了海外资源开发范围

二战后，日本集中开展海外资源开发始于 1957 年智利的 Porutesero 探矿项目，至 20 世纪 70 年代，资源开发项目规模小且主要开发地区比较集中。如石油等能源资源过度依赖于东南亚与中东地区（石油资源开发项目共 52 项中东南亚地区 23 项、中东地区 11 项），大多数矿物资源集中在发展中国家且主要依靠单纯购买。日本通过制定和实施一系列海外资源开发援助措施，在扩大资源开发地域和开发产业上取得了显著的成效。首先，开发地域上，从集中到分散且项目数量大幅增加：石油天然气资源开发方面，从东南亚与中东地区扩展到了俄罗斯、南非、越南等欧洲、非洲、亚洲地区；煤炭资源开发方面，截止到 2014 年，以三菱、伊藤忠、三井物产、住友等四大综合商社为中心，在海外取得煤矿的权益数达 150 多个；

金属矿物资源开发方面，2015 年铁矿石进口（自主探矿开发和贷款买矿）的 100%，铜矿石进口（自主探矿开发和贷款买矿）的 85%以上均由日本企业承担。其次，开发产业上，随着海外铜资源开发事业的成功推进，相继在中国安徽省、印度尼西亚爪哇岛、澳大利亚新南威尔士洲设立了铜冶炼企业。

二、提高了资源自主开发比率①

日本政府制定的海外资源自主开发比率的目标是到 2030 年为止石油天然气资源达到 40%；煤炭资源达到 60%；铜等金属矿物资源的自主开发比率将达到 80%。而 2018 年石油天然气资源的自主开发比率已经达到了 29.4%，创历史新高（参见表 9-1）；煤炭资源自主开发比率达到目标；铜资源的自主开发比率从 2010 年的 54%上升到 2015 年的 56%②。究其原因，主要动力还在于海外资源开发援助体系发挥了重要作用：第一，政府积极开展新资源开发项目。如在 2010 年，在日本政府的推动之下，日本石油资源开发公司（JAPEX）与伊拉克政府正式签署协议，同马来西亚国家石油公司（PETRONAS）共同开发伊拉克南部的 Garraf 油田。这是日本企业首次获得伊拉克油田的开采权，开发期限为 20 年。第二，政府积极的资源外交、JOGMEC 以及相关服务机构的协同支援、核心企业的创立等“三位一体”战略的推进。

表 9-1　2009—2018 年日本石油天然气资源的自主开发比率③的变化

年份	自主开发石油天然气收购量及国内生产量（万吨）	自主开发比率（%）
2009	124.1	23.1
2010	129.7	23.5
2011	129.6	22.6

① 根据《能源白皮书 2015》：自主开发比率=（日本企业权益下的原油、天然气的领取量+国内生产量）/（原油、天然气的进口量+国内生产量）

② 资料来源：日本経済産業省資源エネルギー庁. エネルギー白書（平成 29 年）[R/OL]. 资源能源厅网站，2018-06-08：256.

③ 从 2009 年开始石油与天然气合并进行自主开发比率的计算。

续表

年份	自主开发石油天然气收购量及国内生产量（万吨）	自主开发比率（%）
2012	129.4	22.1
2013	136.4	23.3
2014	139.1	24.7
2015	152.9	27.2
2016	153.3	27.4
2017	145.2	26.6
2018	153.1	29.4

资料来源：经济产业省官方网站信息资料。

三、增加了企业参与海外资源开发项目与权益

日本企业在政府的大力扶持下海外开发权益和项目的获得越发顺利，主要以组建财团“抱团出海”的形式参与海外资源开发活动，在投资形式上多为参股的方式而不苛求必须控股，一方面可以规避风险、分摊利益，另一方面也有助于获得资源的优先购买权，保障资源的稳定供给。如表9-2、表9-3、表9-4所示，在海外金属矿产资源开发方面，以综合商社为主通过直接获得开发权益、参股、独占对日本的贩卖权益、签订长期大型买卖合同等多种形式参与开发；在石油天然气资源开发方面，以国际石油开发帝石公司、新日本石油公司等核心企业为主，通过获得开发权益以及优先购买权的方式参与其中。

表9-2　日本企业参与谋划的世界主要液化天然气项目

年份	地区(国家)	项目	进展
2016	澳大利亚	Gorgon LNG（JERA、东京、大阪燃气企划）	开始生产
2018.10	澳大利亚	Ichthys LNG（INPEX 主导）	开始向日本供给
2018.12	澳大利亚	Prelude FLNG（INPEX 参与）	生产开始
2016.7	印度尼西亚	Tangguh LNG 扩张项目	决定启动项目
2016.2	美国	Sabine Pass	初次产品出货

续表

年份	地区(国家)	项目	进展
2018.4	美国	Cove PointLNG（东京燃气、住友商社参与）	开始向日本供给
2019	美国	Freeport LNGtoreinn1（大阪燃气、中部电力参与）	预计开始供给
2019	美国	CameronLNG（三井物产、三菱商社、日本邮船参与）	预计开始生产
2018.10	加拿大	LNG Canada 项目	最终投资决定
-	俄罗斯	日本企业规划的 LNG 项目计划中	
-	莫桑比克	日本企业规划的 LNG 项目计划中	

资料来源：日本経済産業省資源エネルギー庁. エネルギー白書（平成 28 年）[R/OL]. 资源能源厅网站，2017-06-02：211. 日本経済産業省資源エネルギー庁. エネルギー白書（平成 29 年）[R/OL]. 资源能源厅网站，2019-06-02.

表 9-3　日本企业参与海外金属矿产资源开发的项目与权益

公司名	权益比率（%）	相关金属资源项目	所属国家	备注
伊藤忠商社（株）	100	Zinnburuba 铁矿山	澳大利亚	2013 年 6 月开始；2014 年度生产 251 百万吨
	注资	Kaza zi betora 矿山	巴西	巴西钢铁大公司 CSN 合作
	10	Platreef 铂族金属、镍探矿	南非共和国	2010 年取得 2%、2011 年追加 8%
	49	铁矿石、其他制铁原料	中国	2014 年合作成立“天津物产天伊国际贸易有限公司”
	-	莫尔斯、溪煤矿	澳大利亚	2015 年 1 月开始生产，独占对日本的贩卖权利

续表

公司名	权益比率（%）	相关金属资源项目	所属国家	备注
	-	Roresutonn 煤矿	澳大利亚	澳洲昆士兰州
	-	Supurabari 煤炭	印度尼西亚	2015 年初开始生产
	20	Drummond International LLC 社的煤炭矿区	哥伦比亚	2011 年
	-	铀矿	乌兹别克斯坦	签订长期大型买卖合同
住友商社（株）	100	Assmang 的权益	南非	2007 年 1 月
住友商社（株）	30	Musa 矿山	巴西	2010 年
住友商社（株）	100	克勒尔蒙特煤矿	澳大利亚	2014 年 5 月
住友商社（株）	32.5①	安巴托维项目	马达加斯加	2012 年投产
住友金属矿山（株） 住友商社（株）	12 3	Morenci 铜矿扩建工程	美国	2013 年
住友金属矿山（株） 住友商社（株）	13.3 6.7	North parkes 矿山项目	澳大利亚	2011 年
住友金属矿山（株）	59	Mutooroo 铁矿勘探项目	澳大利亚	2010 年

资料来源：根据各公司、经济产业省、JOGMEC 官方网站信息整理。

注：除各公司官方网站信息外，根据 JOGMEC 网站信息和日本経済産業省資源エネルギー庁. エネルギー白書（平成 27 年）[R/OL]. 资源能源厅网站，2016-05-1：253-262/338-349；日本経済産業省資源エネルギー庁. エネルギー白書（平成 26 年）[R/OL]. 资源能源厅网站，2015-07-14：253-262/338-349；日本経済産業省資源エネルギー庁. エネルギー白書（平成 25 年）[R/OL]. 资源能源厅网站，2014-06-17：253-262/338-349；日本経済産業省資源エネルギー庁. エネルギー白書（平成 24 年）[R/OL]. 资源能源厅网站，2013-06-14：253-262/338-349 信息整理。

① 该项目由加拿大谢立特占股 40%、日本住友商社占股 32.5%、韩国资源公司占股 27.5%，三国企业共同持有。

表 9-4 日本企业参与海外石油天然气开发项目和权益

公司名	权益比率（%）	相关油田	所属国家	备注
出光 sunoure 石油开发	15	Fram 油田	挪威	2002 年
BP 日本	50	美国俄亥俄州的 Toledo 炼油厂	美国	2007 年负责下游工程
国际石油开发帝石（株）①	100	油气田	印度尼西亚	2015 年开始生产
	80	油气田	澳大利亚	2012 年开始生产
	5	阿布扎比陆上油田	阿拉伯联合酋长国	2015 年 4 月
新日本石油公司②	100	Ranndonn 油田	越南	1998 年开始生产
日本矿业（株）	50.5	PPL③56 矿区	澳大利亚	1990 年 10 月开始生产
帝石刚果石油（株）	32.28	Mibale 油田	刚果民主共和国	累计生产 2.28 亿桶
伊藤忠商社（株）	4.6	加勒比海油田	阿塞拜疆	-
	23.08	英邻北海油田	英国	2012 年开始生产
	5.9	巴蒂杰输油、原油管道	阿塞拜疆	-
	4.2986	阿齐久里海油田	阿塞拜疆	2010 年 8 月取得
三菱商社	1/6	North West Shelf（NWS）	澳洲	-
日本 LNG 公司	-	唐古（Tangguh）项目	印度尼西亚	25%向日本关西销售电力

资料来源：根据各公司官方网站信息、各年度能源白皮书信息整理。

① 国际石油开发帝石株式会社（INPEX）是日本国际石油开发公司和帝国石油公司在 2006 年 4 月合并成立的，是由日本经济产业省组织推动，其目的在于培育出可以与国际石油资本竞争的核心企业。

② 新日本石油公司（ENEOS）是 1999 年日本石油（NIPPON OIL CORPORATION，成立于 1888 年）与三菱石油（Mitshubishi Oil，成立于 1931 年）合并后成立的日本最大的石油公司，主要从事石油勘探开采、炼制与销售油品以及生产石化产品。

③ 全称：Petroleum Prospect License

第二节　资源开发效率方面的成效

本节尝试采用数据包络分析法（Data Envelopment Analysis，DEA）中面向输入优化的 C^2R 模型作为资源开发效率评价的理论模型，通过计算决策单位的相对有效值来说明日本实施海外资源开发战略的政策措施对日本海外资源开发效率的影响。

一、模型与方法介绍

（一）DEA 方法简介

数据包络分析（Data Envelopment Analysis），简称 DEA，是数学、运筹学、数理经济学和管理科学的一个交叉领域。数据包络分析是一种基于线性规划的用于评价同类型组织或项目工作绩效相对有效性的特殊工具手段。

1978 年，著名运筹学家 A. Charnes 及 W. W. Cooper 和 E. Ehodes 发表了一篇重要论文《Measuring the Efficiency of Decision Making Units》，发表在权威的《欧洲运筹学》杂志上，正式提出了运筹学的一个新研究领域，其模型简称为 CCR 模型。经过了 40 多年的发展历程，经典的 CCR 模型经过改进和拓展衍生出了大量更为高级的 DEA 模型。学者更是由最初的 CCR 模型推广到 BCC、Cobb-Douglas 型、NIRS、NDRS、FDH 模型等，并随着 DEA 模型的广泛运用，DEAP、LINGO、LINDO 等专门求解 DEA 模型的软件也孕育而生，这些软件的产生又促进了 DEA 模型的发展。它运用数学方法，包括线性规划、多目标规划、具有锥结构的广义最优化、随机规划等方法，把单输入、单输出的工程效率的概念推广到多输入、多输出的同类决策单元（DMU）的有效性评价中。DEA 模型在处理多输入、多输出的复杂系统中主要具有以下两大优势：第一，DEA 从最有利于决策单元的角度出发，以各决策单元的输入输出权向量为变量，避免了人为确定权向量；

第二，DEA 方法在不必确定输入与输出之间的显示表达式，具有很强的客观性。因此被广泛运用于经济与管理科学。

数据包络分析的基本原理是利用线性规划，求出决策单元的生产前沿面，只有落在边界上的决策单位其效率值称为有效，而未落在边界上的其效率值，称为无效。因此，我们可利用该方法计算一定时期内每一决策单位的相对效率，并且可以得到不同时期的效率值变化，还可以对各个评价单元进行排名比较。根据测算中规模报酬是否可变，可以将模型区分为规模报酬不变的模型 CCR 和规模报酬可变的模型 VRS。

（二）资源开发效率评价模型构建

1. CCR 模型

CCR 模型是 Chares、Cooper and Rhodes（1978）提出的第一个 DEA 模型。CCR 模型是有径向的、有角度的模型，某个决策单元（Decision Making Units，DMU）的全部投入指标或产出指标如果按照同一比例扩大或缩小的话，将会得到有效的改良效果。对于每一个决策单元 DMU_j 都有相应的效率评价指数：

$$h_j = \frac{u^T y_i}{v^T x_j} = \frac{\sum_{r=1}^{s} u_r y_{rj}}{\sum_{i=1}^{mn} v_i x_{ij}},\ j = 1,\ 2,\ \cdots,\ n$$

我们总可以适当地取权系数 v 和 u，使得

$$h_j \leqslant 1,\ j = 1,\ 2,\ \cdots,\ n$$

对第 j_0 个决策单元进行效率评价，一般说来，h_{j0}越大表明 DMU_{j0}能够用相对较少的输入而取得相对较多的输出。这样我们如果对 DMU_{j0}进行评价，看 DMU_{j0}在这 n 个 DMU 中相对来说是不是最优的，我们可以考察当尽可能地变化权重时，h_{j0}的最大值究竟是多少。以第 j_0个决策单元的效率指数为目标，以所有决策单元的效率指数为约束，就构造了如下的 CCR（C_2R）模型：

$$\max\ h_j = \frac{\sum_{r=1}^{s} u_r y_{rj0}}{\sum_{i=1}^{m} v_i x_{ij0}}$$

$$s.\ t.\ =\frac{\sum_{r=1}^{s}u_r y_{rj}}{\sum_{i=1}^{m}v_i x_{ij}}\leqslant 1,\ j=1,\ 2,\ \cdots,\ n$$

$$u\geqslant 0,\ v\geqslant 0$$

公式中 x_{ij} 第 j 个决策单元对第 i 种类型输入的投入总量，$x_{ij}>0$；yrj 第 j 个决策单元对第 r 种类型输出的产出总量，$y_{rj}>0$；v_i 对第 i 种类型输入的一种度量，权重系数；u_r 对第 r 种类型输出的一种度量，权重系数。$i=1,\ 2,\ \cdots,\ m$；$r=1,\ 2,\ \cdots,\ s$；$j=1,\ 2,\ \cdots,\ n$。

在上述规划的对偶规划中我们引入松弛变量 s^+ 和剩余变量 s^-，松弛变量表示达到最优配置需要减少的投入量，剩余变量表示达到最优配置需要增加的产出量。由此，不等式约束会变为等式约束，模型可以简化为：

$$\min \qquad \theta$$

$$s.\ t.\ =\sum_{j}^{n}\lambda_j x_j+s^+=\theta x_0$$

$$\sum_{j=1}^{n}\lambda_j y_j-s^-=\theta y_0$$

$$\lambda_j\geqslant 0,\ j=1,\ 2,\ \cdots,\ n$$

$$\theta \text{无约束}\ s^+\geqslant 0,\ s^-\leqslant 0$$

式中 j 是表示决策单元 DMU，i 是表示投入，r 是表示产出，X_j 为不同单元的输入，s^+ 松弛变量，s^- 是剩余变量，x_0，y_0 表示第 j_0 单元的输入与输出，λ_j 表示第 j 个决策单元的输入输出的系数。

2. VRS 模型

VRS 模型是在规模报酬可变为前提下，将综合效率分解为纯技术效率和规模效率，利用线性组合方式来评估效率。其基本模型如下：

假设有 n 个决策单元的 DMU_j（$j=1,\ 2,\ \cdots,\ n$），每个 DMU_j 都有 m 种类型的投入 $x_j=\{x_{1j},\ x_{2j},\ \cdots,\ x_{nj}\}$ 和 s 种类型的输出 $y_j=\{y_{1j},\ y_{2j},\ \cdots,\ y_sj\}$，对 j_0 个 DMU 进行效率评价的模型为：

$$\min\theta$$

$$s.\ t.\ =\sum_{j}^{n}\lambda_j x_j\leqslant x_0$$

$$\sum_{j=1}^{n}\lambda_j y_j\geqslant \theta y_0,\ j=1,\ 2,\ \cdots,\ n$$

$$\Sigma \lambda_j = 1$$

式中，$x_{ij} \geqslant = 0$ 表示第 j 个决策单元 DMU_j 的第 i 个输入量；$y_{ij} \geqslant = 0$ 表示第 j 个决策单元 DMU_j 的第 i 个输出量；θ 是一个 0~1 的标量，λ 是一个构成 n 维常数向量。引入松弛变量 s^+ 和剩余变量 s^-，松弛变量表示达到最优配置需要减少的投入量，剩余变量表示达到最优配置需要增加的产出量。由此，不等式约束会变为等式约束，模型可以简化为：

$$\min[\theta - \varepsilon(\sum_{t=1}^{m} s_i^- + \sum_{r=1}^{s} s_r^+)]$$

$$s.\ t. = \sum_{j}^{n} \lambda_j x_{ij} + s_i^- = \theta x_{i0},\ i = 1,\ 2,\ \cdots,\ m$$

$$\sum_{j=1}^{n} \lambda_j y_{rj} - s_r^+ = y_{i0},\ r = 1,\ 2,\ \cdots,\ s$$

$$\sum_{j=1}^{n} \lambda_j = 1$$

$$\lambda_j \geqslant 0,\ (j = 1,\ 2,\ \cdots,\ n)$$

$$s_r^+ \geqslant 0,\ (r = 1,\ 2,\ \cdots,\ s)$$

$$\lambda_i^- \geqslant 0,\ (i = 1,\ 2,\ \cdots,\ m)$$

ε 为非阿基米德无穷小量；θ 为效率评价指数，s^-，s^+ 为松弛变量。决策单元是否有效取决于 θ，s^-，s^+ 的值。

本书采用 DEA 模型中考虑规模收益的投入导向的 VRS 模型，计算整体效率、纯技术效率、规模效率。

二、变量的选择与数据收集

在变量的选择上主要选取能源方面的评价指标，通过对能源开发效率的影响来说明政策措施对整体资源开发效率方面的影响。

（一）输入变量的选择

作为输入变量，以体现政府的投入为主，选取了日本政府财政经费支出中的能源对策费用及外交费用两个变量。选取能源对策费用的原因有两点：第一，此模型主要通过政府的相关政策措施对石油天然气等能源开发效率的影响来证明对整个海外资源开发方面的整体影响；第二，能源对策费用是为了确保能源的长期稳定的供给，推进能源供求对策等各种措施所需要的经费，主要包括：（1）确保石油、天然气、煤炭的稳定供给所需经费：石油天然气基础调查委托费、石油资源开发技术的研究调查委托费、促进产油气国联合事业补助金、石油资源开采对策事业补助金、国际能源机构合作经费等；（2）JOGMEC 运营所需经费：JOGMEC 的运营费补助金、JOGMEC 关于石油天然气的探矿以及资产收购等事业的出资金、JOGMEC 船舶建造费补助金；（3）促进能源结构高度化对策费用：非化石能源技术开发费补助金、面向高质量的能源基础设施的海外扩展事业可能性调查事业委托费、为了推进矿物资源开发的勘探等事业委托费、国际可再生能源机构合作（分担）资金等。在日本企业的海外资源开发中，经济产业省起着领导作用、外务省和环境省起着协助作用，如上述章节中所介绍的组织措施、经济措施、外交措施以及技术措施的实施都是由经济产业省主导，相关机构协助执行。选择外交费作为输入变量是因为在日本海外资源开发战略中外交措施起着至关重要的作用，并且日本政府的一切外交活动几乎都与资源获取活动相关（具体内容参见第七章外交措施）。因此，输入变量选取了能源对策费、外交费两项体现政府方面投入的指标。

（二）输出变量

在输出变量的选择上对应输入变量，选取了在海外能源开发中所占比重最大的石油天然气能源资源。另外，在使用 DEA 研究能源开发效率时，一般采用能源产出总量或产品销售总额以及利润总额作为产出指标，因此本节直接采用原油生产量和天然气生产量作为输出变量。

（三）决策单元的选择与数据收集

考虑到本书主要研究的对象是政府的政策措施以及它的成效问题，因此评价单元选择以年份为基础，将评价对象确定为 n 个年份，我们将这 n 个年份称为 n 个决策单元。从 1995 年到 2010 年之间每五年选取一个年份作为决策单元，从 2010 年开始到 2018 年以每年作为一个决策单元进行评价。具体输入输出指标数据如表 9-5 所示。

表 9-5　模型原始数据

年份	输入变量		输出变量	
	外交费（10 亿日元）	能源对策费（10 亿日元）	原油生产量（1000KL）	天然气生产量（100 万 m^3）
1995	793	708	866	2237
2000	866	677	761	2499
2005	837	493	911	3140
2010	880	845	873	3396
2011	821	954	832	3298
2012	784	856	794	3276
2013	850	850	687	2995
2014	870	1303	644	2822
2015	907	968	597	2734
2016	937	971	549	2754
2017	889	969	562	3008
2018	881	972	499	2708

资料来源：根据日本各年度统计年鉴数据整理。

三、结论与分析

采用 DEA 模型中考虑规模收益的投入导向的 VRS 模型，使用 DEAPvision2. 1 分析软件进行 DEA 模型计算。计算结果见下表：

表 9-6　总体效率分析（EFFICIENCY SUMMARY）

DMU	评价单元（年）	总体效率 crste	纯技术效率 vrste	规模效率 scale	规模报酬状态
1	1995	1. 000	1. 000	1. 000	-
2	2000	0. 807	0. 934	0. 864	irs
3	2005	1. 000	1. 000	1. 000	-
4	2010	0. 956	1. 000	0. 956	drs 递减
5	2011	0. 984	0. 999	0. 985	drs 递减

续表

DMU	评价单元（年）	总体效率 crste	纯技术效率 vrste	规模效率 scale	规模报酬状态
6	2012	1.000	1.000	1.000	-
7	2013	0.859	0.930	0.924	irs 递增
8	2014	0.776	0.901	0.861	irs 递增
9	2015	0.725	0.866	0.838	irs 递增
10	2016	0.711	0.839	0.848	irs 递增
11	2017	0.810	0.882	0.918	irs 递增
12	2018	0.736	0.890	0.827	irs 递增

注：

总体效率 crste = technical efficiency from CRSDEA

纯技术效率 vrste = technical efficiency from VRSDEA

规模效率 scale = scale efficiency = crste/vrste

规模效率等于 1 为有效，小于 1 为效率不高，dcr 递减，icr 递增。

根据年度效率评价的结果如下：

（1）在总体效率评价中，1995 年、2005 年、2012 年的总体效率为 1，处于规模报酬固定状态；其他年度为非 DEA 有效单元。

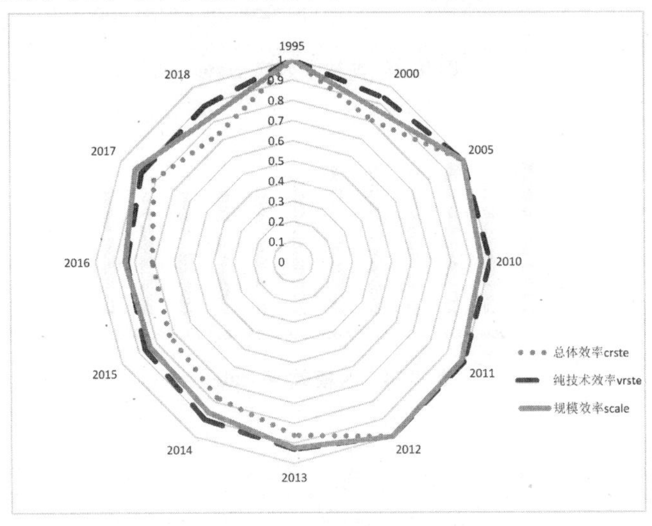

图 9-1 效率雷达图

（2）2010 年、2011 年处于规模报酬递减阶段。2000 年、2013 年至 2018 年均处于规模报酬递增阶段。

（3）纯技术效率评级中，1995 年、2005 年、2010 年、2012 年的纯技术效率为 1，为 DAE 有效。最小值为 2016 年的 0.839。

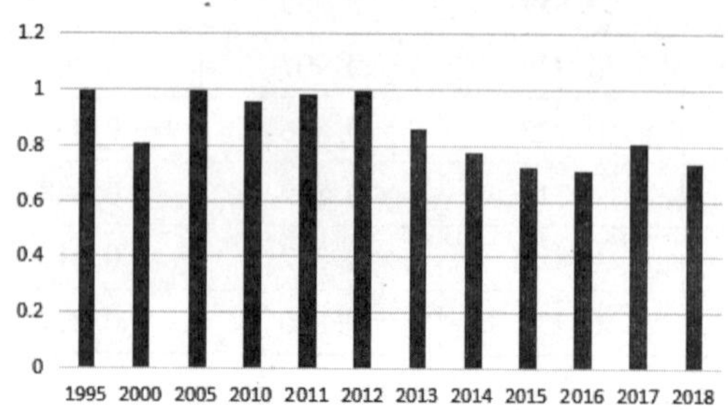

图 9-2　总体效率 crste

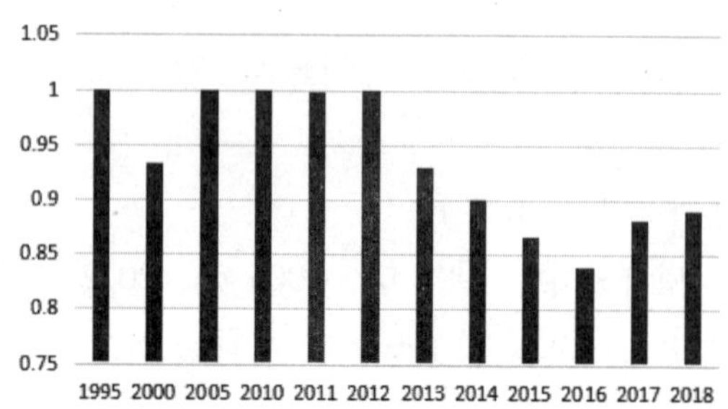

图 9-3　纯技术效率 vrste

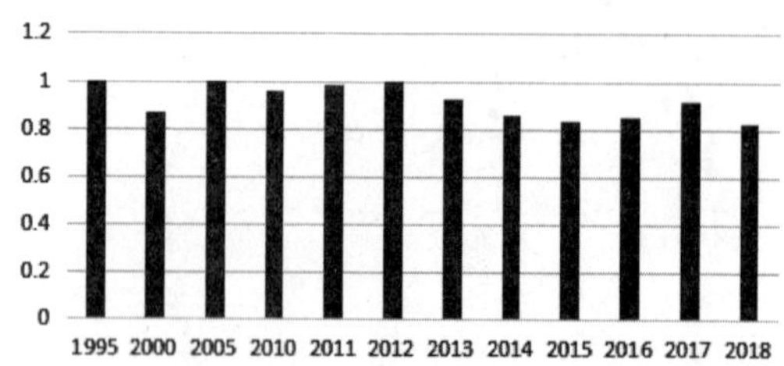

图 9-4　规模效率 scale

第三节　本章小结

本章就日本海外资源开发战略推进措施的成效进行探讨，对推进措施成效的分析主要以资源开发权益和资源开发效率两个方面为切入点，对资源开发权益的成效进行分析时使用定性分析方法，在对资源开发效率的成效进行分析时使用定量分析方法，通过对定性分析与定量分析相结合来探讨日本海外资源开发战略推进措施的成效。

首先，使用定性分析法探讨了政府的推进措施对海外资源开发权益方面的成效，主要成效体现在以下三个方面：第一，拓宽了海外资源开发范围；第二，提高了海外自主开发比率，石油天然气资源自主开发比率由2009年的23.1%提高至2018年的29.4%；第三，增加了企业参与海外资源开发项目与权益。

其次，利用DEA数据包络模型分析了推进措施对资源开发效率方面的成效。从总效率分析中可以发现，1995年、2005年、2012年这三个年份效率最高为1，此外，从2013年到2018年也体现出规模报酬递增，说明资源产出的增加比例是大于政府的投入增加比例，即政府的政策措施达到了提高资源开发效率的效果。从技术效率和规模效率中也可以发现除了2016年之外，其他年份都表现出较高水平。

第十章

日本推进海外资源开发战略对中国的启示

日本海外资源开发战略的顺利推进给资源极其匮乏的日本带来了经济发展所需的稳定且安全的资源，但战略推进过程中也存在企业掌握运营权的海外事业过少、核心企业无法与欧美资源巨头抗衡等问题。因此，我国应根据基本国情，认真分析当前海外资源开发现状及特点，同时借鉴日本的经验教训，从政府、行业、企业层面制定和实施符合我国国情的海外资源开发战略措施。

第一节　日本推进海外资源开发战略的经验教训

如前所述，日本的海外资源开发战略推进措施的顺利实施，在企业获得更多资源开发权益、提高资源自主开发比率、拓宽资源开发范围以及提高资源开发效率方面取得了较显著的成效。但与此同时也存在一些不容忽视的问题，如企业参与资源开发项目多，但实际掌握运营权的项目少；在政府的主导下企业间的协作增强了，但能够与国际资源巨头相抗衡的核心企业却成长缓慢。

一、经验

日本的海外资源开发战略的顺利实施，既保证了本国资源安全，又增强了日本资源企业的国际竞争力。第一，对内稳定资源供给、保证资源安全。众所周知，海外资源开发权益的获得需要前期投入巨额资金，但日本资源开发企业受近年来原油价格连续下跌的影响，财务状况不佳，资金能力薄弱，这在一定程度上制约了企业的海外资源开发活动。但同时，资源价格的低迷，又给日本企业带来获得优良资源权益的良好机会。为克服海外资源开发企业的财务困境，抓住拓展海外资源开发的有利时机，日本海外资源开发支援体系发挥了独特的支撑作用。日本政府通过多国合作，特别是强化与资源供给国之间的合作，加强资源外交，为企业进军海外创造良好的国际环境；政府机构下属的推进机构和服务机构，充分发挥协调和服务功能，大力扶持企业积极参与海外资源开发活动，从而提高了资源开发企业的开发效率、开发水平和自主开发比率，增加了企业在资源拥有国的资源开发权益，稳定国家资源供给，为促进经济发展所需资源提供安全保障。第二，对外增强日本资源开发企业国际竞争力。日本的海外资源开发支援体系的不断完善，有助于提升日本海外资源开发企业的国际竞争力。表现其一，在现有海外资源开发支援政策之下，日本政府对资源行业制定的低税率、高补贴政策，一方面降低了资源型企业的成本，增加了企业的效益，增强企业内生动力；另一方面，政策优惠带来的企业成本的降低，可以使企业有更多的资金和精力投入技术创新和管理创新上。表现其二，在海外资源开发援助体系中，日本政府除了设立专门的技术研发中心——产业技术综合研究所地质调查综合研究中心为海外资源开发事业提供技术援助之外，JOGMEC 也针对不同种类的资源设立了专门的技术研发部门负责技术研究与创新，并不断地增加研究和开发经费，增强了企业在开发技术上的国际竞争力。

二、教训

（一）资源企业掌握运营权的海外事业过少

日本海外资源开发战略体系的实施在获取资源多元化渠道、保证本国资源稳定方面取得了显著的成效，但对资源生产量的增加及运营权参与方面效果不明显。拥有悠久的海外资源开发事业历史经验以及高技术水准的日本，除了国际石油开发帝石公司之外的大部分民间企业依旧停留在以股份参与形式为主的阶段。而且，2014 年以来持续低迷的油价造成全世界资源开发的收益恶化，日本的海外资源开发及投资活动也遭受打击，尤其综合商社等民间企业频频遭受损失。其中三井住友商社 3000 多亿日元[①]的损失导致股价下降 16%；丸红商社在加拿大原料炭项目中损失 120 亿日元；伊藤忠商社仅在美国液化气项目中就损失 50 亿日元，除此之外在巴西铁矿石项目和哥伦比亚煤炭项目中也有巨额的损失（参见表 10-1）。

表 10-1　日本资源开发企业的损失规模　　单位：亿日元

企业	2015 年 3 月基准	2016 年 3 月基准	前年比减少金额
伊藤忠商社	3，006	2，404	602
三菱商社	4，006	1，494	5，500
三井住友商社	3，065	834	3，899
INPEX	778	167	611

资料来源：신장철. 일본의 해외자원개발과 소고쇼샤（總合商社）의 역할기능에 관한 연구［R/OL］. 한국무역학회，2017-04-30.

大部分民间企业受损的原因当然与资源价格的持续低迷有关，但最主要的原因还是在于日本民间企业参与海外资源开发事业的形式上。日本资源企业参与海外资源开发事业的方式主要采用股份投资形式，即只收购海外开发事业的股份，以获得优先购买权，而不直接参与矿区的开发与生产，没有运营权。不管从海外项目的产业性，还是从技术波及效果方面看，掌握运营权更具有优势。作为日本海外资源开发事业的核心企业国际石油开发帝石公司虽然已经成长为可以独自承担石油天然气以及矿区开发事业的企业，但除了澳大利亚 Ichthys 项目和印度尼西亚 Abadi LNG 项目等一部分运营权事业之外大部分仍然以股份参与形式为主进行海外资源开发。不调整当前的参与海外资源开发事业的形式，日本将很难实现“2030 年自主开发比率提高到 40%以上”的目标。因此，日本政府应在加大民间企业支援力度的同时，鼓励民间企业转换参与海外资源开发事业的形式，

① 美国液化气项目 1700 亿日元；巴西铁矿石项目约 500 亿日元；澳大利亚煤炭项目约 300 亿日元，其他项目约 500 亿日元。

尽量以运营者的身份直接参与矿区的勘探、开发和生产环节，掌握资源开发的核心环节。

（二）政府过度保护下核心企业成长缓慢

2014年以来的低油价局面，不亚于2000年左右的超低油价对世界石油开发产业带来的打击。2000年前后的低油价局面经OPEC加盟国及非加盟国的努力，比较迅速地得到改善，但是目前的低油价形势，出现长期化趋势。根据IEA统计结果，全球石油天然气上游开发部门投资额连续两年下滑，以石油为主的各国石油开发企业的财务状况也在恶化。在这种形势下，主流石油公司非常重视股东的利益，明确要保持应对低油价长期化的财务能力。通过生产成本（OPEX）和资本支出（CAPEX）的削减降低成本，以优良资产更换不良资产的方式，推进投资的“选择”和“集中”事业。主要涉及液化天然气项目、大水深油气田开发项目、可预测经济性的现有事业、已经发现但未开发的资产收购及在本公司核心区域的资本集中等（参见表10-2及表10-3）。如表10-2所示，美国的埃克森美孚在2017年2月收购了巴布亚新几内亚的液化天然气生产商Inter Oil公司，此外还取得了已经确认了煤气储藏量的莫桑比克和塞浦路斯海域的大水深勘探矿区。另外，荷兰皇家壳牌集团（荷兰/英国）在2016年2月收购了被称为英国气体主流的BG，获得了澳大利亚的液化天然气资产和该公司核心区域巴西的水深油田权益。

表10-2 欧美主流石油公司收购优良资产的案件

时期	买主	对象国及公司	概要
2015.10	Exxonmobil	莫桑比克	取得该国的大水深探矿矿区
2016.10	Exxonmobil	塞浦路斯	取得该国的大水深探矿矿区
2016.12	BP	阿拉伯联合酋长国	以股票交换取得阿布扎比ADCO矿区10%的权益
2016.12	BP	埃及	从Eni手里收购Zohr气田10%的权益
2017.01	Exxonmobil	美国	以总额66亿美元收购Permian石油资产

续表

时期	买主	对象国及公司	概要
2017.02	Exxonmobil	Inter Oil 公司 巴布亚新几内亚	对于其他公司已经达成的收购协议，2016 年 7 月通过提出对抗性收购的提案，取得该国气田权益

资料来源：根据经济产业省资源能源厅信息整理。

如上述选择性、战略性的资产收购和企业收购并存，世界各主流石油公司表示将推进对非战略分类资产的出售。特别是，与 BG 合并的荷兰皇家壳牌集团，为了重新构筑最适合的组合平衡，在 2016 年至 2018 年的 3 年内出售 300 亿美元规模的资产。另外，加拿大的页岩油资产以 72.5 亿美元、美国墨西哥湾资产以 4.25 亿美元进行出售，伊拉克的油田权益和挪威的上游资产也将出售（参见 10-3）。

表 10-3 投资重组案件

时期	对象国	概要
2016 年 2 月	英国	收购 BG（British Gas）
2016 年 7 月	美国	将墨西哥湾资产出售给美国中小新兴企业
2016 年 10 月	加拿大	哥伦比亚州的页岩油资产出售给当地的上游企业
2016 年 10 月	马来西亚	Saba 冲油田权益的 25%出售给当地的上游企业

资料来源：日本経済産業省資源エネルギー庁. エネルギー白書（平成 27 年）［R/OL］. 资源能源厅网站，2016-05-17.

但是，这样的大规模收购重组潮流中却看不到日本核心企业的身影。虽然日本政府已经将目前的低油价形势，看作日本企业收购优良资产的良好机会，不断增加对本国企业的支援力度及海外投资预算，但是没有能够承担起此重任的主流企业。一般在国际上活跃的世界主流石油天然气开发企业的生产规模日产量大概超过 100 万桶，而在日本，即使是生产规模最大的石油天然气开发企业国际石油开发帝石公司，2015 年的生产量也只停留在日产 51.4 万桶。为了能与欧美主流核心企业相竞争，生产规模的扩大是最首要的课题。以国际石油开发帝石公司为代表的日本资源企业，必须在政府的扶持下，迅速成长起来；而日本政府方面应从过度保护调整为适当保护，让企业走出自己的核心企业之路。

第二节 中国海外资源开发实施现状及问题分析

一、中国海外资源开发实施现状

（一）中国企业海外资源开发模式

1. 契约式模式

目前，中国企业在海外开发资源时多选用以下三种资源开发契约式模式。

（1）合资、并购、重组模式

与资源国的石油企业进行联合开发合作。

资源国石油企业普遍具有资金充足、信息渠道灵通、作业环境熟悉等优势，但这些公司长期依赖国际石油公司，造成其缺乏先进的油气勘探开发技术且作业经验不足。因此，我国石油企业可利用开发技术和施工经验的优势与资源国的石油企业进行联合投标。例如，中原油田在2000年9月和沙特公司进行联合投标，承揽3+1年施工任务，顺利进入世界第一产油大国。这种迎合双方共同优势和利益的合作方式不仅能够提高中标率还可快速熟悉资源国当地的经济环境、文化习俗、商业惯例和法律法规，实现降低风险、成本，快速开拓市场的目的。

与有经验的大型跨国资源型企业进行联合开发合作。

我国资源型企业在进入国际市场初期经验不足，参与国际投标时可采用与有经验的大型跨国公司进行联合投标的方式。这种方式不仅增加了中标可能性，分散了投资风险，又可学习大型跨国公司的经验和技术，实现自身生产经营管理及作业队伍的培养和锻炼，有利于扩大对外影响，积累海外开发项目的运作经验。例如，与澳大利亚 BHP 公司及英美国家大型跨国石油公司合作，进行澳大利亚本土和中国近海领域的石油勘探开发。这种开发合作模式可采用合资以及分包等方式，不涉及资产转移，不形成公司合并，因此也获得了我国三大油气企业（中石油、中石化、中海油）的认可和实际运用。

签订无风险服务合同。

无风险服务合同是一种风险较小的开发合作方式，这种方式只需承揽工程、提供技术服务就可获取利益，但由于竞争激烈，收益也相对较少。比如，渤海钻探、东方地球物理等在印度尼西亚、伊拉克、委内瑞拉等国家进行油气勘探开发的工程劳务承包。

此外，第一个铁矿投资合作项目①（首钢秘鲁铁矿）与第一个铜矿投资合作项目②（中色赞比亚谦比希铜矿）正是通过并购、合资、重组模式获取。

（2）租赁生产模式

巴基斯坦山达克铜矿项目就采用租赁生产模式，2001 年年初由中国冶金科工集团有限公司③取得了 10 年的租赁生产经营期。

---

① 首钢秘鲁铁矿项目：1992 年 12 月，中国首钢总公司通过投标方式，以 1.18 亿美元并且承担 4200 万美元债务的条件，收购了这家濒临倒闭的秘鲁国营企业，作为其原料生产基地。目前，首钢秘鲁铁矿拥有 1702 名职工，可年产 700 多万精铁矿粉。

② 中色赞比亚谦比希铜矿项目：1998 年 6 月中色与赞方签订合资合作协议，国家出资 1900 万美元、中色出资 100 万美元，收购了赞比亚谦比西铜矿 85%的权益。同年 9 月 28 日，中色非洲矿业有限公司正式接管谦比西铜矿。项目于 2000 年 7 月 28 日开工，2002 年 7 月 28 日试车投产。设计规模：日采矿石 6500 吨，年采矿石 214.5 万吨，选厂日处理矿石 6500 吨，年产铜精矿 117718 吨。附：资料来源：都伟《中国企业进行海外资源开发的模式和存在的风险分析》中国外资，2010 年 7 月，总第 221 期。

③ 中国冶金建设集团公司（中文简称中冶集团，英文简称 MCC）是中央管理的大型企业集团，现有总资产约 360 亿元，拥有技术和管理人员 47600 多人。集团拥有近 70 家全资和控股子公司。中国冶金建设集团公司的发展目标是：工程为主、经营多样、技术密集、管理密集、资金密集、国内一流、世界驰名、跨国经营的现代化大型企业集团。中冶集团是中国冶金工业的开拓者和建设者，承担了宝钢、鞍钢、武钢、攀钢等国家主要钢铁工业基地的主要建设任务，为中国冶金工业的发展立下了功勋。中冶集团也是国家基本建设战线上的主力军，在市政、路桥、电力、化工、矿山、轻工、环保、电子、有色、航天航空等多个领域，为国家基本建设和国民经济的快速发展做出了巨大贡献。作为国际知名承包商，中冶集团在海外各地开辟了广阔市场，足迹遍及五大洲，承建了一大批具有重要影响和良好经济效益的项目，受到了项目所在国的好评和欢迎。

（3）安哥拉模式

中国为非洲提供的贷款性质开发金融服务最早应用于中国—安哥拉合作项目，因此国际上也将“一揽子合作模式”称为安哥拉模式，或者简称为 RFI 模式（Resources For Infrastructures，资源换基建模式）。我国企业秉承着互惠互利的原则，采用“资源换基建”的方式，解决这些资源丰富却没有相应技术的国家经济上的困难，拓展国外项目，建设大型基础设施。成功项目有以下几个：

第一，中国—安哥拉合作项目。

2002 年结束了内战的安哥拉开始了国家重建事业，但是这个事业所需要的资金十分庞大，因此安哥拉向全球寻求经济援助。可是国际货币基金组织（IMF）资助的要求让该政府无法接受，于是安哥拉政府将金融援助转向成本高昂，并且需要以石油出口作为担保的国际私人金融市场。在这一背景下，中国特色的 ODF（官方开发金融 Official Development Finance）来到该国境内。中国和安哥拉的领导人在 2003 年签订了框架协议，我国负责海外贸易的银行与安哥拉财政部随后签署了最终贷款协议，中国在 2004 年拨出首笔贷款，这笔 20 亿美元的资金将全都用来建设该国家的基础设施，分 15 年还清，这里面有五年的时间是宽限期（Grace Period 该时期内安哥拉只需要付利息不需要还本金）。该笔贷款以安哥拉石油出口来支付，从此安哥拉成为中国在非洲最大的贸易伙伴。该国每年提供约 1500 万桶石油，是中国原油重要来源之一，这种合作方式叫作“石油换基建”。

第二，中国—俄罗斯合作项目。

和上述情况类似的国家还有俄罗斯，俄罗斯每年向中国输出 1500 万桶原油，总共 20 年，并且开放俄罗斯至中国的石油输送管道，而中国则需要贷款给俄罗斯 150 亿美元并提供 100 亿美元的贷款给俄罗斯石油运输公司。

第三，中国—刚果合作项目。

中方企业集团出资给刚果建设大型和紧急国家基础设施建设项目，总额不超过 30 亿美元，基础设施建设项目的投资用矿业合资公司的利润收益偿还。

2. 投资模式

（1）储量购买

这是一种通过多种方式出资购买资源国资源储量的投资合作模式。包括通过直接收购已勘探未开采的油气储量、收购有一定油气储量的小型石油公司以及直接购买已开采尚有一定开采剩余的老油田等。

（2）获得转让的勘探开发股份

国际知名石油公司经常为了分散风险，将其已获得作业许可证区块的部分勘探开发股权用国际公开招标形式进行转让，我国石油公司可通过对这些成熟区块部分股权进行收购的方式参与油气勘探开发，与国际资源企业进行合作开发。这种合作方式可利用对方已经拥有区块的全部资料进行深入资源评价，减少了评价失误和不确定性，增加了工作效率和效益预测准确性。

（3）与主权国直接进行油气田勘探开发合作

我国资源企业往往拥有较好的信誉和雄厚的技术与经济实力，且通过在国内几十年对各类油气田的开发和作业，积累了成熟甚至国际先进的开采技术和开发经验，因此也可直接以技术、设备和经验为突破口与资源国进行油气开发合作。目前运用较多的合同方式包括产品分成合同、风险服务合同、联合作业合同和新型混合合同等。

（4）出资控股形式购买股份

目前国际上资源国政府大多允许外国企业对其国有资源企业的股权进行购买，如全球最大产油国沙特阿拉伯国有的阿美石油公司也正在运作IPO吸引国际石油公司和投资公司参与。我国资源企业也可通过资本运作的方式，采用出资购买资源国国有资源企业一定股权的方式获得油气田的开采和经营权。

（二）中国资源外交的现状及特点

中国要发展需要消耗大量的能源，在资源方面的外交策略其实和英美这些传统资源消耗国的外交政策还是有很多相像的地方，属于以资源为目的的外交。通过访问、对话，以贸易、经济上援助，技术上扶持等形式和这些拥有丰富资源的国家互惠互利，相互依存，为资源型企业走出去搭建平台、维护企业海外资源利益。我国资源方面的外交在多年的探索总结之后，也有了自身独特的风格，并且获得了许多成功。

1. 首脑外交中资源外交比重增大

近年来，与中国有资源合作关系的国家在国家领导人出访对象中占有相当的比重，且资源一直是国家领导人出访日程表上的重要内容和外交的重要议题。

2. 对话机制日趋多元化

与资源国加强对话交流的方式有领导人的交流、围绕能源展开的高层会议，多方或双方论坛、公司和学界对此展开的研究和讨论。

3. 合作领域不断拓宽

合作的类型多种多样，有传统能源如石油、煤炭和天然气的分享协作，也在可再生能源开发利用上有着共同的目标；不仅在这些领域有着共同利益，在工程建造方面也互相帮助；不但经济上做到互相支持，而且在政治观点和策略上也加以讨论研究达成一致；既有与个别国家和地区的合作，也有与国际能源署、能源宪章等国际组织及机构之间的对话与合作。

（三）主要战略资源的海外开发现状

近年来，在政府的支持和推动下，中国的海外资源开发不断发展，国有企业的海外石油业务不断扩展，并购了很多海外企业，在海外的资源渠道也得以开辟。由我国政府领导、海外资源国配合的这种合作模式也在稳步推进，海外能源产量和权益产量不断增长。

1. 石油天然气资源的海外开发现状

（1）政府主导下的海外油气合作快速推进

2008 年国际金融危机爆发以来，资源国石油收入大幅下降、资金压力加大，这种情况却意外地促进了我国和相关国家资源合作关系的加强，在国家领导人的带领下，我国先后与哈萨克斯坦、俄罗斯、巴西等国家签署了贷款合作协议，开创了“政府指导，商业运作，金融促贸易，贷款换石油”的互利互赢新模式。如表 10-4 所示，中国向哈萨克斯坦提供 100 亿美元的贷款，中国石油天然气集团获得哈萨克斯坦国家石油公司收购曼格什套石油天然气公司行动的参与权，并最终获得其 50%左右的股权；中国向俄罗斯提供 250 亿美元贷款，俄罗斯以石油为抵押，以供油偿还贷款，从 2011 年至 2030 年按照每年 1500 万吨的规模向中国通过管道供应总计 3 亿吨石油；中国国家开发银行向巴西国家石油公司提供贷款 100 亿美元，巴西国家石油公司与中国石化之间的原油贸易量从 2008 年的 300 万吨提高至 2010 年的 1000 万~1250 万吨，远期石油贸易量将达到 3000 万吨/年。一系列能源合作协议的成功签署使中国未来石油进口多元化和供应安全得到了保障，同时也缓解了资源国的资金需求，使消费国和资源供给国的利益更加一致，对全球能源市场的稳定发展起到了积极作用。

表 10-4　中国企业与油气资源国合作的主要情况

合作国	中国企业	涉及金额	合作内容
巴西	中国石化	100（亿美元）	中国国家开发银行向巴西国家石油公司提供贷款 100 亿美元，支持巴西国家石油公司在石油勘探、开采和炼化等领域的资本投资。同时，巴西国家石油公司与中国石化之间的原油贸易量从 2008 年的平均 300 万吨提高至 2010 年的平均 1000 万~1250 万吨，远期石油贸易量将达到 3000 万吨/年。巴西国家石油公司还将积极考虑与中国石化及其他中国石油公司合作开发巴西石油区块，加强双方上中下游一体化合作
俄罗斯	中国石油	250（亿美元）	中国向俄罗斯提供 250 亿美元贷款，俄罗斯以石油为抵押，以供油偿还贷款，从 2011 年至 2030 年按照每年 1500 万吨的规模向中国通过管道供应总计 3 亿吨石油。中俄双方组建了东方能源公司，俄方持股 51%，中方持股 40%，主要在俄罗斯进行地质勘探及能源项目融资

续表

合作国	中国企业	涉及金额	合作内容
哈萨克斯坦	中国石油	100（亿美元）	中国向哈萨克斯坦提供 100 亿美元的贷款，同时中国石油天然气集团参与哈萨克斯坦国家石油公司收购曼格什套石油天然气公司的行动，并获得其 50%左右的股权
厄瓜多尔	中国石油 中国石化	21（亿美元）	中国石油向厄瓜多尔国家石油公司购买原油，预先支付 10 亿美元，在未来两年内，该公司向中国石油每月出口 40 万吨原油，还拥有比规定数量多供或少供 5% 原油的选择权 中国石化投资 10 亿~11 亿美元与厄瓜多尔国家石油公司设立一家合资公司，开发位于厄瓜多尔东部某油田的区块，中国石化将持有合资公司的 40%的股权

资料来源：张生玲．能源资源开发利用与中国能源安全研究［M］. 北京：经济科学出版社，2011.

（2）战略性能源通道建设初步成型

随着中国能源对外依存度的不断提高，开辟维护我国能源安全的资源渠道就显得尤为关键，这不仅是战略上的要求，也是国际局势对我国提出的挑战。目前，中国已初步形成四大战略性能源通道：一是中俄原油管道，年输油量为 1500 万吨①，系 2009 年 2 月中国石油天然气集团以 250 亿美元的贷款，从俄罗斯石油公司和俄罗斯石油运输公司换取的权益，成为我国最大最稳定的原油供给渠道。二是中亚至中国的油气资源通道，负责输送天然气和石油。我国把该地区当作西气东输的重要资源来源。三是马六甲海峡“黄金水道”。中国进口原油要从海上运输就必须经过最窄处只有 3.7 千米左右，深度只有 25 米的马六甲海峡。然而，因为原油进口到我国的数量上升，航道拥堵，降低了航道的运营效率和安全性。四是中缅石

① 俄方在 2011—2030 年的 20 年间每年向中国提供 1500 万吨的原油。

油通道。中缅石油管道的建设，对于减缓对马六甲海峡的过度依赖、开发利用缅甸国内丰富的天然气资源、完善我国西南地区石油天然气管线、形成战略性能源通道格局具有重要意义。

（3）海外并购数量及规模迅速扩大

1993 年以来，我国在石油需求上变为净进口国家。在此背景下，通过实施“走出去”战略，我国不断推进本国经济的快速发展和世界经济一体化。中国石油公司成功迈入国际油气勘探开发市场，相继开发了南美、亚太等六大油气勘探合作区。1997 年 10 月，中石油集团赢得了秘鲁塔拉拉油田第七次强化采油项目的竞标。自中石油拿到第一个独自运营的国外油气项目并进行油田采矿作业以来，中国石油企业不断增加海外并购数量、扩大规模，迎来并购高峰，并通过收购，进一步深化油气合作。（参见表 10-5）

表 10-5　2009 年至 2015 年中国石油企业海外油气并购事件

序号	企业	海外油气并购事件
1	中国石油	中国石油联合哈萨克斯坦国家油气公司收购曼格什套石油天然气公司的全部股权
2	中国石油	中国石油宣布以 10 亿美元完成对新加坡石油公司 45.51%股权的收购，并将对新加坡石油公司其余股票发出强制性有条件现金收购要约
3	中国石化	中国石化宣布以 72 亿美元收购瑞士阿达克斯石油公司（Addax Petroleum）普通股，创下中国历史上最大石油资产交易的纪录
4	中国石油	伊拉克政府举行自 2003 年以来首次大型能源招标，英国石油公司和中国石油联合中标伊拉克最大油田——鲁迈拉油田，获得鲁迈拉油田的技术服务合同
5	中国石油	国家发改委批准中国石油收购新日本石油大阪炼厂部分股权，中国石油将收购大阪炼厂 49%的股权
6	中国石油 中国海油	中国石油和中国海油以 155 亿元向西班牙石油巨头雷普索尔-YPF 公司（Repsol-YPF）提出了收购其阿根廷子公司 YPF 的收购提议

续表

序号	企业	海外油气并购事件
7	中国海油	中国海油宣布，中国海油与中国石化以13亿美元联合收购了马拉松石油公司下属马拉松安哥拉32区块20%的权益
8	中国石化	中国中化集团以8.75亿美元收购英国Emerald Energy石油公司，以进入哥伦比亚和叙利亚的油田业务
9	中国海油	中国海油成功购得墨西哥湾4块勘探区块的部分权益，这是中国石油公司第一次在传统意义上被认为是美国后院的墨西哥湾拥有油气资产
10	中国石油	中国石油通过股票市场公开交易的方式与哈萨克斯坦国家石油公司Kaz Munai Gas收购了该国第四大石油公司Mangistau Munai Gas的全部股权。该笔交易的定价为26亿美元，可使中国石油增加5亿桶原油储量
11	中国石化	收购尼日利亚、北海和埃及等在产项目，使中石化油气权益产量首次超过3000万吨
12	中国海油	以151亿美元整体收购加拿大油气企业尼克森，使中海油油气权益产量增长接近1倍，达到1800万吨
13	宝莫股份	以不超过人民币1.2亿元的出资形式购得加拿大锐利能源公司51%的股权
14	复星国际有限公司	以4.41亿美元现金收购澳大利亚洛克石油有限公司

资料来源：根据各石油公司官方网站信息整理。

（3）海外能源权益产量稳定增长

截至2017年年底，中国企业拥有210个海外油气项目，大部分由三大国有石油公司中石油、中石化和中海油牵头。另外，中国大约50%的海外石油权益产量来自中石油，28%来自中石化，其余来自中海油和民营企业。如表10-6所示，从2007年至2017年，中国石油企业海外油气产量中的权益产量保持稳定增长，2007年为4500万吨，2013年首次突破1亿吨，2017年达到了1.9亿吨。

表 10-6 中国石油企业海外油气产量 单位：亿吨

年份	2007	2008	2009	2010	2011	2012	2013	2014	2015	2016	2017
权益产量	0.45	0.51	0.55	0.60	0.87	0.90	1.0	1.3	1.5	1.7	1.9

资料来源：表中 2007—2009 年的数据来自张生玲．能源资源开发利用与中国能源安全研究［M］．北京：经济科学出版社，2011；2010—2017 年的数据来自各石油公司官方网站信息。

2. 矿物资源①的海外开发现状

目前我国已发现矿产 171 种，已探明储量的矿产 159 种，其中能源矿产 8 种、金属矿产 54 种、非金属矿产 90 种、水气矿产 3 种。虽然我国矿产资源门类比较丰富，部分矿种储量居世界前茅，但人均仅为世界人均占有量的 58%，居世界第 53 位②。近十年来，尤其是 2008 年金融危机以来，我国矿物资源勘查开发投资保持良好发展势头，投资模式日益成熟。

（1）采矿业境外直接投资起伏较大

受金融危机影响，我国采矿业对外直接投资在 2010 年出现大幅下降后，2011 年至 2014 年重新出现稳步增长的趋势，但进入 2015 年又开始下降，而到了 2018 年全国对外直接投资总额下降的大环境下，采矿业却增加了 2.4%（参见表 10-7）。

表 10-7 我国对外直接投资净额及采矿业对外直接投资净额

年份	我国对外直接投资净额	采矿业对外直接投资净额	占比
2008 年	559.07 亿美元	58.23 亿美元	10.42%
2009 年	565.28 亿美元	133.43 亿美元	23.60%
2010 年	688.11 亿美元	57.14 亿美元	8.31%
2011 年	746.54 亿美元	144.45 亿美元	19.35%
2012 年	878.03 亿美元	135.43 亿美元	15.43%
2013 年	1078.43 亿美元	248.07 亿美元	23.00%

① 矿产资源是经济学的概念，是指在现有的经济技术条件下可供开采和利用的有用矿物资源集合体。矿物资源是指由地质作用形成的具有一定物理性质的单质或化合物。

② 数据来源：中国矿业网 http：//www.chinamining.org.cn/index.php？m = content&c = index&a = show&catid = 6&id = 27256.

续表

年份	我国对外直接投资净额	采矿业对外直接投资净额	占比
2014 年	1231.19 亿美元	165.49 亿美元	13.44%
2015 年	1456.67 亿美元	112.52 亿美元	7.73%
2016 年	1701.00 亿美元	86.70 亿美元	5.11%
2017 年	1582.90 亿美元	83.00 亿美元	5.30%
2018 年	1298.30 亿美元	99.97 亿美元	7.70%

资料来源：根据中华人民共和国国家统计局数据整理。

（2）境外矿业投资主体呈现多元化

从投资企业性质上看，国有企业一直是矿产资源海外投资的主体，约占投资项目数量的 70%、投资金额的 45.52%。近年来民营企业把握海外投资机遇，发挥特色优势，逐步成为境外矿业投资新兴力量的主力军，2013 年境外投资金额超过国有企业，占投资总额的 54.48%①、2018 年占比提高至 59%②。

（3）境外矿业投资流向较为集中

我国境外矿业投资项目主要分布在亚洲、非洲、美洲、欧洲、大洋洲等 57 个国家，其中亚洲和非洲是投资重点区域。据统计，2017 年我国境外投资项目中，投资在亚洲和非洲地区的分别占 47% 和 42%、其次为拉丁美洲占 10%、其他地区的投资不足 500 万美元③。投资项目的区域分布与投资流向基本一致，分布在亚洲和非洲的项目合计占总量的 92% 。

（4）我国企业在海外获得的矿业权益增多

如表 10-8 所示，以中国有色集团、中国冶金建设集团、中国五矿集团等为中心的中国资源企业活跃在国际资源市场上，在海外获得铜、锌、镍等重要矿产资源的开采权益以及优先购买权。

① 王丹．我国矿产资源领域“走出去”现状与形势分析［J］经济师，2016（10）：188.

② 张伟波等．在新的机遇和挑战中继续前行——我国矿业国际产能合作形势分析与展望［N］中国矿业报，（2020-03-08）［2020-03-25］http：//www.zgkyb.com/yw/20200308_61421.htm.

③ 叶锦华等．破解矿业产能合作难题的中国方案［N］中国矿业报社，（2018-11-22）［2020-03-25］http：//www.zgkyb.com/yw/20171122_46285.htm.

表 10-8　我国主要矿物资源海外权益项目

企业	国家	项目内容
铜资源		
中国有色金属矿业建设集团有限公司①	赞比亚	1998 年，获得 Chambishi 矿山（铜）85%的权益，2002 年开始生产，2005 年年生产量 2.1 万吨
中国冶金建设集团公司	巴基斯坦	2001 年 11 月，Saindak 矿山（铜）中国冶金建设集团公司与巴基斯坦政府签订 10 年间的租赁经营合同。2003 年 8 月生产开始（年产 2 万吨）
中国有色金属矿业建设集团有限公司	马来西亚	2004 年 11 月，中国有色矿业建设集团有限公司在 Kelantan 州获得铜资源等的勘探权和采掘权
中色国际矿业股份有限公司②	澳大利亚	2004 年 12 月，与澳大利亚 ORD 资源公司签署合资合作合同，认购 ORD 资源公司的股份，成为 ORD 资源公司第二大股东，并获得该公司生产的所有矿产品的销售权，以及勘探、设计、工程承包和设备供应的优先权。国际矿业公司拥有 ORD 资源公司其他股东出让股份的优先购置权

① 中国有色矿业集团有限公司（简称“中国有色集团”，英文缩写“CNMC”）成立于 1983 年，是国务院国有资产监督管理委员会管理的大型中央企业。主营业务为：有色金属矿产资源开发、建筑工程、相关贸易及技术服务；在国内拥有中色股份和东方钽业两家上市公司。是中国企业实施“走出去”战略、开展有色金属矿产资源领域国际投资与合作的排头兵。2016 年 8 月，中国有色矿业集团有限公司在“2016 中国企业 500 强”中排名第 95 位。

② 简称“中色国际”，英文缩写“CNMIM”，成立于 2002 年 8 月 26 日，是一家以在境内外开发有色金属矿产资源为核心主业，具有投资、运营、地质勘查、科研、设计、施工、生产、贸易和技术咨询服务的国际化矿业公司。在全球经济飞速发展，资源竞争日益激烈的大环境下，公司围绕有色金属资源勘探、开发的主业，围绕“资本、资源、资产”三大板块，逐步搭建起了融资平台、项目平台、现金流平台。通过投资中国周边国家和地区的有色金属矿产项目以及英国、澳大利亚等发达国家的成熟矿业市场，中色国际已在澳大利亚、老挝、吉尔吉斯斯坦、塔吉克斯坦、赞比亚等国家和地区成功投资了一批极具潜力的资源项目，取得了长足发展。

续表

企业	国家	项目内容
金川集团有限公司①	智利	2005 年 1 月，与瑞士 Marc Rich 投资公司签订共同投资合同，并获得铜精矿的专卖权
云南铜业集团有限公司②	老挝	2005 年 3 月，与老挝政府签订铜资源开发相关的探矿合同，并在老挝北部 3 省获得 8 个铜矿山的探矿权
五矿集团公司③	智利	2005 年 5 月，获得智利 Gady 项目的 25%～49%的资本参与权
锌资源		
中国冶金建设集团公司	蒙古	2005 年 8 月，开发蒙古国图木尔庭—敖包锌矿山
中国冶金建设集团公司	巴基斯坦	开发 Duddar 锌矿山，2007 年开始生产，锌精矿年产 5 万吨、铅精矿年产 2 万吨
镍资源		
中国冶金建设集团公司	PNG	2004 年 2 月以全额负担开发资金的代价获得 Ramu 探矿项目 85%的权益，年生产量为 33 千吨

① 金川集团股份有限公司（简称金川公司）是采、选、冶、化配套的大型有色冶金、化工联合企业，生产镍、铂、铜、钴、稀有贵金属和硫酸、烧碱、液氯、盐酸、亚硫酸钠等化工产品以及有色金属深加工产品，镍和铂族金属产量占中国的 90%以上，是中国最大的镍钴生产基地，第三大铜生产基地，被誉为中国的“镍都”。

② 云南铜业（集团）有限公司（简称“云铜集团”）是经云南省人民政府和原中国有色金属工业总公司于 1996 年批准，由原云南冶炼厂、东川矿务局、易门矿务局、大姚铜矿和牟定铜矿组建而成的大型企业集团，业务以铜金属探、采、选、冶、加为主，涉及锌、钛、钼、磷等资源开发，金、银、铂、钯等多种稀贵/稀散金属综合回收以及地质勘探、工程咨询、化工生产、期货经纪、物流运输、国际贸易等多个行业。云南铜业股份有限公司坐落于中国彩云之南的滇池之滨、铁峰山麓。物华天宝，人杰地灵。公司凭借“有色金属王国”的天时地利，其悠久的历史、先进的技术、科学的管理、优质的产品、热忱的服务和不懈的追求，使之在中国铜工业中占有重要地位。

③ 中国五矿集团公司成立于 1950 年，是以金属、矿产品的开发、生产、贸易和综合服务为主，兼营金融、房地产、物流业务，进行全球化经营的大型企业集团，现由国务院国有资产监督管理委员会直接监管。2016 年 8 月，中国五矿集团公司在“2016 中国企业 500 强”中排名第 73 位。2018 年《财富》世界 500 强排行榜第 109 名。

续表

企业	国家	项目内容
中国有色金属矿业建设集团有限公司	缅甸	2004 年 7 月，与 Myanmar 公司合作实施达贡山镍矿项目，2012 年 10 月，成功产出首炉镍铁产品
五矿集团公司	古巴	2004 年 11 月，重新启动 Las Camariocas 工厂并获得 49%的权益

资料来源：JOGMEC 北京事务所。

二、中国海外资源开发面临的问题及挑战

（一）政府层面

第一，国家推动国际资源合作的战略不够明确。

我国 1997 年正式确定“两种资源、两个市场”为核心内容的“走出去”战略方针，相关政府部门也已制定相关配套政策，但是“走出去”后的战略目标该如何确定，是“扎下去”长期经营还是“拿回来”速见效益，尚无明确国家战略指导，政策尚不够细化，没有相应的规定和措施以及相关机构来确保这些政策的实施，致使资源企业在执行政策时或无所适从，或出现对同一政策不同解读的现象。特别是针对世界金融危机和全球气候变化，尚未在国家层面上推出如何应对挑战、如何利用机遇的相应战略举措。战略调整的滞后一定程度上影响到我国资源企业“走出去”做大、做强的实效，容易丧失机遇并加剧挑战。

第二，政府部门保障资源企业“走出去”的各种机制不够完善。

政府部门决策的时效性直接影响到资源企业海外发展能否把握机遇，目前，由于各种因素的相互作用，资源企业“走出去”的政府决策往往需经一系列烦琐的程序，需要十几个政府部门的支持、配合和保障。近几年，涉及资源企业“走出去”的一些政府部门虽已建立起协调机制，但是

这种机制远未达到规范化、常态化、制度化的要求。而且机制的功能比较单一，机制的效能比较有限，致使资源企业不得不耗费精力奔走于各政府部门之间。特别是紧急情况下，这种协调机制实难发挥应变作用。

政府部门与资源企业之间的关系既是管理与被管理的关系，也是“后方”与“前方”的关系，更是服务与被服务的关系。要处理好这些关系，有必要在政府部门和资源企业之间建立顺畅的通联机制。目前，这种通联机制虽已初步建立，但是尚未建立一个专门为政府和企业搭建信息沟通渠道的服务部门，导致政府部门的意图难以及时完整地被资源企业领悟，而资源企业的需求也难以及时全面地被政府部门掌握。特别是那些资源企业需要解决的具体问题，更难以上达至相关政府部门，致使资源企业的许多难题，难以得到及时有效的解决。

第三，政府部门掌握和利用商务信息的力度不够大。

资源企业拓展国际资源合作需要政府部门的正确决策，而政府部门的正确决策取决于对国际商务信息的及时掌握、深入分析和全面研判。就目前情况看，政府部门对国际商务信息的掌握和利用并非很及时、很有效。其主要原因是，政府部门所掌控的“信息源”不足，商务信息获取难度较大；受信息分析人员减少、信息研判能力较弱等因素的制约，政府部门对所采集的国际商务信息的分析、研判不够；政府部门尚未树立起应有的“商务信息意识”，对所采集的重要商务信息不够敏感，导致某些有价值的商务信息难以得到充分的利用，对某些重要的商务信息的评估与测定难以引起应有的警觉。同时，政府部门为资源企业提供及时、可靠、有效的商务信息服务尚不够到位，有些重大商务信息几经转辗送到商务系统，也多因时效性较差而失去利用价值。

第四，政府部门对“走出去”的人才队伍建设意识不够强。

政府部门担负着对资源企业“走出去”进行领导、指导和管理的职责。鉴于资源企业业务的技术性较强，且资源企业“走出去”涉及外交、商务等多项事务，需要相关政府部门对资源企业“走出去”进行技术性领导、复合性指导和多样性管理，因此需要相关政府部门拥有一定数量的复合型人才来从事这项工作。但是从目前相关政府部门的人才队伍结构看，这类复合型人才的比例较小、人数较少、能力较弱，一定程度上制约了相关政府部门对资源企业实施领导、指导和管理。而且，政府部门缺少对“走出去”高端人才的培训和有效的人才交流机制，欠缺对资源企业外派人员展开外交、安全等综合素质的培训，尚未形成政府部门与资源企业之间的双向交流机制。

第五，政府部门为资源企业“走出去”排忧解难尚不够到位。

我国资源企业的海外项目多位于安全环境较差的国家，有的国家恐怖活动猖狂，甚至处于内战之中。因此资源企业海外员工的人身安全经常受到不同程度的威胁，资源企业亟须政府部门提供有力的海外安全保障。按照国外的做法，大多由国家军事力量保护海外公民的安全。而我国军事力量目前仅能开展有限的海外军事行动，尚未进行海外军事部署。相关政府部门尽管通过外交渠道与资源企业海外项目所在国家进行磋商和协调，但是由于制约因素较多、局限性较大，难以做到确保安全。安全问题错综复杂，仅凭资源企业之力实难解决，必须依托相关政府部门的外交努力，必要时依托军事力量的海外行动，从根本上予以解决。对此，国家决策部门应予高度关注，研判采取有关措施的可行性。

（二）行业层面

第一，资源行业市场集中度较低。

目前越来越多的国内企业走出国门，投身于海外资源开发。除了传统的中国石油、中国石化、中国海油三大石油公司积极投身于海外资源开发业务外，中化集团也成立了专门的公司从事海外油气勘探开发，中信集团等一些非能源资源类企业也愈加热衷于此。如中信集团在印度尼西亚、澳大利亚和哈萨克斯坦均有能源投资，中国开发银行和中国进出口银行在民主刚果也有矿产投资项目。另外，根据国家统计年鉴的数据，截至 2016 年，中国煤炭采掘企业数达到 5592 家，处于原子型市场结构，产业集中度低，导致过度竞争。资源企业专业性弱、行业集中度低，无法实现较高规模经济效益。

第二，缺乏能够统筹规划整个行业的专门推进机构。

虽然资源行业投资成本高，但因一旦成功便可获取可观的利润而成为国际投资的热点，引来各路投资者蜂拥而上，造成资源开发成本大幅上涨；同时，投资风险大、投资区域逐渐向偏远和高危区域转移等攸关投资安全的问题也日益显现。在海外资源开发上，我国属于后来者，世界上的大部分优质资源已被他国先行抢占，要想与世界资源巨头竞争资源权益，必须有足够的实力做充分的准备。而我国目前没有一个联系企业与政府的专门机构，尤其缺少对资源企业进行全方面援助、推进其海外事业的专门推进机构。

第三，能源结构依然以煤炭为主，环境污染严重。

占世界人口5%的美国使用超过20%的世界能源，是主要消费者；占世界人口25%的中国，消耗的能源只有18%；第三大能源消费大国日本，占世界人口的2%，却消耗世界能源的4.5%。当然，美国和日本国内生产总值占世界国内生产总值的比重远高于其人口占世界人口的比重。世界主要的能源消费模式是不同的。美国石油占其总能源消费的22%，煤炭占17%。中国的能源消费也在迅速增加，其能源消费结构中，煤炭占比超过40%，石油占比不到10%。美国天然气消费也较多，占比22%，而中国更多使用水力发电提供的能源，其占比超过18%。

上述这些资源也有缺点。石油造成污染，且用来发电太昂贵。天然气不能经济地运往世界各地。煤炭是环境污染最为严重的能量来源，对矿工也是不健康的。水电，正如天然气一样，很难远距离传输。核能源需要庞大的资金成本，只产生电力，同时存在政治争议。相比铀，水电是最清洁的能源，天然气也比较干净。

作为能量来源的天然气比石油、煤炭和铀都要便宜。美国能源情报署预计2025年天然气的价格应在7美元以下。长期可靠的供应和稳定的价格能够带来需求的增长。但是天然气的价格历来非常不稳定。价格不仅随着季节起伏，也会因为天气产生剧烈的变化，还受突发事件的影响。例如飓风使供应突然减少，天然气价格快速上涨了两番。

目前，国际上大多数国家的能源消费都以石油和天然气为主。这主要是因为石油和天然气对环境的污染压力小，而煤炭对环境的污染要严重得多。2018 年世界主要发达国家和地区的能源消费结构中，日本石油与天然气合计占比 65%，煤炭只占 27%；美国石油与天然气合计占比 67%，煤炭只占 15%；OECD 石油与天然气合计占比 58%，煤炭只占 15%；而中国石油和天然气合计占比 27%，煤炭消费占一次能源消费总量的 59%（参见表 10-9）。尽管煤炭作为能源而言既不清洁又非常危险，但是它在地球上的储量十分丰富，而且价格便宜，市场对煤炭的需求也极为庞大，我国能源结构依然以煤炭为主，能源结构不合理。

表 10-9　2018 年国际能源消费结构比较

单位:%

一次能源	OECD 欧洲	美国	日本	中国
石油	33	37	41	19
天然气	25	30	23	8
煤炭	15	15	27	59
核能	12	10	2	
其他	16	8	7	14

资料来源：国家统计局 前瞻产业研究院［R/OL］. 统计局网站，2019-09-11.

日本経済産業省資源エネルギー庁. エネルギー白書（2019 年）［R/OL］. 资源能源厅网站，2020-06-01.

（三）企业层面

第一，资源企业主体单一。

目前，中国的资源企业中国有企业占有主导和优势地位，有着更强的竞争实力和海外拓展的意愿。相对而言，民营企业的发展仍处于起步阶段，综合实力和国际竞争力与国有企业相比有很大的差距；虽然近年来民营企业也积极寻求海外资源投资，政府也积极推动，但进展有限、项目影响力小。而且，国有企业在很多行业占主导地位，综合实力多强于民营企业，这是中国国内的经济结构现实的反映。但是，国际化是大多数中国企业的发展方向，也是增强国际竞争力的必由之路，因此，民营企业也不会停止“走出去”的脚步，并需要政府的大力支持。

第二，资源企业风险控制能力弱。

近年来，中国企业通过“工程换资源”“项目换资源”“贷款换资源”等多种方式，走出国门开发海外资源。在海外资源开发中，如何防控风险、少走弯路是中国海外资源型企业“走出去”应该高度重视的共性问题。海外资源开发中的风险大致分为以下几类：第一类是政治风险，有些国家，政府首脑更换频繁，执政党和反对党之间的斗争激烈，经常发生政党冲突、武装叛乱和局部战争，这些对中国企业的投资、生产、经营造成极大的影响。另外，很多企业在所在国开发资源，必须与当地劳工部门、税务部门、贸易部门打交道，而且很多供货商、分包商也是外国企业，由于对所在国政策法律了解不深不透，再加上语言差异，很多时候容易造成合同条款有争议，法律理解出现偏差。第二类是资源风险，是指对开采目标产生影响的不确定因素。影响资源风险的因素比较多，比如，对方资料信息不够准确、地质探测不深、专业人士调查不详细、评估结果不真实等，资源风险会造成矿山开采成本增加、效益下降，甚至开采失败。第三类是基础条件风险，在一些工业基础落后的国家，铁路、公路都不具备最基本的条件，中国企业前期考察时，往往看中了丰富的资源，却忽视了工业基础条件。建设期间，物质资料运不进来，即便正常生产之后，资源无法运出，只能投入大量资金，修路、修港口、建电厂。第四类是市场风险，主要是指资源价格发生变化以及资源开发成本发生变化，或者银行指定的利率以及汇率等造成的市场风险。第五类是外部舆论风险，中国改革开放以来，工业化进程加快，“走出去”和“一带一路”倡议的实施，中国企业遍布世界各地，特别是资源类项目，往往引起国际矿业巨头的不满和恐慌，甚至有些媒体趁机炒作“资源掠夺”的言论，放大中资企业在法律、环保等方面的瑕疵。

我国资源型企业在开发海外资源进程中，识别和控制投资风险的能力严重不足，究其原因，主要有：（1）企业自主能力薄弱，缺乏自主经营，多数核心技术和装备均由国外进口或国外厂商生产，缺少自主知识产权，无法满足企业海外生产的要求。(2) 投资规模普遍偏小，没有雄厚的资金保障能力，使得企业在国际市场的抗风险能力偏低。(3) 强调一般财务分析，对风险分析的认识不够。目前，我国资源型企业编制的可行性研究报告均偏重财务盈利能力、资产负债情况等一般财务分析，而忽视确定风险大小、掌握风险影响因素程度和发展趋势等风险分析，使得决策缺乏科学性，在减少盲目性、规避风险，提高投资回报率方面的能力不足。

第三，资源企业获取海外资源开发信息渠道单一。

目前我国资源企业获取海外资源开发信息主要由年度国际矿业大会和企业私人渠道提供，缺乏统一的信息平台，没有一个专门机构负责信息的获取与处理以及信息的公布、沟通交流和管理。同时也没有对我国资源优惠政策、资源开发成功案例、资源国家的投资环境、资源市场状况以及人文信息等的综合信息服务平台，导致我国企业难以全面准确地了解和掌握海外资源开发信息，制约了其海外资源开发业务的拓展，削弱了企业的国际竞争力。

第三节　积极推进中国海外资源开发的对策建议

海外资源开发与利用对弥补中国资源供需缺口，缓减资源供需矛盾意义重大。同时，由于影响海外资源开发与利用的因素众多，而且复杂多变，需要认真研究，提出有效对策。

日本海外资源开发推进措施及其有效运行，满足了日本经济发展对资源的需求，实现了经济的顺利运行。总结日本海外资源开发支援体系，主要有以下几个特点：一是，日本政府牵头，以经济技术援助为名，收集资源信息在内的各类信息，并与资源国家保持良好的外交关系；二是，在此基础上，通过 JOGMEC 专门推进机构，在海外资源开发的前期勘探阶段至生产加工阶段的每一个环节进行无缝隙援助；三是，通过设立专门服务机构，提供资金、保险、人才、技术、国际合作等援助，实现政府、推进机构、服务机构的协同支援。然而，不可否认，在这种日本独有的政府、独立行政法人机构、企业三方组成良性互动机制下，日本政府主导的海外资源开发战略在发挥着对内稳定资源供给、保证资源安全，对外增强资源开发企业国际竞争力的积极影响的同时，对资源企业也带来掌握运营权的海外事业过少、政府过度保护下核心企业的成长缓慢等负面影响。

中国和日本不管在自然资源禀赋还是在人文社会发展方面都存在着很大的差异，这种差异也将导致两国的政治经济发展战略上的不同。而海外资源开发战略属于国家经济战略之一，因此两国在海外资源开发战略方面存在差异也是必然的。但这些并不影响对两国政府的资源外交、相关机构协助服务、企业间合作等领域进行对比，并结合中国的国情，借鉴日本的经验，制定出符合中国国情的海外资源开发战略。

一、政府层面的对策建议

（一）通过政治经济外交，促进和保护海外资源开发与投资

中国政府在发展双边经济合作或确定对外援助项目时，应优先考虑有资源条件的国家，并将资源勘查开发领域的合作作为对外经济合作的重点。通过从外交上以政府名义与资本引进国家签订保护协议等，维护和保障海外资源开发企业在海外的合法权益，防止经济摩擦危机和投资安全。而且，在组织实施海外资源开发战略中，不仅要在资源外交、财税支持等方面为企业海外资源开发提供最大限度的支持，还要建立起一整套包括政府、独立行政法人机构、企业三方有效联动的海外资源开发国际化战略体系，且在战略实施中要突出政府的牵头作用，为企业海外资源开发活动扫清障碍、铺平道路。可以借鉴日本的经验，利用国家的力量，可以经济技术援助为名，加强与资源国之间的关系，收集有关资源信息，为海外企业获得更多开发权益提供援助。具体包括两个方面：一是通过政府要员外交或政策对话、人才培养、技术合作等途径加强与资源国之间的关系，为企业“走出去”打好外交基础；二是在幕后通过具体执行机构监督及引导整个开发过程，保证企业在海外获得安全稳定的资源的同时培养核心资源型

企业。我国企业在石油天然气领域无法挤进全球大型企业行列，在铅锌资源领域也仅排名第十位且储量差距悬殊，而日本以住友集团和三菱集团为核心企业集团已经挤进前三位（参见表10-10）。

表10-10 全球10大铅锌矿山

序号	名称	储量/万吨	锌品位/%	矿山寿命	所属国	所属公司
1	Antamina	59800	1.0	2029	秘鲁	必和必拓、嘉能可、泰克、三菱集团
2	Penasquito	58668	0.7	2029	墨西哥	加拿大黄金公司
3	San Cristobal	28530	1.4	2024	玻利维亚	日本住友
4	McArthur River	10200	10.0	2043	澳大利亚	嘉能可
5	Mount Tsa	1169	7.5	2029	澳大利亚	嘉能可
6	Red Dog	5660	14.6	2031	美国	泰克资源
7	Rampura Agucha	5110	14.0	2030	印度	万达塔
8	Cerro Lindo	4612	2.5	2028	秘鲁	Compania MineraMilpo S. A
9	Tara Mines	1700	6.3	2021	爱尔兰	布立登公司
10	兰坪铅锌矿	1547	6.9		中国	驰宏锌锗、宏达股份、云冶集团

资料来源：S&P Global Market Intelligence，2019；智联研究，2020。

（二）给予非国有企业更大的支持力度，促进资源型企业多元化发展

目前，中国的海外资源开发仍以国有企业为主，尚处于初级阶段，国家应该鼓励更多的民间企业参与海外资源开发活动，加快市场经济转型，推动企业融入国际市场，实施中国资源型企业“走出去”战略。非国有企业具有成本低、利润导向强等特点，相对而言更容易被投资国接受，政治

风险和阻力较小，因此，政府应为非国有企业的海外资源开发活动提供更大力度的支持。另外，在海外资源企业并购中，民营企业拥有决策科学、机制有效等竞争优势，成功率较高。但目前我国民营企业参与海外并购的数量有限，且规模普遍偏小。为提高其成功率，政府应该制定相应政策，提供风险资本，鼓励民营企业跨国投资。

（三）深入挖掘国际合作潜力

为了有效利用国内国外两种资源、两个市场，保障国民经济安全、稳定、健康发展，我们必须抓住经济全球化的有利机遇，实施全球资源战略，并制定相应的政策措施。在全球资源战略上，我国已建立了北非战略区、南美战略区、中亚与俄罗斯战略区，其中心分别为苏丹、委内瑞拉、哈萨克斯坦，但仍未能达到石油国际化的战略要求，与众多发达国家差距明显，存在很大的提升空间，需要着力提高石油项目的海外发展速度。此外，应积极开展与阿联酋、阿塞拜疆、伊朗、卡塔尔等石油工业发达国家的合作，尤其是与周边具有资源潜力的国家和地区的合作，如俄罗斯、沙特、中亚等。中亚地区的矿产资源储量丰富、种类繁多，是中国资源进口的重要来源地。中国从哈萨克斯坦进口铀矿砂，占进口总量的70%；从塔吉克斯坦进口锑、铅等有色金属，占进口总量的80%；从吉尔吉斯斯坦进口黄金等贵金属，占进口总量的1/3。中国对中亚国家的投资增长迅速，主要集中在采矿业，基于中国与中亚各国企业所积累的丰富经验以及良好的合作基础，依据中亚各国的发展战略和规划及相关国家的政策法律，未来中国与中亚各国的能源合作，可在其指定的区块，开展油气勘探、油气开采，油气加工、伴生气有效利用、炼化、石油化工工业、基础设施建设等领域的广泛深入合作。应融合政治、经济和外交等多种手段，针对不同国家地区的资源特点，秉持互利互惠原则，促进协调发展，统筹多领域合作，全方位多元化地扩大资源的获取。

二、行业层面的对策建议

（一）提高资源行业市场集中度，消除能源中上游的行政垄断现象

目前，国际资源市场集中度较高，世界上80%以上的优等石油和天然气由壳牌、埃克森美孚和英国石油等跨国企业开发采购。而我国目前的资源型企业过于分散，规模经济效应较低。自1993年起，我国国内的石油产量已经不能满足消费需求，只能依赖进口，而且供求缺口日益增大，对外依存度越来越高。在上游环节，长期以来，中国石油资源开发利用过程中一直存在较强的垄断特征，未能真正对民营企业开放，主要表现在原油勘探、开采以及进出口等非贸易原油权限集中于中石油、中石化、中海油这三家企业集团。集中在中石油，中石化，中海油的非贸易原油的勘探，开采和进出口对私营企业尚未完全开放，归因于我国石油资源的开发有着强大的垄断性。在下游环节，中国成品油价格调整滞后于国际市场，严重影响资源企业的积极性，难以有效发挥石油价格的信号配置功能。因此，应通过出台产业政策、财政政策及货币政策的组合拳，竭力消除能源中上游的行政垄断现象，加速推进油价形成机制的市场化改革进程。通过产业结构的调整以及企业间的兼并重组等方式培养大型资源型核心企业，并依靠大型核心企业的支持，培养相关领域高水平的专业人才，增强技术创新能力，提高技术水平。统筹规划、推进和管理整个行业海外资源开发项目，增强我国海外企业的国际竞争力。

（二）设立专门推进机构，负责海外资源开发企业“走出去”的服务工作

可以借鉴日本的模式，建立类似于JOGMEC的全方位、一体化的海外资源开发支持保障机构，但不能机械地照搬日本的现成模式，可以借鉴某些具体职能和好的做法①，使之适合我国的国情。在政府部门不宜直接参

① 姜雅．日本石油天然气金属矿产资源机构的运作模式及其对我国的启示［J］．国土资源情报，2009（4）：24-29.

与运作时，可由该机构来帮助我国企业建立相应的联系渠道，疏通关系，解决疑难问题。在一些有重要影响的资源大国设立海外办事处，派驻专职资源官员，引导中国的资源型企业“走出去”开发海外资源。此外，还可以借鉴日本的经验，通过相关机构开展面向海外的研修事业。日本自 1989 年开展研修以来，JOGMEC 已接收来自 46 个国家的 2992 名研修生。一方面为资源产地培养相关人才，另一方面促进与当地人员的沟通和理解，更重要的是有助于提升国家形象。

（三）进一步丰富国际合作的方式

我国需要采用多样化的方式参与国际合作，包括使用现成的和单独竞标等方法。目前，国际资源市场集中度较高。世界上 80%以上的优等石油和天然气都是由壳牌，埃克森美孚和英国石油等国际企业开发的。作为合作者不但可以和主要的国际石油企业或大型国家石油企业一起进行项目或区域招标，还可通过收购某些区域石油和天然气资源或相应股票参与合作。具体来说，一是通过让石油开采出口国企业加入股权的方式得到进口原油，二是通过了解学习日本的模式，与主要国际石油企业合股，得到世界领先的前沿技术、运营理念及先进设备。例如，日本住友金属矿山株式会社，该公司在 2011 年至 2013 年参与的美国与澳大利亚的 3 个资源项目中两个项目都是以参股的形式参与，参股比例并不高，分别为 13. 3%和 3%，但重要的是三个项目都是与资源国企业的合作开发，既能加强与资源国家之间的交流与合作，又能获得有关资源国家的更多信息。

（四）调整能源结构，减少高污染的煤炭消费

从 2012 年开始，我国能源消费中煤炭的消费逐年减少，到了 2018 年占能源消费总量的 59%，比 2006 年下降 11%，但其消费比例还是超过了整体能源消费的一半以上。同时由于进口天然气的步伐加快，中国的天然气消费也逐年增加，2018 年天然气在一次能源消费中已经占到 8%（参见表 10-11）。以煤炭为主的能源结构，能源利用效率低下，生态环境负担沉重，造成一系列经济、社会、环保、政治和外交问题。中国急需，也必须进行能源结构的彻底调整，其中积极开发和合理利用天然气，应成为打造

中国经济升级版的重中之重。

表 10-11 近年中国能源消费结构

单位:%

年份	石油	天然气	煤炭	水、核、风电
2006	20.4	2.9	70.2	6.4
2007	19.5	3.4	70.5	6.7
2008	18.8	3.6	70.2	7.4
2009	17.7	3.7	71.2	7.1
2010	17.6	4.0	70.5	7.4
2011	17.7	4.5	70.4	6.7
2012	17.7	4.7	68.5	7.9
2013	17.8	5.1	67.5	8.1
2014	17.5	5.6	66.0	9.1
2015	18.6	5.9	63.7	9.8
2016	19.0	6.2	61.8	11.4
2017	18.8	7.2	60.4	13.6
2018	19.0	8.0	59.0	14.0

资料来源：BP 世界能源统计年鉴发布会. 世界能源统计年鉴（2017 年中文版）［R/OL］. 新能源网，2017-06-13；日本経済産業省資源エネルギー庁. エネルギー白書（平成 28 年）［R/OL］. 资源能源厅网站，2017-06-02；国家统计局 前瞻产业研究院［R/OL］. 统计局网站，2019-09-11.

三、企业层面的对策建议

（一）积极参与海外资源开发项目的同时加强公关能力建设

在海外资源开发活动中，企业应进一步加强与国际公司和当地公司的合作，加强公关能力建设。海外资源投资项目投资需求大、政治和商业风险大，而以往中国企业在海外拓展业务时与跨国公司的合作不够。为提高成功率、降低投资风险，应加强与知名跨国公司或国际财团合作，联合并购，合资经营。一方面，弥补中国企业在国际合作经验、认知度等方面的不足；另一方面，减少美国等西方国家和资源国对中国的疑虑，降低投资风险。此外，还应积极推动实施本地化战略，与当地公司成立合资公司，争取与包括资源国银行在内的有关机构和组织的合作，加快本地化经营。这既可以降低进入资源国市场的门槛和政治风险，还可以利用当地公司的本土优势，较快地融入当地社会。

另外，日本海外资源开发的经验表明，在资源自给不足的情况下，海外资源自主开发无疑是增强资源供给安全的一个较佳途径，有助于填补资源供需缺口，保障国内资源的稳定供应。因此，有必要提高资源自主开发能力，更多地获取开采权和资源权益等上游权益，以增强战略主动性。

（二）借助政府的力量抵御政治风险，并加强企业间合作

资源型企业不管对内还是对外都具有与其他企业不同的一面：对内，首先，资源型企业的主要特征之一就是在生产过程中能够产生较大的负外部性，对生态环境有较大的破坏作用；其次，本书中的矿产资源等自然资源属于国家所有，因此资源型企业应考虑社会责任问题。对外，海外资源开发涉及资源供给国的主权问题，面临的政治风险大大高于其他行业。

因此，企业作为开发主体，一方面应借助国家的力量，向政府寻求合作与帮助，及时反映资源开发过程中遇到的困难和风险，表达企业本身的诉求，争取国家在财政和税收、金融保险等方面更有针对性的、更有力度的扶持，提高成功率。另一方面，在海外资源开发中加强企业间的合作，相互协作建立伙伴关系，以参股的形式参与海外资源开发项目，而不必苛求控股和购买。这样，既有利于规避风险，还可以获得资源的优先购买权。具体来说，一是通过让石油开采出口国企业加入股权的方式得到进口原油；二是借鉴日本的模式，与国际主要石油企业合股，以获取世界领先的前沿技术、运营理念及先进设备。例如，日本住友金属矿山株式会社于2011年至2013年参与的美国和澳大利亚的3个资源项目中，有2个项目是以参股的形式参与的，参股比例并不高，分别为13.3%和3%，但重要

的是通过与资源国企业的合作开发，既加强了与资源国之间的交流与合作，又获得了有关资源国的更多信息。

（三）资源开发对象国家可首选周边国家，以降低企业运输成本

根据表 10-12，所列的我国周边国家中，矿产资源丰富、潜力大的第一类和矿产资源丰富、潜力中等的第二类将是我国企业走出国门、选择矿业投资对象的首选国家。尤其在地理位置上较近的俄罗斯、蒙古、越南等国家，拥有丰富的铜、锰、铬、镍等矿产资源，且可减少运输成本，我国企业应优先考虑同这些国家开展合作开发等海外资源开发活动，争取以较低的成本，获得丰富的矿产资源。

表 10-12　我国周边国家矿产资源分布

序号	类型	国家	矿种
1	矿产资源丰富、潜力大的国家	俄罗斯、哈萨克斯坦、印度和印度尼西亚	铅锌矿、镍矿、钨矿、钼矿、锡矿、金矿、磷矿、钾盐、锰矿、铬矿、铜矿、铝土矿
2	矿产资源丰富、潜力中等的国家	蒙古、乌兹别克斯坦、吉尔吉斯斯坦、巴基斯坦、阿富汗、越南、泰国和缅甸	铜矿、钼矿、金矿、锡矿、钨矿、镍矿、铬矿、铝土矿、钾盐
3	矿产资源不丰富、潜力小的国家	柬埔寨、老挝、土库曼斯坦和塔吉克斯坦	钾盐

资料来源：魏一鸣，周少平．国外油气与矿产资源利用风险评价与决策支持技术［M］．北京：地质出版社，2010.

注：上述划分不是绝对的，因为现有资源量的多少除地质条件外，还与地质工作和勘查程度有关。

（四）国家“一带一路”倡议推进下，抓住机遇、走可持续发展道路

日本企业的海外拓展也因资源出口国旺盛的基础设施需求而明显加速，近年来新一轮的油价上涨本质上讲是世界经济强劲增长带动的需求主

导型价格上涨，不同于以前由于供应紧张或中断而造成的油价上涨。2004年至2007年，世界石油平均价由每桶37.8美元上升至每桶68.5美元，世界经济平均增速在5%左右，而在油价大幅度上升之前的2001年至2003年，全球经济平均增长率只有3%。企业应该抓住这个机会，借鉴日本的经验，将资源开发与基础设施投资及出口相结合，争取更多的资源合作项目以及其他更广泛领域的合作机会。同时，中国企业开发海外资源，必须沿着绿色、友好和可持续方向稳步前进，不仅要重视公司自身的利益，也要重视资源国的社会效益和生态环境。要做到以下三点：一是得到政府和民间的支持；二是不干扰和影响资源国人民的生活；三是注重保护资源国的生态环境。

另外，我国资源企业海外资源开发合作是涉及国家发展战略的国际合作，这种合作方式需考虑合作双方政府政治关系和经济军事形势，同时结合自身国际化发展阶段、拥有的技术和经验以及资金实力等多种因素，根据国家发展战略的需要以及资源企业自身发展的实际需要对多种合作模式进行分析、对比和选择，从而实现对海外资源开发的参与和掌控，降低经营风险，增长国际化运作经验，更重要的是获取所需资源和商业利益。随着国家“一带一路”倡议的持续推进，我国资源企业参与海外资源的开发和投资将迎来更多更好的机会，我国资源企业必将海外资源开发合作打造成为我国“一带一路”建设的重要支点①。

第四节 本章小结

本章首先对日本推进海外资源开发战略的经验和教训进行了简单的总结和阐述，在此基础上重点研究和阐述了中国海外资源开发实施现状，并从政府层面、行业层面、企业层面分析中国海外资源开发目前存在的问题及面临的挑战，最后针对存在的问题从政府、行业、企业三个层面提出如

① 徐斌．浅析石油企业海外资源开发合作模式［J］．中国石油石化，2019（5）：22-23.

下几点制定和实施中国海外资源开发战略措施的对策建议：一是在政府层面。通过政治经济外交，促进和保护海外资源开发与投资；应给予非国有企业更大的支持力度，加强资源型企业的多元化；深入地挖掘国际合作潜力。二是在行业层面。提高资源行业市场集中度，消除能源中上游的行政垄断现象；设立专门推进机构，负责海外资源开发企业走出去的服务工作；进一步丰富国际合作的方式；调整能源结构，减少高污染的煤炭消费。三是在企业层面。积极参与海外资源开发项目的同时加强公关能力建设；借助政府的力量抵御政治风险，并加强企业间合作；资源开发对象国家可首选周边国家，以降低企业运输成本；并在国家"一带一路"倡议推进下，抓住机遇、走可持续发展道路。

结　论

本书以日本海外资源开发战略推进措施为研究对象，以可持续发展战略理论、国际投资理论、资源外交理论等相关理论为支撑，在系统梳理国内外研究文献的基础上，简要回顾了日本海外资源开发战略的形成历程，深入研究了日本海外资源开发战略体系的特点，重点探讨了日本实施海外资源开发战略的推进措施，理性评估了日本海外资源开发战略推进措施的成效，提出了中国海外资源开发战略措施的对策建议。本书主要得出以下几点结论：

第一，日本海外资源开发战略体系有以下三个特点：一是强有力的政策扶持体系。扶持领域全面无缝隙，涉及财政、金融、保险、技术等领域；根据不同阶段实施不同的战略支援。二是政府、独立行政法人机构和企业三者良性互动体系。政府负责广泛开展资源外交确保与资源供给国的良好关系、负责整体战略规划及相关政策的制定；JOGMEC、国际协力银行、贸易保险、国际协力机构、产业技术综合研究所地质调查综合研究中心等独立行政法人机构各司其职、各展其能；资源开发企业在政府的战略政策指导和金融保险机构和科研机构等服务机构的全方位支援下，积极参与海外资源开发活动，高效获取资源开发权益。三是全方位资源外交体系。日本政府从各种角度全面推进资源外交战略，在宏微观两方面消除资源保障的安全隐患，实现长期而稳定的资源供给。

第二，日本海外资源开发战略推进措施主要包括以下四个方面：一是组织措施。具体包括建立完善的组织体系，以及加强各参与机构的内部协作。二是经济措施。即实施海外资源基地补贴政策、建立海外资源风险勘查补助金制度等财政援助措施，投融资、债务担保等金融援助措施，实施备用金制度、税费特别扣减制度、税收抵免制度、资源开发亏损准备金制度等税收援助措施，以及设立资源能源综合保险、海外投资保险等保险援助措施。三是外交措施。包括推行综合性、多层次性资源外交策略，实施发挥技术、产业优势的资源外交策略，以及积极参与各类国际组织加强与国际组织之间的合作。四是技术措施。包括针对不同资源改良和提高开发技术，对资源开发作业现场进行技术援助，实施技术支持与咨询及技术人才培养，向资源国提供技术援助，以及大力支持环保技术的开发和应用。

第三，日本海外资源开发战略推进措施实施成效如下：一是拓宽了海外资源开发范围。二是提升了资源自主开发比率。三是增加了企业参与海外资源开发项目与权益。四是提高资源开发效率方面，基于 DEA 数据包络分析法，得出的结果是，在总效率分析上，1995 年、2005 年、2012 年这三个年份效率最高，此外，从 2013 年到 2018 年也体现出规模报酬递增，说明资源产出的增加比例是大于政府的投入增加比例，即政府的政策措施达到了提高资源开发效率的效果。从技术效率和规模效率中也可以发现除了 2016 年之外，其他年份都表现出较高水平。

第四，借鉴日本实施海外资源开发战略的经验教训，本书提出如下几点制定和实施中国海外资源开发战略措施的对策建议：一是在政府层面。首先，通过政治经济外交，促进和保护海外资源开发与投资。其次，应给予非国有企业更大的支持力度，加强资源型企业的多元化。最后，深入挖掘国际合作潜力。二是在行业层面。首先，提高资源行业市场集中度，消除能源中上游的行政垄断现象。其次，设立专门推进机构，负责海外资源开发企业走出去的服务工作。再次，进一步丰富国际合作的方式。最后，调整能源结构，减少高污染的煤炭消费。三是在企业层面。首先，积极参与海外资源开发项目的同时加强公关能力建设。其次，借助政府的力量抵御政治风险，并加强企业间合作。再次，资源开发对象国家可首选周边国家，以降低企业运输成本。最后，国家“一带一路”倡议推进下，抓住机遇，走可持续发展道路。

本书采用史论结合的方式对战后日本海外资源获取及开发战略体系的形成历程和特征等方面进行了系统、综合的梳理和分析，研究方法具有创新性。本书对日本实施海外资源开发战略的组织措施、经济措施、外交措施和技术措施展开了详细的论述，并用定量分析方法论证所取得的成效，为推动中国海外资源开发战略实施提供有益参考，研究观点具有创新性。但因国外的一些近期资料获取渠道较少且对日本的经济政策分析尚不到位，同时考虑到中国的经济政策实施背景与日本存在一定差异，因此所提建议还存在一定局限性，还有待今后进一步深入研究。

参考文献

Ⅰ. 中文文献

［1］陈志恒，李燕玉．日本海外资源开发支援体系及其运行效果［J］．现代日本经济，2019（2）：26-35.

［2］陈其慎，王高尚，王安建．日本能源安全保障分析［J］．改革与战略，2010（2）：174-177.

［3］陈喜峰，叶锦华，陈秀法．日本海外矿产资源开发模式及对我国的启示［J］．资源与产业，2014（6）：93-96.

［4］程永明，1965～2013 年论日本海外能源开发的支持体系——以 JOGMEC 为例［R］．日本经济蓝皮书，2014.

［5］查道炯．中国石油安全的国家政治经济学分析［M］．北京：当代世界出版社，2005.

［6］高宇星，瞿伟．中国采矿业及其对外直接投资发展现状分析［J］．中国集体经济，2014（12）：55-59.

［7］胡德文．日本金属矿产资源海外自主开发［J］．金属矿山，2011（10）：20-25.

［8］何士华．21 世纪日本能源外交研究［D］．北京：中国科学技术大学，2007.

［9］何一鸣．日本的能源战略体系［J］．现代日本经济，2004（1）：50-54.

［10］黄频捷．日本的全球矿产资源战略［J］．世界有色金属，2006（2）：39-42.

［11］扈大威．欧盟的能源安全与共同能源外交［J］．国际论坛，2008（3）：66-69.

［12］姜贵善．日本提前启动重要矿产资源新机构［J］．国土资源情报，2004（2）：110-112.

［13］姜雅．日本如何推进其海外矿产资源勘查［J］．国土资源情报，2010（5）：17-20.

［14］姜雅．日本的能源战略机制是如何建立的［J］．国土资源情报，2010（6）：22-25.

［15］姜雅．日本海外矿产资源开发：14 个部门联成的无缝体制［J］．资源与人居环境，2010（5）：28-29.

［16］姜雅．日本石油天然气金属矿产资源机构的运作模式及其对我国的启示［J］．国土资源情报，2009（4）：21-24.

［17］姜雅．日本：无缝支援体制保障海外获矿［J］．资源导刊，2009（11）：33-36.

［18］姜雅．日本在矿产资源立法中的事权划分［J］．国土资源情报，2009（11）：24-29.

［19］姜维久．日本解决能源问题的对策和启示［J］．日本学论坛，2005（3）：112-115.

［20］亢梦迪，刘畅．日本能源对外依存的敏感性与脆弱性分析及启示［J］．襄樊学院学报，2010（7）：61-64.

［21］李迪．冷战后日本的石油外交战略［D］．吉林：东北师范大学，2008.

［22］李巧玲．中日对外援助的比较研究［D］．湖南：湘潭大学：2007.

［23］李燕玉，刘洋．日本的资源外交对我国的启示［J］．山东社会科学，2015（12）：200-201.

［24］李秀石．解析日本“资源外交”［J］．世界经济研究，2007（11）：56-60.

［25］罗丽．日本能源政策动向及能源法研究［J］．法学论坛，2007（1）：136-144.

［26］罗拓夫．日本金属矿产资源机构对我国金属矿产资源竞争情报

工作的启示 [J]. 企业技术开发, 2010 (12): 42-45.

[27] 林秦喜. 韩国海外资源开发战略: 重点突进、综合交易及其他 [J]. 当代亚太, 2014 (2): 54-65.

[28] 刘新华. 论中日关系中的石油因素 [J]. 石油化工管理干部学院学报, 2010 (3): 58-64.

[29] 刘波. 日本对俄罗斯的能源外交示 [D]. 吉林: 东北师范大学, 2006.

[30] 雷鸣. 日本节能与新能源发展战略研究 [D]. 吉林: 吉林大学, 2009.

[31] 雷岩, 郑镝, 郭振华. 我国企业海外矿产资源开发海外合作运行模式综述 [J]. 中国国土资源经济, 2015 (3): 72-76.

[32] 廖霞林, 谢雄峰. 中日海外矿产资源开发利用扶持制度比较研究 [J]. 全球视野理论月刊, 2011 (5): 64-70.

[33] 马荣升. 日本的能源战略及对中国的启示 [J]. 东北亚论坛, 2003 (6): 33-36.

[34] 梅冠群. 日本对外投资支持政策研究 [J]. 现代日本经济, 2017 (3): 62-74.

[35] 牛建英. 日本石油进口及其经济影响 [J]. 矿床地质, 2010 (29): 779-780.

[36] 宁柱. 日本海外资源战略的国际政治经济学分析——以煤铁为例 [D]. 北京: 中国社会科学院, 2013.

[37] 彭颖, 邓军, 王安建, 陈其慎, 张晓佳. 日本海外矿产资源获取机制分析 [J]. 地球学报, 2010 (10): 711-719.

[38] 任忠宝, 吴庆云. 21 世纪我国矿产资源形势研判 [J]. 中国矿业, 2011 (2): 82-89.

[39] 孙巍, 刘阳. 日本能源管理分析及对我国的启示 [J]. 现代日本经济, 2015 (2): 72-82.

[40] 孙毅. 日本钢铁产业国际竞争力研究 [D]. 吉林: 吉林大学, 2013.

[41] 孙顺利，杨殿．日本能源安全政策及对我国的启示［J］．中国矿业，2006（2）：68-73.

[42] 邵学峰，李翔宇．矿产资源开发利用国际化战略：日本的经验与启示［J］．现代日本经济，2015（4）：87-94.

[43] 陶立明．论抗战时期日本侵略者对中国的掠夺——以淮南煤矿为例［J］．淮南师范学院学报，2012（4）：42-49.

[44] 佟凯敏．日资全球统合资源［J］．环球财经，2009（3）：62-67.

[45] 王丹．我国矿产资源领域“走出去”现状与形势分析［J］．经济师，2016（10）.

[46] 王冰．日本的资源进口战略［J］．中国外资，2005（8）：24-26.

[47] 王乐．日本的能源政策与能源安全［J］．国际石油经济，2005（2）：59-61.

[48] 王伟军．试析日本的国际能源战略［J］．世界经济研究，2006（3）：84-89.

[49] 王海燕．日本在中亚俄罗斯的能源外交［J］．国际石油经济，2010（3）：52-55.

[50] 王明宇．日本的铁矿石战略［J］．科学决策月刊，2007（7）：59-62.

[51] 王锐，刘霞．21世纪日本能源安全战略及其启示［J］．经济经纬，2007（6）：41-44.

[52] 王海建．中日能源关系研究［D］．上海：华东师范大学，2008.

[53] 王海运．国际能源关系与中国能源外交［M］．上海：上海大学出版社，2015.

[54] 王生，赵师苇．安倍政府的中亚ODA政策研究［J］．当代亚太，2017（5）：51-76.

[55] 魏一鸣，周少平．国外油气与矿产资源利用风险评价与决策支持技术［M］．北京：地质出版社，2010.

［56］吴中华．日本的能源战略与对策［J］．全球科技经济瞭望，1999（7）：45-48.

［57］吴寄南．日本规避能源风险的战略及其前景［J］．当代石油石化，2004（10）：25-29.

［58］吴寄南．日本新一轮能源外交剖析［J］．现代国际经济，2007（10）：31-36.

［59］吴志忠．日本新能源政策与法律及其对我国的借鉴［J］．法学杂志，2013（1）：100-107.

［60］文一舒．欧盟与日本能源领域的法律与政策及其对我国的启示［J］．商品与质量，2010（7）：94-95.

［61］徐梅．日本的海外能源开发与投资及其启示［J］．日本学刊，2015（3）：100-119.

［62］徐建华．日本国家战略与中日能源竞争［J］．深圳大学学报（人文社会科学版），2006（3）：66-68.

［63］徐衍坤．日本全球矿产资源战略及储备制度简介（上）［J］．金属世界，2008（3）：2-4，19.

［64］徐衍坤．日本全球矿产资源战略及储备制度简介（下）［J］．金属世界，2008（3）：3-5.

［65］于民．日本“走入非洲”石油能源战略透析［J］．中国石油大学学报（社会科学版），2010（8）：25-33.

［66］于民．日本的拉美石油能源战略透析［J］．中国石油大学学报（社会科学版），2010（8）：79-88.

［67］尹晓亮．世界能源形势与日本新国家能源战略［J］．东北亚论坛，2007（9）：104-109.

［68］尹晓亮．日本构筑能源安全的政策选择及其取向［J］．现代日本经济，2008（2）：20-25.

［69］尹晓亮．日本对能源危机的应急管理——以第一次石油危机为例［J］．东北亚论坛，2010（1）：125-131.

［70］袁颖、焦小伟．我国企业海外资源开发存在的问题及对策［J］.

中国国土资源经济，2012（5）：55-62.

[71] 禹裕冬．中韩海外能源开发战略比较研究 [D]. 青岛：青岛科技大学，2014.

[72] 闫侣桦．战后日本的能源安全战略对中国的启示 [D]. 北京：对外经济贸易大学，2005.

[73] 朱连奇，赵秉栋．自然资源开发利用的理论与实践 [M]. 北京：科学出版社，2004.

[74] 周永生.21 世纪日本对外能源战略 [J]. 外交评论，2007（12）：84-92.

[75] 赵宏图．新能源观 [M]. 北京：中信出版社，2016.

[76] 张生玲．能源资源开发利用与中国能源安全研究 [M]. 北京：经济科学出版社，2011.

[77] 郑飞．海外铜矿产资源控制战略研究 [D]. 北京：北京交通大学，2006.

[78] 张剑虹．美国、日本和中国能源法律体系比较研究 [J]. 中国矿业，2009（11）：11-14+28.

[79] 张浩川．中日能源战略决策机制比较研究 [J]. 日本研究，2009（3）：62-66.

[80] 张奕．日本能源战略对我国的借鉴意义 [J]. 重庆工学院学报（社会科学版），2007（11）：53-56.

[81] 张颖．日本综合商社的国际化经营战略 [D]. 北京：对外经济贸易大学，2006.

[82] BP 世界能源统计年鉴发布会. 世界能源统计年鉴（2018 年中文版）[R/OL]. 新能源网，2018-06-13.

[83] BP 世界能源统计年鉴发布会. 世界能源统计年鉴（2017 年中文版）[R/OL]. 新能源网，2017-06-13.

[84] BP 世界能源统计年鉴发布会. 世界能源统计年鉴（2016 年中文版）[R/OL]. 新能源网，2016-06-13.

[85] BP 世界能源统计年鉴发布会. 世界能源统计年鉴（2015 年中文

版）［R/OL］. 新能源网，2015-06-13.

［86］徐斌. 浅析石油企业海外资源开发合作模式［J］. 中国石油石化，2019（5）：22-23.

［87］陈甲斌、冯丹丹. 战略性矿产资源：不可忽视的安全保障［N］. 中国自然资源报，2020. 09. 02 第 007 版.

Ⅱ. 日文文献

［1］JOGMEC 調査部調査課. 産油国における石油探鉱・開発、投資動向［J］. Topics 石油・天然ガスレビュー，2018（9）：56-68.

［2］望月尊弘. 煤炭資源の開発と現状について- エネルギー源としての位置づけとJOGMECの取り組み［J］. Analysis 石油・天然ガスレビュー，2016（5）：82-89.

［3］松川良夫. 原油・天然ガスエネルギー資源開発［N］. 日本貿易会月報，2004 年 10 月号.

［4］山田光彦. わが国の銅原料の輸入の歩みと商社の役割［N］. 日本貿易会月報，2004 年 10 月号.

［5］垂水裕之. 石炭資源開発［N］. 日本貿易会月報，2004 年 10 月号.

［6］玉木直季. 今中東で、、、2017（地政学とビジネス機会）［J］. 海外投融資，2018（1）：35-41.

［7］澤田賢治. 鉱物資源獲得のための対外進出の効果および世界に及ぼす影響［J］. アジア経済研究所，2008（10）：88-95.

［8］藤原真雄. 重化学工業化と海外資源開発投資［J］. NII-Electronic Library Service，第 42 巻第 3・4 号：66-71.

［9］家守伸正. 資源開発と国内製錬事業の現状と課題［R/OL］. 総合資源エネルギー調査会資源・燃料分科会鉱業小委員会（第 2 回），2014-06-30.

［10］JOGMEC 海外炭開発等高度化調査. 煤炭メジャー・大手煤炭企業及び煤炭消費　国企業を含めた炭鉱開発動向並びに事業戦略［R/OL］. JOGMEC 网，2017-07-20.

[11] JOGMEC. 資源・エネルギーの明日を伝える [N]. JOGMEC NEWS. 2013 年 12 月号.

[12] JOGMEC 煤炭開発部調査事業成果報告会 . 海外炭開発、我が国への輸入可能性調査 [R/OL]. 2015 (3).

[13] 持続可能な社会と自然エネルギー研究会. 環境の持続可能性と自然エネルギー [R/OL]. 2015-06-30.

[14] JOGMEC. 銅の国際的な需給構造の歴史と変遷 [EB/OL]. JOGMEC 网站, 2006-04-23.

[15] JOGMEC. 日本の海外銅資源開発の歴史 . [EB/OL]. JOGMEC 网站, 2018-02-06.

[16] 浦田秀次郎 等 . 日本の通商戦略の課題と将来展望 [R/OL]. 21 世紀政策研究所, 2012-07-31.

[17] JPEC. 海外資源開発と石油精製事業に活路見いだすタイ [R/OL]. JPEC 网站, 2014-11-30.

[18] みずほ銀行産業調査部. 海外資源開発産業の現状と展望 [R/OL]. みずほ銀行産業調査部网站, 2014-09-30.

[19] 経済産業省資源エネルギー庁. 資源確保戦略 [R]. 日本海外展開関係大臣会合, 2013 (6).

[20] 産油国における石油探鉱・開発、投資動向 [J]. Topics. 2018 (9).

[21] 国際資源開発検討会 . 国際資源開発人材育成検討会中間まとまり [R/OL]. 资源能源厅网站, 2012-08-31.

[22] 白鸟润一郎 . 経済大国日本の外交エネルギー資源外交の形成 1967—1974 年 [M]. 东京: 千倉書房, 2015.

[23] 第 24 回経協インフラ戦略会議 . インフラシステム輸出戦略 . 2016: 35-49 [R/OL]. 経済産業省网站, 2016-05-23.

[24] 経済産業省 . 第 2 回燃料原料安定確保戦略会議 . 我が国でエネルギー・資源戦略について [R/OL]. 経済産業省网站, 2009-10-08.

[25] 中島猪久夫 . 石油と日本—苦難と挫折の資源外交史 [M]. 东

京：株式会社新潮社，2015.

［26］野口悠紀雄．戦後日本経済史［M］．东京：株式会社新潮社，2010.

［27］総合資源エネルギー調査会基本政策分科会第 20 回会合．エネルギー革新戦略中間とりまとめ［R］．JOGMEC 网，2016-02-25.

［28］経済産業省．総合資源エネルギー調査会資源・燃料分科会報告書［R/OL］．経済産業省网站，2017-06-30.

［29］重化学工業通信社．日本の海外資源開発［M］．东京：重化学工業出版社，1976.

［30］日本国際問題研究所．日本の資源外交とエネルギー協力［R］．2016（3）.

［31］経済産業省．通商白書 2012［M］．東京勝美印刷，2012.

［32］経済産業省．通商白書 2013［M］．東京勝美印刷，2013.

［33］経済産業省．通商白書 2015［M］．東京勝美印刷，2015.

［34］経済産業省．通商白書 2017［M］．東京勝美印刷，2017.

［35］内閣府．日本経済 2015~2016［M］．東京藤原印刷．2017（1）.

［36］内閣府．日本経済 2016~2017［M］．東京藤原印刷．2018（1）.

［37］ジェトロ．ジェトロ世界貿易投資報告（2016 年版）［M］．東京ジェトロ出版，2016.

［38］ジェトロ．ジェトロ世界貿易投資報告（2017 年版）［M］．東京ジェトロ出版，2017.

［39］ジェトロ．ジェトロ世界貿易投資報告（2018 年版）［M］．東京ジェトロ出版，2018.

［40］日本経済産業省資源エネルギー庁．エネルギー白書（平成 15 年）［R/OL］．资源能源厅网站，2004-10-05.

［41］日本経済産業省資源エネルギー庁．エネルギー白書（平成 16 年）［R/OL］．资源能源厅网站，2005-10-25.

［42］日本経済産業省資源エネルギー庁．エネルギー白書（平成 17 年）［R/OL］．资源能源厅网站，2006-05-25.

［43］日本経済産業省資源エネルギー庁. エネルギー白書（平成 18 年）［R/OL］. 资源能源厅网站，2007-05-25.

［44］日本経済産業省資源エネルギー庁. エネルギー白書（平成 19 年）［R/OL］. 资源能源厅网站，2008-05-27.

［45］日本経済産業省資源エネルギー庁. エネルギー白書（平成 20 年）［R/OL］. 资源能源厅网站，2009-05-22.

［46］日本経済産業省資源エネルギー庁. エネルギー白書（平成 21 年）［R/OL］. 资源能源厅网站，2010-06-15.

［47］日本経済産業省資源エネルギー庁. エネルギー白書（平成 22 年）［R/OL］. 资源能源厅网站，2011-10-28.

［48］日本経済産業省資源エネルギー庁. エネルギー白書（平成 23 年）［R/OL］. 资源能源厅网站，2012-11-16.

［49］日本経済産業省資源エネルギー庁. エネルギー白書（平成 24 年）［R/OL］. 资源能源厅网站，2013-06-14.

［50］日本経済産業省資源エネルギー庁. エネルギー白書（平成 25 年）［R/OL］. 资源能源厅网站，2014-06-17.

［51］日本経済産業省資源エネルギー庁. エネルギー白書（平成 26 年）［R/OL］. 资源能源厅网站，2015-07-14.

［52］日本経済産業省資源エネルギー庁. エネルギー白書（平成 27 年）［R/OL］. 资源能源厅网站，2016-05-17.

［53］日本経済産業省資源エネルギー庁. エネルギー白書（平成 28 年）［R/OL］. 资源能源厅网站，2017-06-02.

［54］日本経済産業省資源エネルギー庁. エネルギー白書（平成 29 年）［R/OL］. 资源能源厅网站，2018-06-08.

［55］日本経済産業省資源エネルギー庁. エネルギー白書（2019 年）［R/OL］. 资源能源厅网站，2020-06-01.

［56］日本統計局. 第六十八回日本統計年鑑　平成 31 年［EB/OL］. 日本統計局网站，2018-02-06.

［57］日本統計局 . 第六十五回日本統計年鑑 平成 28 年［EB/OL］.

日本統計局网站，2018-04-16.

［58］日本統計局．第六十回日本統計年鑑 平成 23 年［EB/OL］. 日本統計局网站，2018-04-16.

［59］深尾京司．「失われた20 年」と日本経済［M］. 东京：日本経済新聞出版社，2013.

［60］古川徹也．日本経済論［M］. 东京：培風館，2017.

Ⅲ. 韩文文献

［1］홍승혜. 일본의 해외자원개발투자 형황 및 과제［J］. 세계에너지인사이트 시장제，2016（6）：33-36.

［2］송진호. 일본의 해외자원개발 전략분석 및 시사점［J］. KBS 산업은행경제연구소，2017（5）：188-194.

［3］전경련. 한중일 해외자원개발 비교［J］. 전국경제인연합회，2015（12）：66-68.

［4］이수원.저유가 下 해외자원개발전략［J］. 산업은행경제연구소，2016（3）：65-80.

［5］이승주. 일본FTA네트워크전략의 형성과 변화［J］. 일본연구농촌，2016（3）：112-116.

［6］안태정. 저유가 하 중국 · 일본의 석유개발정책［J］. 주간석유뉴스，2015（6）：23-35.

［7］노자와신이찌. 일본의해외석유가스개발형황［D］. 한국에너지협의회，1996.

［8］구본관. 아메노믹수,일본경제부활의신호탄인가?［R/OL］. 삼성경제연구소，2013-03-31.

［9］감사원. 해외자원개발사업성과분석［N/OL］. 투데이에너지，2015-07-15.

［10］임용생. 해외광산개발이것만은알고시작하자［EB/OL］. 한울아카데미，2010-01-20.

［11］홍승혜,정준환. 일본의해외자원개발기업사례분석및정책시사점［R］. 에너지경제연구소，2016-06-30.

[12] 신장철. 일본의 해외자원개발과 소고쇼샤 (總合商社) 의 역할기능에관한 연구 [R/OL]. 한국무역학회, 2017-04-30.

[13] 김규판등. 일본의 FTA추진전력과 정책적시사점 [R/OL]. 대외경제정책연구원, 2014-12-18.

[14] 한중일 해외자원개발비교 [R/OL]. FKI ISSUE PAPER, 2015-12-20.

[15] 일본의 해외석유가스 탐사개발 [N/OL]. 비지네스-경제, 2015-02-05.

Ⅳ. 相关网站

[1] 经济产业省 http://www.meti.go.jp/intro/index.html

[2] 日本石油天然气金属矿产资源机构 http://www.jogmec.go.jp/

[3] 日本贸易保险公司 https://www.nexi.go.jp/corporate/index.html

[4] 日本国际协力机构 https://www.jica.go.jp/index.html

[5] 日本国际协力银行 https://www.jbic.go.jp/ja/

[6] 产业技术综合研究所地质调查综合研究中心 https://www.aist.go.jp/

[7] 内阁府 https://www.cao.go.jp/

[8] 总务省统计局 http://www.stat.go.jp/

[9] 日财务省 https://www.mof.go.jp/

[10] 住友商社股份有限公司 https://www.sumitomocorp.com/ja/jp

[11] 伊藤忠商社股份有限公司 https://www.itochu.co.jp/cn/index.html

[12] 三井物产股份有限公司 https://www.mitsui.com/jp/ja/index.html

[13] 三菱商社股份有限公司 https://www.mitsubishicorp.com/jp/zh/

[14] JXTG 能源公司 https://www.noe.jxtg-group.co.jp/index.html

[15] 三井石油开发股份有限公司 https://www.moeco.com/

[16] 国际石油开发帝石股份有限公司 www.inpex.co.jp

[17] 国家统计局 http：//www. stats. gov. cn/

[18] 中国矿业网 http：//www. chinamining. org. cn/

[19] 中国石油 http：//www. cnpc. com. cn/cnpc/index. shtml

[20] 中国石化 http：//www. sinopecgroup. com/group/

[21] 中国海油 http：//www. cnooc. com. cn/

[22] 宝莫股份 http：//www. slcapam. com/

[23] 复星国际有限公司 https：//www. fosun. com/

附　表

附表 1　美、欧、中发电来源

	煤	天然气	核	替代能源	石油
美国	49%	18%	20%	10%	x%
欧洲	29%	22%	28%	15%	5%
中国	79%	x%	x%	16%	x%

注：x 为贡献较小。

资料来源：CERA，IEA，麦肯锡公司数据，2010 年 4 月。

附表 2　日本 EPA 交涉的历史

序号	时间	国家	备注
1	2002 年 11 月	新加坡	第一个自由贸易协定
2	2005 年 4 月	墨西哥	
3	2006 年 7 月	马来西亚	
4	2007 年 9 月	智利	
5	2007 年 11 月	泰国	
6	2008 年 7 月	印度尼西亚	
7	2008 年 7 月	文莱	
8	2008 年 12 月	东盟	第一个与区域性经济组织达成的自由贸易协定
9	2008 年 12 月	菲律宾	
10	2009 年 9 月	瑞士	
11	2009 年 10 月	越南	
12	2011 年 8 月	印度	
13	2012 年 3 月	秘鲁	

续表

序号	时间	国家	备注
14	2015 年 1 月	澳大利亚	
15	2016 年 2 月		TPP 署名
16	2016 年 6 月	蒙古	
17	2018 年 3 月		TPP11 署名
18	2018 年 7 月		EU EPA 署名
19	2018 年 12 月	TPP11	
20	2019 年 2 月	EU	

资料来源：经济产业省令和元年版通商白书，2019. 7：315.

附表 3　中国企业“走出去”保障机构

	机构	主要职能
1	商务部	商务部开发了境外投资合作统计系统，覆盖 90%以上的在外企业、项目和人员信息。一旦中国企业在境外出现问题，商务部能迅速掌握信息，为妥善处置境外安全事件提供有效保障。企业境外投资经营，应第一时间向所在国经商处报到，获得政府部门的相关支持；商务部会同有关部门建立了境外风险预警制度，加强对热点地区安全形势的监测、分析、研判，并通过商务部网站及时发布各种预警信息，企业可以快速了解境外风险的相关情况；商务部对到高风险国家设立分公司和实施项目的企业加强管理，要求企业提供项目的安全评估报告。督促企业充分重视项目风险；商务部提供政府公告，定期发布境外投资合作国别地区指南、国别贸易投资环境报告，给企业防范境外风险提供指导，组织企业境外经营人员进行境外安全培训，商签双边投资保护协定，帮助企业解决遇到的境外风险问题等
2	国务院国有资产监督管理委员会（简称“国务院国资委”）	作为央企监管部门，国务院国资委在强化央企风险管控方面有相对严格的要求。针对央企的境外经营业务，国务院国资委联合商务部印发了《关于加强中央企业境外安全风险防范工作的紧急通知》，要求央企在海外加强风险防范工作

续表

	机构	主要职能
3	外交部	外交部可以为中国企业境外经营提供领事保护服务。企业应关注外交部网站的领事保护动态，如果发生与人员安全相关的风险事件，应及时寻求外交部的支持。自加入世贸组织以来，中国外交部一直比较重视经济外交工作，经济外交已经成为外交工作的重要组成部分。2012 年在原“经济外交与合作”办公室基础上，外交部设立国际经济司，从政治和外交上协调、研究和参与联合国及有关国际、区域合作框架内的经济与发展合作和相关业务。企业在走出去的过程中应该善于利用外交部的这些职能，而不仅仅是在遇到外交问题时才向所在国的中国领事馆寻求帮助
4	中国出口信用保险公司	作为中国唯一承办出口信用保险业务的政策性金融机构，中国出口信用保险公司（简称“中国信保”）在提供保险产品帮助企业转移风险损失的同时，还提供境外风险咨询服务，协助企业识别和规避境外风险。中国信保在原有国别风险研究的基础上成立的国别风险研究中心，是国内最权威的国家风险研究机构，其每年出版的《国家风险分析报告》是企业识别国别风险的权威参考
5	商会协会	中国对外承包工程商会和中国机电产品进出口商会是企业境外投资、对外承包工程、劳务合作、机电成套设备出口的行业管理和协调机构，企业境外经营过程中应该充分借助商会的职能和能源，促进业务发展。随着中国企业境外经营规模的不断扩大，更多的行业协会本着为企业服务的宗旨，不断推出各类支持企业境外经营的产品和服务，企业应合理利用这些资源
6	中国贸促会	中国贸促会同全球 200 多个国家的工商界建立了联合商会，同时还在十几个国家建立了驻外代表处，在对外经济中发挥着重要作用。企业应加强同贸促会及其驻外机构的联系，便于获得相关的信息和支持

续表

	机构	主要职能
7	保险机构	政策性保险机构和商业保险公司提供的各类保险产品，是企业境外经营转移政治风险和商业风险的有效手段。同时，保险机构均有风险咨询服务，可以帮助企业识别和管控境外经营风险。在全球范围内，很多保险公司都可以承包政治风险，除各国的出口信用保险机构外，国际上一些比较大的保险公司，如伦敦劳合社、AIG、美亚保险、英国的 ECGD、日本的 NEXI 等均承保政治风险。中国出口信用保险公司中国唯一的政策性承保政治风险的保险机构
8	会计师事务所	境外财税方面的咨询服务通常由会计师事务所承担，企业可以根据自身业务的特点及所能承受的咨询费灵活选择

资料来源：作者根据各机构官网信息资料整理。

附表 4　日本石油生产、出货、在库统计（2009—2020）　　单位：千升

年月	生产数量	消费数量	出货				在库数量
			数量统计	贩卖		其他	
				数量	金额（千日元）		
2009	921,360	–	1,044,037	910,459	31,102,438	133,578	44,042
2010	872,963	–	957,724	845,919	36,910,951	111,805	49,769
2011	832,310	–	927,608	846,466	45,398,607	81,142	42,153
2012	794,120	–	858,623	790,698	45,525,439	67,925	39,026
2013	687,232	–	751,139	687,351	44,258,375	63,788	34,091
2014	644,129	–	705,524	634,800	43,911,680	70,724	39,908
2015	596,300	–	662,506	595,849	25,176,460	66,657	36,479
2016	548,915	–	606,127	547,096	16,752,187	59,031	36,698
2017	561,522	–	615,668	559,865	22,501,324	55,803	35,777
2018	498,892	–	554,079	504,335	25,338,786	49,744	33,819

续表

年月	生产数量	消费数量	出货				在库数量
			数量统计	贩卖		其他	
				数量	金额(千日元)		
2019	522,472	-	599,680	526,623	23,926,711	73,057	27,419
2020	512,257	-	565,648	499,596	16,437,888	66,502	38,623

数据来源：経済産業省，生産動態統計年報 2020 資源・窯業・建材統計編［R/OL］．経済産業省网站，2021-03-20；経済産業省，生産動態統計年報 2015 資源・窯業・建材統計編［R/OL］．経済産業省网站，2016-03-30；経済産業省，生産動態統計年報 2014 資源・窯業・建材統計編［R/OL］．経済産業省网站，2015-03-29；経済産業省，生産動態統計年報 2013 資源・窯業・建材統計編［R/OL］．経済産業省网站，2014-03-31.

附表 5 日本天然气生产、出货、在库统计（2009—2020）

单位：1000 立方米（基准状态）

年月	生产数量	消费数量	出货				在库数量
			数量统计	贩卖		其他	
				数量	金额(千日元)		
2009	3,538,567	88,773	4,278,018	3,847,615	136,306,666	430,403	226,419
2010	3,395,688	102,031	4,483,725	4,006,367	153,986,893	477,358	242,223
2011	3,297,752	126,793	4,584,989	4,137,072	169,547,913	447,917	228,728
2012	3,275,617	123,046	4,459,081	4,065,975	178,999,987	393,106	248,625
2013	2,995,410	127,644	4,217,853	3,797,508	181,723,611	420,345	250,801
2014	2,822,463	118,240	4,210,411	3,814,167	206,080,157	396,244	247,636
2015	2,734,177	114,123	4,056,747	3,691,462	194,771,028	365,285	255,979
2016	2,754,211	119,290	4,061,631	3,743,505	165,840,112	318,126	235,886
2017	3,007,932	127,443	4,275,965	3,989,043	177,626,121	286,922	228,136
2018	2,706,922	124,366	4,257,635	4,001,506	195,517,964	256,129	207,568
2019	2,523,871	123,504	4,196,458	3,941,945	208,037,327	254,513	243,859
2020	2,295,361	113,539	3,940,683	3,714,806	173,149,590	225,877	169,881

数据来源：経済産業省，生産動態統計年報2020資源・窯業・建材統計編［R/OL］. 経済産業省网站，2021-03-20；経済産業省，生産動態統計年報2015資源・窯業・建材統計編［R/OL］. 経済産業省网站，2016-03-30；経済産業省，生産動態統計年報2014資源・窯業・建材統計編［R/OL］. 経済産業省网站，2015-03-29；経済産業省，生産動態統計年報2013資源・窯業・建材統計編［R/OL］. 経済産業省网站，2014-03-31.

附表6　日本煤炭生产、出货、在库统计（2009—2020）　　单位：吨

年月	生产数量	消费数量	出货			在库数量
			贩卖		其他	
			数量	金额(千日元)		
岩　石						
2009	9,188,798	1,216,134	8,124,295	7,428,034	696,667	527,868
2010	9,159,402	1,257,971	8,007,843	7,456,695	637,405	664,035
2011	9,542,836	1,602,883	8,224,741	7,785,685	381,948	711,901
2012	9,306,097	983,533	8,189,146	8,244,880	154,470	667,175
2013	9,290,670	909,949	8,554,172	8,554,616	148,920	637,146
2014	9,495,927	798,745	8,689,458	8,999,241	147,824	531,841
2015	8,988,066	720,486	8,259,640	8,961,407	137,660	642,991
2016	9,068,044	760,273	8,279,419	8,703,635	116,120	665,426
2017	9,261,063	808,844	8,360,119	8,853,660	116,680	751,474
2018	9,631,453	847,132	8,759,512	9,457,561	134,265	735,371
2019	9,184,591	854,110	8,415,890	9,180,974	140,770	636,527
2020	8,709,461	798,258	7,950,464	8,831,406	144,490	572,380
石灰石						
2009	132,350,412	-	123,225,262	88,152,580	15,774,162	9,243,470
2010	133,974,438	-	127,800,092	92,907,940	12,903,995	8,934,954
2011	134,176,493	-	124,379,094	98,767,110	16,667,953	8,030,222
2012	140,037,934	28,245,324	111,000,825	92,069,356	6,593,900	8,433,060
2013	148,066,315	28,666,756	119,113,646	100,581,809	9,247,219	8,840,192
2014	148,088,002	28,624,502	119,209,515	102,161,024	9,481,227	9,042,505
2015	142,916,418	28,286,007	115,207,155	101,527,054	10,254,165	9,153,313

续表

年月	生产数量	消费数量	出货			在库数量
			贩卖		其他	
			数量	金额(千日元)		
2016	139,331,640	27,526,753	111,780,677	99,645,034	10,777,187	9,787,749
2017	141,633,594	29,029,498	113,372,633	101,833,633	11,200,139	9,572,565
2018	142,211,511	28,045,419	114,280,268	103,589,183	11,213,495	8,758,434
2019	138,533,553	26,972,002	112,284,048	102,562,339	9,930,990	8,528,182
2020	131,533,130	26,538,091	104,918,240	99,185,533	9,068,469	9,038,455

数据来源：経済産業省，生産動態統計年報 2020 資源・窯業・建材統計編 [R/OL]. 経済産業省网站，2021-03-20；経済産業省，生産動態統計年報 2015 資源・窯業・建材統計編 [R/OL]. 経済産業省网站，2016-03-30；経済産業省，生産動態統計年報 2014 資源・窯業・建材統計編 [R/OL]. 経済産業省网站，2015-03-29；経済産業省，生産動態統計年報 2013 資源・窯業・建材統計編 [R/OL]. 経済産業省网站，2014-03-31.

附表 7　日本国民经济统计（1955—2019）

年度	国内生产总值(GDP) 10亿日元			国民总收入(GNI)		国民收入(NI) 10亿日元		人均 GDP 千日元
	总额	名义同比	实际同比	名义同比	实际同比	总额	同比	
1955	8,969.3	–	–	–	–	6,973.3	–	97
1956	10,064.4	12.2	6.8	12.1	6.7	7,896.2	13.2	107
1957	11,542.0	14.7	8.1	14.5	8.0	8,868.1	12.3	122
1958	12,356.7	7.1	6.6	7.0	6.5	9,382.9	5.8	129
1959	14,497.3	17.3	11.2	17.2	11.1	11,042.1	17.7	150
1960	17,401.1	20.0	12.0	19.9	11.9	13,49.7	22.2	178
1961	21,042.1	20.9	11.7	20.9	11.7	16,081.9	19.2	214
1962	23,293.3	10.7	7.5	10.6	7.5	17,893.3	11.3	234
1963	27,361.5	17.5	10.4	17.4	10.4	21,099.3	17.9	272
1964	31,712.8	15.9	9.5	15.8	9.4	24,051.4	14.0	312

续表

年度	国内生产总值(GDP) 10亿日元			国民总收入(GNI)		国民收入(NI) 10亿日元		人均GDP 千日元
	总额	名义同比	实际同比	名义同比	实际同比	总额	同比	
1965	35,223.8	11.1	6.2	11.1	6.2	26,827.0	11.5	343
1966	41,413.7	17.6	11.0	17.6	11.1	31,644.8	18.0	400
1967	48,451.6	17.0	11.0	17.0	11.0	37,547.7	18.7	463
1968	57,320.4	18.3	12.4	18.3	12.3	43,720.9	16.4	541
1969	67,871.7	18.4	12.0	18.4	12.0	52,117.8	19.2	633
1970	78,551.0	15.7	8.2	15.8	8.3	61,029.7	17.1	722
1971	86,480.1	10.1	5.0	10.2	5.1	65,910.5	8.0	781
1972	100,654.0	16.4	9.1	16.6	9.3	77,936.9	18.2	898
1973	121,756.5	21.0	5.1	20.9	5.0	95,839.6	23.0	1,070
1974	144,431.5	18.6	-0.5	18.4	-0.7	112,471.6	17.4	1,251
1975	158,942.9	10.0	4.0	10.2	4.1	123,990.7	10.2	1,361
1976	178,692.4	12.4	3.8	12.4	3.8	140,397.2	13.2	1,515
1977	178,305.6	11.0	4.5	11.0	4.6	155,703.2	10.9	1,666
1978	217,612.8	9.7	5.4	9.9	5.5	171,778.5	10.3	1,814
1979	234,966.3	8.0	5.1	8.0	5.1	182,206.6	6.1	1,942
1980	256,153.0	9.0	2.6	8.9	2.4	203,878.7	9.5	2,123
1981	272,556.9	6.4	4.0	6.3	4.1	211,615.1	3.8	2,246
1982	285,246.4	4.7	3.2	4.9	3.1	220,131.4	4.0	2,328
1983	299,017.0	4.8	3.8	4.9	4.1	231,290.0	5.1	2,417
1984	317,792.1	6.3	4.5	6.4	4.8	243,117.2	5.1	2,564
1985	338,999.2	6.7	5.5	6.8	5.7	260,559.9	7.2	2,731
1986	353,082.1	4.2	2.7	4.1	4.7	267,941.5	2.8	2,815
1987	374,417.0	6.0	6.1	6.3	6.1	281,099.8	4.9	2,965
1988	400,429.7	6.9	6.2	6.9	6.7	302,710.1	7.7	3,160
1989	427,271.5	6.7	4.0	7.0	4.2	320,802.0	6.0	3,378

续表

年度	国内生产总值(GDP) 10亿日元			国民总收入(GNI)		国民收入(NI) 10亿日元		人均GDP 千日元
	总额	名义同比	实际同比	名义同比	实际同比	总额	同比	
1990	462,963.8	8.4	5.6	8.1	5.0	346,892.9	8.1	3,655
1991	487,342.8	5.3	2.4	5.2	2.8	368,931.6	6.4	3,818
1992	496,681.7	1.9	0.5	2.2	0.8	366,007.2	-0.8	3,883
1993	494,916.1	-0.4	-0.9	-0.4	-0.7	365,376.0	-0.2	3,865
1994	502,751.2	1.6	1.6	1.6	1.7	368,350.6	1.3	4,015
1995	516,201.7	3.3	3.3	2.8	3.7	378,479.6	2.7	4,113
1996	528,842.5	2.9	2.9	2.7	2.7	391,360.5	3.4	4,205
1997	533,393.4	0.9	0.0	0.9	0.1	388,483.7	-0.7	4,230
1998	526,004.0	-1.4	-0.9	-1.5	-0.9	378,239.6	-2.6	4,161
1999	521,923.8	-0.8	0.7	-0.6	0.8	377,003.2	-0.3	4,121
2000	528,446.6	1.2	2.5	1.5	2.6	385,968.5	2.4	4,165
2001	519,189.1	-1.8	-0.5	-1.7	-0.7	373,307.8	-3.0	4,081
2002	514,854.5	-0.8	0.9	-1.0	0.8	373,648.7	-0.4	4,040
2003	517,719.5	0.6	2.0	0.8	2.1	377,850.5	1.4	4,055
2004	521,348.5	0.7	1.7	1.0	1.7	382,671.5	1.3	4,081
2005	525,642.7	0.8	2.0	1.2	1.5	387,369.9	1.2	4,114
2006	529,033.5	0.6	1.4	1.0	1.2	392,351.9	1.3	4,137
2007	530,922.9	0.4	1.2	0.6	0.6	393,283.1	-0.0	4,148
2008	509,482.0	-4.0	-3.4	-4.6	-4.8	364,051.0	-7.2	3,979
2009	491,957.0	-3.4	-2.2	-3.3	-1.1	353,413.5	-2.9	3,842
2010	499,428.9	1.5	3.3	1.7	2.7	361,895.3	2.4	3,901
2011	494,042.5	-1.1	0.5	-1.0	-0.6	358,414.7	-1.0	3,867
2012	494,369.8	0.1	0.8	0.1	0.8	359,779.9	0.4	3,875
2013	507,255.2	2.6	2.6	3.3	3.1	374,227.1	4.0	3,982
2014	518,235.2	2.2	-0.4	2.4	0.2	379,450.9	1.4	4,074

续表

年度	国内生产总值(GDP)10亿日元			国民总收入(GNI)		国民收入(NI)10亿日元		人均GDP千日元
	总额	名义同比	实际同比	名义同比	实际同比	总额	同比	
2015	532,786.0	2.8	1.3	2.9	2.8	390,168.3	2.8	4,193
2016	536,850.8	0.8	0.9	0.3	0.8	392,243.5	0.5	4,230
2017	547,548.0	2.0	1.9	2.2	1.5	400,877.9	2.2	4,322
2018	548,121.6	0.1	0.3	0.3	-0.2	404,262.2	0.8	4,337
2019	552,499.7	0.8	0.0	0.7	0.1	-	-	-
2020:1-3	136,169.2	-0.9	-1.8	-1.0	-1.7	-	-	-
2020:4-6	125,795.9	-8.7	-9.9	-8.7	-8.8	-	-	-

资料来源：内阁府，令和2年年次経済財政報告［R］. 内阁府网，2020-11-30.

备注：

1. 根据内阁府《国民经济统计》、总务省《劳动力调查》制作。

2. 国内生产总值在1979年之前（同比为1980年）是根据《1998年国民经济核算（1990标准，68SNA）》，1980年至1993年（同比为1981年至1994年）是根据《支出侧GDP系列简单回顾（2011年标准/08SNA）》，1994年之后（同比为1995年）是根据《2020年4—6月GDP初报（第二初报）（第二次初步报告）2011标准08SNA）》计算的 。

另外，对于1979年以前的数据，为了将不同标准之间的数字连接起来进行了简单处理。

3. 关于国民总收入项目，1980年以前的数据为国民生产总值（GNP）。

4. 关于国民收入项目，1979年以前（同比为1980年）是根据《1998年国民经济核算（1990标准，68SNA）》，1980年至1993年（同比为1981年至1994年）是《2009年国民经济核算（2000年标准，93SNA）》计算的，所以作为时间序列没有连接。1994年之后（同比为1995年）是以《2018年国民经济核算（2011年标准，08SNA）》为基础计算的。

5. 有关人均GDP项目，1979年以前（同比为1980年）是根据《长期追溯主要系列国民经济核算报告（1955—1998）（1990年标准，68SNA）》、1980年至1993年（同比为1981年至1994年）是《2009年国民经济核算（2000年标准，93SNA）》、其后是基于《2018年国民经济核算（2011标准，08SNA）》计算的。

附表 8　拥有 5 人以上日本职员的国际机构

单位：人

国际机构名称职员数		国际机构名称职员数	
ADB(亚洲开发银行)	148	UN Women(联合国妇女组织)	15
AIT(亚洲工科大学院)	6	UN(联合国)	210
AJC(日本东盟中心)	12	UNDP(联合国开发计划署)	61
APO(亚洲生产力组织)	6	UNESCO(联合国教科文组织)	47
CGIAR(国际农业研究磋商集团)	51	UNFCCC(联合国气候变化框架公约)	7
CTBTO(全面禁止核试验条约组织)	5	UNFPA(联合国人口基金会)	15
ERIA(东亚东盟经济研究中心)	15	UNHCR(联合国难民事务高级专员公署)	71
FAO(联合国粮食及农业组织)	53	UNICEF(联合国儿童基金会)	90
GFATM(全球艾滋病、结核和疟疾基金)	11	UNIDO(联合国工业发展组织)	15
IAEA(国际原子能机构)	38	UNJSPE(联合国同职员年金基金事务所)	6
IBRO(国际复兴开发银行)	177	UNOPS(联合国项目事务所)	5
ICAO(国际民间航空机构)	8	UNU(联合国大学)	5
ICC(国际商会)	9	WCO(世界海关组织)	10
ILO(国际劳工组织)	42	WFP(世界粮食计划署)	50
IMF(国际货币基金组织)	65	WHO(世界卫生组织)	56
IOM(国际移民组织)	38	WIPO(世界知识产权组织)	24
ITER(国际热核聚变实验堆计划机构)	34	WMO(世界气象组织)	5
ITU(国际电信联盟)	7	WTO(世界贸易组织)	5
OECD(经济合作与发展组织)	78		

资料来源：外务省，外交青书 2021［R］. 外务省网，2021-07-31：313.

备注：

1. 根据外务省的调查，记载了5名以上的日本职员就职的机关。

2. 亚洲开发银行（截至2019年12月）、世界银行集团（国际复兴开发银行，截至2019年6月）、国际货币基金（截至2020年4月）以及世界海关组织（截至2021年2月）的日本职员人数是依据财务省的调查。

附表9　2019年日本官方开发援助的地域表现

单位：百万美元

援助形式 地区	赠予			政府贷款	支出总额		
	无偿资金援助	技术援助	合计		合计	构成（%）	同比（%）
亚洲	738.15	653.65	1,391.81	7,580.34	8,972.14	61.1	19.5
东亚	425.02	418.52	843.54	2,957.58	3,801.12	25.9	22.9
北东亚	37.31	24.82	62.13	56.41	118.54	0.8	27.0
东南亚	386.16	388.57	774.73	2,901.17	3,675.90	25.0	22.9
南西亚	217.67	202.11	419.78	4,076.16	4,495.94	30.6	12.5
中亚	63.29	26.85	90.14	426.00	516.13	3.5	54.2
亚洲多个国家	32.17	6.18	38.35	120.60	158.94	1.1	85.3
中东、北非	445.46	89.33	534.79	976.49	1,511.28	10.3	-10.2
撒哈拉以南非洲	675.71	310.50	986.22	567.24	1,553.46	10.6	16.5
中南美	120.50	118.03	238.53	174.30	412.83	2.8	-8.8
大洋洲	139.62	39.97	179.59	41.45	221.04	1.5	0.8
欧洲	13.12	13.97	27.09	49.93	77.02	0.5	-4.5
跨越多区域	424.88	1,500.79	1,925.66	9.17	1,934.83	13.2	-4.2
合计	2,557.44	2,726.24	5,283.68	9,398.92	14,682.60	100.0	10.4

资料来源：外務省2020年版 開発協力白書「日本の国際協力」[R]. 2021-03-31：98.

备注：

1. 由于四舍五入的关系，有的总数可能不匹配。

2. “跨越多区域”是指例如派遣到跨越多个区域的调查团队等，那些无法具体划分区域的援助。

3. “亚洲多个国家”的援助包括一些中东地区在内的多个国家的援助，因为这些数字是基于DAC标准的。

附表10 日本主要省厅部委官方发展援助预算明细

单位：百万日元、%

区分	2019年	2020年		
	预算额	预算额	增减额	增长率
警察厅	16	18	2	12.2
金融厅	243	166	-77	-31.6
总务省	817	822	5	0.6
法务省	419	450	31	7.4
外务省	437，635	442，901	5，266	1.2
财务省	76，810	77，514	704	0.9
文部省	16，551	16，847	297	1.8
厚生劳动省	6，363	6，417	54	0.8
农林水产省	2，691	2，686	-5	-0.2
经济产业省	14，014	12，267	-1，747	-12.5
国土交通省	363	336	-26	-7.2
环境省	643	590	-43	-6.9
合计	556，556	561，015	4，459	0.8

资料来源：外务省2020年版 開発協力白書「日本の国際協力」[R]. 2021-03-31：165.

备注：

1. 本图表中，由于“增减额”和“增长率”均以100万日元以下为单位计算，可能与表中数字的计算结果不符。

2. 由于四舍五入的关系，有的总数可能不匹配。

附表 11 日本石油储备现状（2020 年）

年份		储备种类			
		国家储备	民间储备	产油国共同储备	合计
2020.12	储备天数	148 日份/117 日份 *	91 日份/72 日份 *	7 日份/5 日份 *	246 日份/194 日份 *
	保有量	4，627 万 kl	1，258 万 kl	231 万 kl	7，851 万 kl
2020.11	储备天数	147 日份/117 日份 *	94 日份/76 日份 *	7 日份/5 日份 *	247 日份/198 日份 *
	保有量	4，626 万 kl	1，272 万 kl	226 万 kl	7，961 万 kl
2020.10	储备天数	145 日份/117 日份 *	98 日份/81 日份 *	7 日份/5 日份 *	250 日份/202 日份 *
	保有量	4，626 万 kl	1，421 万 kl	226 万 kl	8，112 万 kl
2020.09	储备天数	146 日份/118 日份 *	98 日份/81 日份 *	7 日份/6 日份 *	251 日份/205 日份 *
	保有量	4，675 万 kl	1，429 万 kl	242 万 kl	8，200 万 kl
2020.08	储备天数	136 日份/113 日份 *	98 日份/83 日份 *	4 日份/3 日份 *	238 日份/199 日份 *
	保有量	4，700 万 kl	1，583 万 kl	150 万 kl	8，388 万 kl
2020.07	储备天数	131 日份/111 日份 *	87 日份/75 日份 *	6 日份/5 日份 *	224 日份/191 日份 *
	保有量	4，779 万 kl	1，562 万 kl	219 万 kl	8，308 万 kl
2020.06	储备天数	131 日份/111 日份 *	84 日份/73 日份 *	6 日份/5 日份 *	220 日份/189 日份 *
	保有量	4，779 万 kl	1，522 万 kl	219 万 kl	8，216 万 kl
2020.05	储备天数	140 日份/118 日份 *	99 日份/84 日份 *	5 日份/4 日份 *	244 日份/207 日份 *
	保有量	4，674 万 kl	1，616 万 kl	187 万 kl	8，315 万 kl

续表

年份		储备种类			
		国家储备	民间储备	产油国共同储备	合计
2020. 04	储备天数	139 日份/ 118 日份 *	97 日份/ 83 日份 *	5 日份/ 4 日份 *	242 日份/ 205 日份 *
	保有量	4，675 万 kl	1，616 万 kl	187 万 kl	8，271 万 kl
2020. 03	储备天数	138 日份/ 112 日份 *	86 日份/ 71 日份 *	6 日份/ 4 日份 *	229 日份/ 187 日份 *
	保有量	4，675 万 kl	1，373 万 kl	194 万 kl	7，926 万 kl
2020. 02	储备天数	138 日份/ 112 日份 *	88 日份/ 73 日份 *	4 日份/ 3 日份 *	229 日份/ 188 日份 *
	保有量	4，674 万 kl	1，410 万 kl	126 万 kl	7，945 万 kl
2020. 01	储备天数	138 日份/ 112 日份 *	90 日份/ 74 日份 *	4 日份/ 3 日份 *	231 日份/ 189 日份 *
	保有量	4，674 万 kl	1，311 万 kl	126 万 kl	7，994 万 kl

资料来源：根据日本资源能源厅官方网站信息整理。

备注：

1. 由于四舍五入，有的总数可能不匹配。

2. “储备天数”根据石油储备法，根据国内石油消耗量计算。此外，根据 IEA 标准估计的库存天数（包括石油和天然气）也与“库存天数”一起显示。由于计算中使用的数值不同，储备天数不一定与 IEA 公布的数字相符。

3. * 表示 IEA 基准。

后　记

本书是本人吉林大学博士学位论文，书稿经过几年艰苦的努力完成，并出版成书，我不禁思绪万千，感慨万分。

攻读博士学位期间，能够师从陈志恒教授，是我一生的幸运。恩师严谨的治学态度、渊博的学识、敏锐的观察力，使我终身受益。每次在写作中遇到困难，陈老师都会耐心指导，给予我启发和鼓励。特别是本篇论文从确定题目到搭建框架，直至最后修改和定稿，大到调整逻辑，小到修改语序和措辞，陈老师都不厌其烦地提出了非常宝贵的指导意见。不仅在学习上，在生活中陈老师也给予了我悉心关怀和无私帮助，使我在家庭压力下没有放弃学习，有信心和勇气坚持到最后。虽然我的拙笔难以表达对陈老师的感谢之情，但依然想要在此向我的恩师陈老师致以最真诚的敬意和谢意。

同时，还要感谢庞德良教授、崔健教授、张慧智教授、朴英爱教授在博士论文开题时以及答辩时提出的宝贵且中肯的建议，这些建议开拓了我的研究思路，丰富了研究内容。

感谢同门的兄弟姐妹们，博士论文的顺利完成离不开你们的帮助和鼓励，这份同门情谊也是我攻读博士学位期间收获的宝贵财富。

感谢我的单位领导和同事们，在家庭、工作、学业之间奔波时对我的工作以及生活上的关心、鼓励、帮助和支持。

感谢我的父母辛勤养育之恩；感谢我的爱人及家人，一直支持我、鼓励我攻读博士学位，无怨无悔地承担起家里的琐事；感谢我的宝贝女儿晓晓，你的开朗、你的活泼、你的坚强、你的笑容是妈妈能够完成学业的强大动力。

最后感谢在我学习、生活及论文完成过程中给予过我关心和帮助的所有老师、同学和亲朋好友。

教无止境、研无止境、学无止境。我将孜孜不倦，不断前行。

2020 年 9 月 2 日长春　净月